纪念胡仲持先生逝世 55 周年

胡仲持（1900—1968）

字学志，笔名仲持、宜闲等。

浙江上虞人。

编辑、翻译家、作家。

1928年进入《申报》，任电讯编辑、国际版主笔。

抗战爆发后，自办出版机构复社。由其兄胡愈之牵头，翻译出版《西行漫记》《续西行漫记》《鲁迅全集》等；翻印出版毛泽东《论持久战》《论新阶段》等。

1940年被迫转移香港，任职国际新闻社；任《华商报》总编辑。

1949年后，历任《解放日报》编委、《人民日报》国际资料部主任、外文出版社图书编辑部副主任、中联部亚非研究所研究员等职。

胡仲持文存

胡仲持 著

张冠生 编选

群言出版社
QUNYAN PRESS
·北京·

图书在版编目（ＣＩＰ）数据

胡仲持文存 / 胡仲持著 ；张冠生编选 . -- 北京 ：
群言出版社，2024. 8. -- ISBN 978-7-5193-0951-0

Ⅰ．Z427

中国国家版本馆 CIP 数据核字第 2024XF1163 号

出　版　人：马红治
特约编辑：徐　晓
责任编辑：李　群
封面设计：谭　锴

出版发行：群言出版社
地　　　址：北京市东城区东厂胡同北巷1号（100006）
网　　　址：www.qypublish.com（官网书城）
电子信箱：qunyancbs@126.com
联系电话：010-65267783　65263836
法律顾问：北京法政安邦律师事务所
经　　　销：全国新华书店

印　　　刷：北京九天鸿程印刷有限责任公司
版　　　次：2024年8月第1版
印　　　次：2024年8月第1次印刷
开　　　本：710mm×1000mm　　1/32
印　　　张：12.25
字　　　数：240千字
书　　　号：ISBN 978-7-5193-0951-0
定　　　价：98.00元

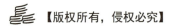

在历史中闪光

（代序）

胡德华 [*] 胡序介 [**]

我们的父亲胡仲持（字学志，笔名宜闲）1900 年 2 月 26 日出生于上虞丰惠老县城。他长期从事新闻、编辑和译著工作，在其大哥胡愈之的影响下，较早地走上了革命的道路。在自己的工作岗位上，他为祖国和人民的利益默默无闻地做奉献，是一个被老战友黄源誉为"不求闻达、埋头苦干"的老报人和翻译家。尽管在其历史上曾有过一些闪光的业绩，恐也已鲜为人知。为纪念父亲诞辰 100 周年，我们感到有责任将他的生平事迹向家乡父老和青年朋友们做一个实事求是的概略介绍，既为积淀深厚的虞舜文化增添一点史料，也用以激励我们后人更好地学习先辈们那种为人民事业埋头辛勤耕耘的老黄牛精神。

---

[*] 胡仲持二女儿。曾任《新少年报》总编辑、社长；中国少年儿童出版社总编辑、社长；团中央书记处书记；全国妇联党组副书记、书记处书记；全国人大常委会委员。

[**] 胡仲持之子。曾任国家出版总署署长胡愈之秘书、南开大学物理系副主任、党总支副书记。

从小就萌发"记者生涯"志向

父亲曾在《中学生》杂志 1936 年 1 月号发表过一篇文章，说他从小就萌发"记者生涯"志向，家庭环境给予他很大影响。祖父胡庆阶是一个典型的清末民初的维新派知识分子，热心创办新学，同情贫苦农民，主持正义，乐于助人，关心天下事。家中订有《浙江潮》《新民丛报》《民立报》《时报》《申报》等多种报刊，成为孩子们的重要课外读物，把他们从小就培养成"小报迷"。

伯父胡愈之年长家父四岁，思想活跃点子多。在他的倡导下，1910 年办起了《家庭杂志》，是一本用数十页黄草纸订成的月刊，在形式上完全模仿正式出版物。每期由伯父出题目，由父亲和堂叔胡伯恳共同参与编写，将经伯父修改后的文章工整誊抄编入杂志。第二年伯父去绍兴中学学习，仍经常给《家庭杂志》寄来文章，但主编的任务改由父亲接替。祖父很欣赏这一杂志，他曾在上海《申报》发表过一篇打油诗，其中开头就有："自来家中无杂志，家中杂志我家始，……"这样引以为豪的诗句。

1915 年父亲去宁波效实中学学习，他爱看课外读物，经常耐心地坐在校图书馆阅览各种报刊。由于在思想上受到《新青年》杂志的启发和教育，他与校内几位进步同学共同发起创办了白话体校刊《学生自治会周刊》，由他任主编。最初是油印刊物，只在校内发行。

1919年五四运动高潮传到宁波，他们联合各校学生到码头、商店抵制日货，掀起一场轰轰烈烈的群众运动。同时还筹集到相当数量的经费，把校刊改为单张铅印，作为全市反帝运动的宣传品，每期发行近千份。该刊坚持出版了四十余期，是当时宁波最早出现的一份宣传进步思想的白话体报刊。

驰骋于上海新闻界

父亲在效实中学学习期间奠定了深厚的国语功底和坚实的英语基础。1921年开始走向社会谋生，先是轻而易举地考进了被当时称为"金饭碗"的上海邮电局，尽管待遇较优厚，工作较清闲，但总觉得不合自己的志趣。没多久他又报考《新闻报》，被录取应聘到编辑部工作。当时《新闻报》是美商办的，其发行量居全国首位。他们为了增加版面，扩大新闻来源，派父亲当外勤记者，要求每天至少写一二条新闻，而在此以前该报从未设外勤记者。父亲高质量的采访新闻连续刊出后，引起报界的重视，各大报纷纷效仿，派出各自的外勤记者展开竞争。父亲他们可以说是中国新闻界最早的一代外勤记者。

在《新闻报》只干了一年多，父亲便接受母校语文老师陈此怀先生的劝说和邀请，转到由民族资本家新创办的《商报》工作，与陈布雷、潘公展、冯都良、冯次行等人合作共事，以反对北洋军阀、支持孙中山革命的政治主张，与外商办的《新闻报》展开激烈的读者争夺战。在大革命期间，《商报》曾起到过进步喉舌的作用。1927年发生蒋介石公开叛变革命的"四一二"事件，伯父胡愈之目睹其血腥镇压工人游行的惨状后，立即秉笔直书致国民党的抗议信，邀郑振铎、吴觉农等签名后，将该信抄件交给时任《商报》编辑的父亲，第二天抗议信便在《商报》公开发表了，成为当时革命知识分子面对白色恐怖的大无畏的壮举。

在《商报》工作后期，父亲和伯父还与上虞同乡进步青年合作，创办了家乡第一张《上虞声》周报，以宣传反对地方封建势力为主要内容，由伯父策划主持，父亲负责具体编辑业务，每期在上海印好后送回上虞分发。

1928年，革命进入低潮后，《商报》同人相继离去，其中陈布雷和潘公展公开投靠蒋介石，父亲则在《商报》倒闭前应《申报》负责人史量才的邀请进入《申报》编辑部任夜班编辑，负责国际版。曾以其过硬的笔杆子获《申报》"四进士"之一的雅称。日寇侵占东北后，《申报》抗日救亡的爱国主义立场日趋坚定，不支持国民党的"攘外必先安内"的反共政策，激怒了国民党反动派，反动派竟悍然于1934年派特务暗杀了史量才。白色恐怖笼罩了报社。当时早已发迹的陈布雷企图以高官厚禄拉父亲去同他一起效力蒋介石。父亲不为所动，继续坚守自己的新闻工作岗位，与有正义感和爱国热情的总编辑张蕴和老人密切合作，仍按史量才生前既定的编辑方针办报。在全国各界救国会成立前后，以及在营救救国会"七君子"过程中，伯父都通过父亲的关系在《申报》及时发表有关救国会和救国活动的一些重要新闻报道和文件。

1934年由伯父主办的《世界知识》创刊，父亲被聘为特约撰稿人之一。1937年初在伯父的提议下，由开明书店出版国内第一份大型文摘报《月报》，以便集中摘载散见于国内报刊上的各种有关抗日救亡的消息和主张。该报由父亲任主编，只出了七期，因在"八一三"战火中开明书店印刷厂被炸而停刊。

孤岛的战斗生活

上海陷落后，英、法租界宣布中立，形成一个被日寇四面包围的孤岛。抗日文化战士们坚守这个阵地，与敌人展开了顽强战斗。日寇为限制各报发表抗日言论，曾在英租界成立新闻检查所，强迫各报前往送检。《申报》以停刊进行抵制，随后挂英商的招牌复刊。复刊后的《申报》不再设总编，由四名总务委员共同负责，父亲便是其中之一，负责社论和副刊。父亲还和梅益、冯宾符、恽逸群、王任叔等同志共同编辑出版《译报》《译报周刊》《集纳》等报刊，利用外国记者的报道反映抗日战争的真相，像日寇南京大屠杀的消息就是通过这种方式披露的。毛主席的《论持久战》也曾在《译报》全文连载。

尽管孤岛条件极其困难，但在伯父精心组织策划下，《申报》完成了我国出版史上的两大奇迹：一是只用两个月时间赶译出版了美国记者斯诺30万字的名著《西行漫记》，受到海内外争相订购、翻印和传阅，影响极为深远。该书由12位翻译能手集体译成，父亲除直接分担其中部分章节的翻译任务外，还协助伯父负责对全书的审校和修订。其后斯诺夫人的《续西行漫记》主要由父亲负责组织翻译。二是用不到四个月的时间编辑出版了共20卷600余万字的《鲁迅全集》，由许广平、王任叔负责编辑、校对，由父亲和表伯黄幼雄负责出版印刷工作，为在战乱年代有效地保存大文豪鲁迅的全部文稿和全面传播鲁迅思想做出重大贡献。

《西行漫记》以"复社"的名义出版，《鲁迅全集》的编辑出版也主要由"复社"具体操办。"复社"这个秘密的出版机构就设在我们当时在法租界巨籁达路（现巨鹿路）174号的家中。张宗麟任经理，工作人员除陈明和施崇祥两位青年外，都是我们家的几个亲戚。1938年4月伯父离上海经香港去武汉，家中生活改由父亲独力支撑。"复社"的活动引起敌人的注意，家中曾收到过恐吓信。1939年租界巡捕房曾先后两次抄我们的家，父亲、五叔胡霍和陈明曾两度被捕。因家中未抄到什么证据，在地下党的营救下，父亲等人很快就被释放了。1940年形势进一步恶化，《申报》也挨了特务的手榴弹，父亲被迫住进报馆大楼，不轻易回家，以防路遇不测。1940年7月1日，伪《中华日报》刊登了汪伪政府的"通缉令"，在被通缉的87人中就有父亲的名字。这一期间，父亲接到地下党的通知，要他尽快撤离上海去香港。

辗转于香港和两广的艰难岁月

父亲到香港后，与乔冠华、恽逸群等同住在国际新闻社宿舍，上午给国新社看英、日文报刊和编发稿件，下午给《世界知识》香港版等杂志写稿。不久范长江、张铁生、黄药眠等也从桂林撤退到香港。廖承志和连贯发起创办了一张宣传统一战线的报纸《华商报》，推邓文钊、范长江任正副总经理，父亲和廖沫沙任正副总编辑。《华商报》的政治影响遍及华南和南洋。太平洋战争爆发后，《华商报》在敌人炮火下停办。1943年1月，父亲随同邹韬奋、茅盾等一大批左翼文化人士，在地下党与东江纵队同志们的带领下，逃出了已被日寇占领的香港，经过艰辛的长途跋涉，到达东江游击队根据地，随后又被护送转移到广西桂林，与走西路经澳门转移出来的范长江、夏衍、金仲华等人相会合。

在桂林父亲参加了文艺作家协会。李济深为协会名誉主席，父亲被推为总务部长。在协会周围有七八种进步杂志和田汉、欧阳予倩领导的一些戏剧团体，当时父亲成为多家报纸杂志拉稿的对象，每天都忙于写稿。

1944年日寇进犯广西，桂林当局限期疏散。父亲先搭乘开明书店疏散的货船到平乐，然后转到八步与柳亚子会合。不久又接陈劭先和欧阳予倩的电邀去昭平，任《广西日报》昭平版总编辑。编辑部设在昭平近郊的草舍中，敌机常来侵扰。由于过度紧张和疲劳，父亲发病了。为确保其安全，被报社和开明书店的同志送到一个偏僻的乡村避难和养病。

1945年日本投降后，乔冠华曾托人转告父亲，要他回香港恢复《华商报》。父亲到了广州，了解到《华商报》已由刘思慕负责复刊了，遂应李济深之邀，留广州筹编《现代日报》和《现代》半月刊。后者只出版三期即被国民党政府查封。父亲只好再度流亡到香港。此时伯父胡愈之也已从印尼回到新加坡，筹备出版《南侨日报》。父亲被任命为《南侨日报》驻港特派员后，每天要从香港出版的大量报刊中将有关大陆的最新消息摘译成英语电讯快速发给《南侨日报》。同时父亲还常给《华商报》副刊、《青年知识》《文艺生活》等期刊写稿。1947年夏，把母亲和两个最小的孩子（序介和胡明）从家乡接到香港同住在国新社宿舍，我们总算开始过上了一段较安宁的生活。

新中国成立后的主要经历

1949 年春在党组织的安排下，父亲携家属搭乘一艘英国货轮从香港经台湾海峡直抵天津，同船一千多名民主人士和文化界人士兴高采烈地踏上了久所向往的解放区。当年 4 月父亲就参加了南下工作团，在南京受到了陈毅将军与邓小平同志的亲切接见，被分配到恽逸群领导的南下工作支队，筹备接管上海新闻机关的工作。上海解放后，父亲任新筹建的《解放日报》编委、国际组组长。1950 年 2 月乔冠华从北京写信给夏衍，要求把《世界知识》迁到北京出版，作为中国人民外交学会的机关刊物，并建议父亲与冯宾符同来北京筹备。在征得社长恽逸群的同意后，父亲就离开上海《解放日报》回到了北京。但父亲调京后范长江却调他去《人民日报》编辑部工作，任国际资料室主任。1951 年，父亲在人民日报社加入了中国共产党。抗美援朝期间父亲任中国人民保卫世界和平委员会常务委员兼宣传部副部长，并曾以此身份去罗马尼亚参加"保卫世界和平大会"。

1957 年，父亲调任外文出版社图书编辑部副主任。1959年，父亲调中联部亚非问题研究所任研究员，从事以印度为主的南亚研究。父亲曾苦学梵文，编纂了《印度史》《印度人名录》《印度常用词汇》等多种内部参考资料。"文化大革命"开始后，父亲靠边站。1968 年因患鼻癌去世。

丰硕的译著和珍贵的精神遗产

父亲辛勤笔耕一辈子，业余时间也几乎全部用于学习、写作和翻译。他究竟有过多少部已出版和未出版的书稿和译著，有多少篇发表于各种报刊的文章，给世人留下多少文字，已无法做出精确统计。他爱好文学，曾是最初由沈雁冰、郑振铎等发起的"文学研究会"成员。他精通英文，并曾自学日文、俄文、梵文、法文等多种文字。他翻译了大量外国文学作品，已出版的较著名的译著有：苏德尔曼的《忧愁夫人》、蔡特金的《忆列宁》、赛珍珠的《大地》、陀思妥耶夫斯基的《白痴》、斯坦培克的《愤怒的葡萄》等。后者已由北京外国文学出版社于 1982 年重印，被列入 20 世纪外国文学丛书。他还翻译出版了《文艺鉴赏论》《南极探险记》以及与人合译的《尼赫鲁自传》等其他专著。他熟练地运用各种国内外资料，写下了大量有关地理、历史、社会、文化各方面的知识性与趣味性相结合的小文章，发表于各种报纸杂志；编写出版了《世界文学小史》《世界大都市》《抗美援朝运动史话》等各种小册子；还主编出版了《文艺辞典》《国际新闻辞典》（与冯宾符合作）等多种工具书。仅在战乱中流失的书稿和未出版的各种内部参考的文稿就达数百万字。

他留给我们的珍贵精神遗产还包括他的为人。他对工作和学习十分勤奋，埋头苦干，办事认真，以诚交友，忠厚待人，平时较少言谈，不愿表现自己，淡泊名利，从不与人相争，然而在大是大非面前并不含糊，有较强的组织性和原则性。或许从现代人的某些观点来看，他似乎有些"傻"，活得过累。但我们认为在当前我国现代化建设事业中，仍然需要有更多的像父亲那样不图虚名、多干实事的老黄牛。

目录

我的自传

我是在八国联军打进北京那一年出世的。当我还在母亲腹中的时候，我的故乡——浙江上虞一带因为海塘决口，闹着大水灾。水淹到了快要楼板，据说我的父亲当时从外边赶回家来，险些竟淹死了。

我的父亲知父都是前清秀才。我的祖父先甫是前清进士，做过几年御史谏官的官。当他请假回御路过天津的时候，在旅舍里写寒病死了。那一年我的父亲只有九岁。

本縣開設"聚成"當鋪，靠經商的利潤購置了田地一百多畝。他死後，這商老店就一直不賺錢，我的父親醉心于讀書，不肯學生意，于是把老店盤給三祖父的學生，老店的

舊班氏小學、簧小小學、婦女起來，他曾任校長，接著又創立了蘭芳女校，開本邑女子教育的先聲。這都是辛亥革命以前的事。在辛亥革命前後，他參加本省的民主政治活動，

我是在八国联军打进北京城那一年出世的。当我还在母亲腹内的时候，我的故乡——浙江上虞——因为海塘决口的缘故，发生了大水灾。水从平地涨到了快近楼板，据说我的父亲当时从外边赶回家来，险些儿溺死了。

我的父亲庆皆和叔父变生都是前清秀才。我的祖父光甫是前清进士，做过几年御史职衔的京官。当他请假回乡路过天津的时候，在旅舍害伤寒病死了。那一年我的父亲只有九岁。据说祖父做京官很清苦，经济上一直还依靠他的三哥接济。他死的时候遗留下来只是大批经史子集的线装书，两大箱碑帖，很多的北京名士的书画手迹以及朝珠补服之类。我的父亲从小就承继给我的三祖父了。三祖父在本县开设"聚成"南货铺，靠经商的利润购置了田地一百多亩。他死后，这家老店就一直不赚钱，我的父亲醉心于读书，不肯学生意，于是把老店盘给三祖父的学生、老店的老掌柜了。

老店出盘以后，我的父亲献身于本县的教育事业。他约集了一些地主阶级一些开明分子，把本县第一个课目完备的新式小学——巽水小学创办起来，他自任校长，接着又创立了萝峰女校，开本县女子教育的先声。这都是辛亥革命以前的事。在辛亥革命前后，他参加了本省的民主政治活动，选择的政治派别是进步党。长期担任劝学所所长和县视学等职。县图书馆和各乡不少私立小学是由他一手策划创办的。

父亲富于正义感，热心教育事业，在当时的上虞起到显著的进步示范作用，曾为公愤与县内恶霸大地主朱心裁和黄漱园进行面对面的斗争，因而得到群众的支持，取得胜利。

后来他受了上海一些商人的诱惑，变卖了田产，投资于上海一家烟叶行。由于该行经理营私舞弊，亏折了资本额的好几倍。我的父亲是对钱庄往来直接负责的股东，便只好把仅存的田产中挑较好的卖掉来清理账目。后来他应上海绍兴同乡会邀请，到上海担任总干事，46岁就死了（1923年）。

我的母亲黄木兰是本县一个举人的小女儿，小时候在家学过书文辞，能够看书识字。她结婚后本也喜欢抓些书本来消遣。一次性情暴躁的祖母看她手里拿着一本唐诗，大发脾气，把那本书抢去撕碎了，从此她再不敢公然看书了。她生育了八个子女，我的一个姐姐两个妹妹都不到十岁就夭折了。她抚养成长的有我们兄弟五人。我们一辈的名字是学字排行，长兄学愚（愈之），我是老二，本名学志，我的三个弟弟叫学愿（已故）、学惠（已故）、学恕。在我的少年时代，我的老家的家庭经济主要是由祖母和叔父掌握的。叔父从小体弱多病，抽上了鸦片，并且爱好吃喝。祖母年老，父亲和母亲对她很是孝顺，父亲从公家领来的薪俸大部分总是交给祖母。可是祖母正同一切封建家庭的老婆婆一样，对自己的本房还不免有着偏心。她宠爱着我叔父的独子，每天午睡醒来总到天井破口大骂一阵，骂的对象多半是我的母亲，我的三房庶祖母（白氏山西大同人，堂房伯父从北方带来给三祖父当小老婆）及我们一群三房的孩子们。其实，我的庶祖母和母亲都是十分勤俭、十分善良，从来不敢跟祖母顶一句嘴的。母亲养育我们兄弟长大，除了给四弟请过一个奶妈，都自己哺奶，庶祖母则是我们兄弟最亲爱的保姆。祖母在我十二岁时死了，婶母也死了。叔父续娶的继母只知享受，在叔父死后疯了几年才去世。

母亲和尼姑做朋友，每天读佛经，1939年去世。

我于1905年在父亲组织的一个家塾开蒙，塾师是胡达斋，教章太炎编的《三字经》（"今天下，五大洲"起头），后又教《论语》和《孟子》。1908年进巽水小学（初小）。

1910—1912年进父亲组织的较新式的家塾，专习国文、数学两科，读的是《左传》《礼记》和历代文选，间或也读几首唐诗。每天下午照例是数学练习或写作练习，塾师刘琴樵。这三年在我的少年时代是值得纪念的。为了要天天写作，非找求各种题材各种写作形式不可。当时父亲是经常定阅上海出版的报纸杂志，家里定有《浙江潮》《汇报》《新民丛报》《民主报》《时报》《申报》。我和堂弟学恳、学样，就编一种《家庭杂志》，又编一种周报，叫《后娰园周报》，都用黄草纸手抄装订成册。暑假期间，哥哥从绍兴中学回家，得到他的指导，体例更完整。这样的杂志竟连续不断地出了二年。父亲和其他长辈看到我们的出品，总是加以鼓励。他写了一首打油诗《戏题家庭杂志》投到《申报》登

年轻时的胡仲持

了出来，开头几句是"自来家庭无杂志，家庭杂志吾家始，主笔者谁家阿愚，阿志阿勤左右史，左史记言右记事……吁嗟乎！不饱书生饱蠹鱼"。

1913年插班进县学校（相当于高小初中），1915年毕业到上海南洋中学读了一年，转学到效实中学（旧制），1919年毕业。那年"五四"，宁波各中学组织学生联合会，进行抵制日货的抗日运动，我参加学生队伍到各洋货铺和海关码头搜查日货；我还主编了报道学生运动的《自助周刊》。这是宁波首创用新式标点及完全白话文（原文称语体文）的刊物，开始油印后铅印，销售到近一千份。参加编辑的还有毛起（南京大学教授）、冯都良（上海新闻图书馆副馆长）、陈行叔。办此刊物是受《新青年》影响，从中知道刊物是推动爱国运动最有力的武器。我在周刊上发表了自己创作的小说，叫《密卡陀》（日本天皇），其中预想，用抵制日货的影响，日本天皇被国内革命势力打倒。

同年，我和范玉蕴结婚。她是我父亲老同学的女儿，父亲所创办的女子小学的学生。当然是封建婚姻。但在父亲的主持下，已经有了婚礼的改革。第一，新式结婚不用花轿，第二，喜宴废除形式主义的城市恶习，不用很多的小碗浅碟，却学乡下农家的样，用十大碗。

1921年我考进上海邮务总局，被派到邮务供应处工作，职位是邮务生，管一个仓库。当时邮政机关是洋员掌权的，业务上的便条用的是英文。供应处的处长是意大利人，我们在他的监督之下工作。我当时隐约觉得这样的工作，对我的兴趣不太合适，便在工作一个月后，找到投考新闻报馆的机会。考取后，我被派到编辑部工作。当时新闻报馆还是美商福开森的产业，买办经理汪汉溪善于经营，使该报的销售占全国报纸第一位。他为了增添版面的特讯，报社做唯一正式的外勤记者（在我之前，该报没有正式的外勤记者）我每天至少采访一二条新闻在报面登出，必要时一天交稿多到三四千字。汪汉溪手下有一个人专门负责对比各报新闻的好坏。他评定我写的报道优于别报社，给几元银圆作奖金（薪金以外）。当时上海各报外勤记者和我作这样的竞赛的在时报是戈公振（已故），在申报是谢介子（已故），在时事新报是潘公展（后为国民党反动派记者）。除了外勤职务，还腾出一些时间帮助翻译工作，有时也写写短评。

在新闻报工作一年多后，学校国文老师陈屺怀（陈布雷堂兄，1872—1943，著有《天婴室丛稿》）帮汤节之办《商报》，听说有革命倾向要以最进步的新姿态去出现，夺取《新闻报》在报界地位。他劝我脱离外商《新闻报》，加入这进步国人自办的报馆工作。在同事中有陈布雷、潘公展、潘更生、冯都良、冯次行、吴希韩等。我所担任的工作是编辑电讯，后又写些评论，编辑副刊。《商报》的立场是支持孙中山的革命事业，反对北洋军阀。在《新闻报》《商报》期间，我接受《新青年》《响导》《新潮》《莽原》《创造》等杂志的影响，初步认识苏联十月革命与列宁的伟大和马克思共产主义崇高理想。我和县学校的老同学叶天底、王一飞（都在大革命后期牺牲）相往来。当时我抱过留学苏联的梦想。到王一飞准备出国时，我曾拿一个月薪水资助他。

后来由同学及同事冯次行介绍，参加了上海左翼领导下的国民党，我任商报区分部负责人，在社内党员共四人，冯次行、吴希韩、我及另一人（当时潘公展、陈布雷还不是国民党党员），潘保还译有马克思的《哲学的贫困》出版，显得要求进步。五卅事件后，上海华界在孙传芳大刀队的恐怖统治之下，我和上海一些革命青年经常冒险到华界地下执行机关开会，进行布置宣传发动群众的工作。如梅龚彬等都是当时工作中认识的。

第一次国内革命战争时，我起初受到北伐胜利鼓舞，对革命工作的热情是非常高的，闸北工人运动的中心为了配合报纸宣传曾经和我们相联系。正在革命热情促使我考虑正式加入共产党地下组织时，国民党左右分裂，我也就不积极主动地去找组织关系。后来看到郭沫若揭发蒋介石背叛革命的阴谋的一个文件，我在极端愤慨中开始认识到革命事业的复杂性和严重性。我警惕起来，同时一些年轻的朋友也警惕起来。我们的组织无形中解体了。此后，帝国主义的走狗们和革命叛徒们所制造的一连串的血的恐怖就在我的头脑中刻成了不可磨灭的印象。我对革命的认识是进一步了。我逐渐体会到阶级斗争的意义和真革命与假革命的区别。我在以后国共斗争日益尖锐的过程中间，自信还算是站稳在人民大众的立场即共产主义者的立场的。

从 1922 年起由于对新文学的兴味，开始用英文翻译欧美文学作品；由于喜爱鲁迅的作品，也就在翻译风格上走鲁迅的道路，力求对原文的忠实。最初习作在《东方杂志》和《小说月报》上陆续刊登，后章锡琛主编《妇女杂志》稿荒，约我翻译长篇，连续译了《忧愁夫人》（德·苏德尔曼）《青

冯定、冯都良、赵朴初、胡仲持等在颐和园

鸟》（比·梅特林克）。当时鲁迅、沈雁冰等发起的文学研究
会成立，便加入这团体，把《忧愁夫人》审定作为第一期文
学研究会丛书出版。历年中间，在三个杂志上介绍了不少外
国短篇杰作，其中主要是俄国和弱小民族作品。当时对日本
文学的东方情调引起兴味，对日文自学一番，利用对照日本
出版的英译本翻译了一些中短篇，等到日本暴行，引起对日
本憎厌，又把日文抛弃了。

在第一次国内革命战争时期，叶天底在上虞发动农民与地主恶霸进行斗争，造成全县的狂风暴雨。后来白色恐怖到来，叶天底被捕，我们在上海的青年们辗转设法营救无效，终于牺牲了。但从此他不但成了上虞人心目中的"神"，而且成了上虞有觉悟的青年们崇拜的英雄。我们在上海感觉关心故乡的命运也是我们的责任。我们捐集了一些经费，利用上海言论自由地位，创办《上虞声》（四开周报），上海编印后寄上虞分发。这刊物是我所编，内容以反封建为主，对上虞地方政治作相当的讨论，还登载些民间故事之类。这个报在同乡中间产生了很大的影响。

同乡朋友朱云楼（已故）富于正义感，决心捐募一些经费买铅字机器，把《上虞声》改为三日刊，移到上虞去办。那时我已进《申报》，我被邀去筹备，便请了半月假，帮朱把报办起来。当地青年团结在周围。我们暴露了地方土豪胡作非为的几件黑暗事实，有一个土豪畏罪自杀。此报后来逐步换了几个负责人，态度缓和些，但倾向还是进步的。等到上虞国民党反动势力稳定后，报纸被迫停刊，而以另一反动报《上虞报》来代替了。

回头再说一下我在《商报》后期的情况。《商报》编辑部的许多同事们在上海革命高潮过去的时候，都一一离开了。他们先后加入了反人民的国民党反动统治机构。这家报纸本身因连年亏本，产权落到押款债主中国通商银行手里，

胡仲持（左三）与老朋友在颐和园排云殿前

经常拖欠职工工资，已到无法支持的局面了。我在《商报》停刊前，由史量才邀请，进《申报》编辑部。

我在《申报》担任的职务是夜班电讯编辑，当时主编为张蕴和，总主笔是陈景寒。张蕴和年老但有正义感和爱国热情，虽然对各种恶势力都怕得罪，可是操守廉洁，也不无内心的愤慨。陈景寒对政治一向采取超然态度，对人民的革命势力是有些畏惧的。等到他和史量才闹翻，脱离《申报》之后，他虽在幕后给蒋介石出主意有帮凶嫌疑，可是他宁肯做一个煤矿公司的副经理而不做国民党的官。在张陈的支持之下，我得以长期坚持绝不违反孙中山三大政策的编辑方针。我的生活方式一贯是非常简单的。就是白天在家里给各杂志写稿，夜里到报馆发稿件看大样，往往天亮才回家。所往来的就是当时算得进步的几个作家们。

当然，国民党反动派走狗们是不肯放过我这样一个人的。就在我进《申报》后第二年，潘公展（当时我和他已经疏远了）开始准备掌握上海国民党的时候，托《申报》同事朱鹰鹏（已故）拿来一张填好的党证交给我（他知道我决不肯去填表登记）。当时我的思想是完全受着小资产阶级的阶级性支配的。我痛感在国民党变质的时候，和那些看不惯的假革命家伙去鬼混是违反我当时的清高思想，十分不值得的。但又转而一想：如果郑重其事地退回去呢，那就一定要造成反对派的疑虑，把我看作攻击目标。况且大家都知道，我比潘还早就是国民党党员，我还是真正愿为实现孙中山三大政策而奋斗，我何必硬是拒绝党员的名义，给反对派做把柄呢？

我虽也担心新的麻烦会到来，可是不吃眼前亏，一步一步再来应付吧。这样我就可耻地把这臭东西带回家了。此后由于《申报》编辑部基本上看不起上海伪党组织的喽啰们，由于日本帝国主义的侵略日日逼紧，由于国民党内部的矛盾百出，我就对潘公展的喽啰们采取消极抵抗的态度了。我的环境和我的生活决定我不敢也不可能和他们鬼混。从伪党证关系开始那天起，我没有参加过上海国民党任何一次公开或秘密的集会，没有参加过一次"总理纪念周"，我参加的只是一般性的记者招待会和记者聚餐会。

可是那一张废纸一直是我的思想包袱，在上海最黑暗的法西斯特务横行时，我对敌人阴谋斗争最尖锐的时候，竟还意识到自己这件事对不起人民而发狂要自杀，几乎变成病废者。其实那劳什子早就在 1932 年一·二八事变期间，在我闸北的寓所连同房屋书籍衣服被敌人的炮火烧得无影无踪了。这种思想包袱的根源现在分析起来，就是在我从小所受到的封建宗法社会教育之下所养成的资产阶级个人主义清高思想。

这种清高思想使我的思想发展受到一定的限制。因为这种思想是属于资产阶级范畴的。我虽在大革命高潮时期受了时代的影响，奠定反对帝国主义、反对封建制度的基本思想，但在革命转入低潮的时候，我就一味从眼前的个人主义的观点来看问题。我在帝国主义集中的买办资产阶级的报馆中工作，这种报纸的本质是替国际帝国主义和资产阶级服务的，基本特点也就是对国家大事采取客观主义，不敢过于揭发社会内部矛盾，怕得罪当道的豺狼，也怕得罪革命的人民大众。

我的阶级性在我独立谋生的情况下所发生的清高思想，

不自觉地和这种客观主义合拍了。我对于社会政治的各种现实问题，满足于早下结论的一般化概念化的认识，懒得去做细心研究的功夫。我在新闻岗位上所起的作用与其说是灵魂工程师的，不如说是私塾先生的。

我在报上所写的文章多半犯上了公式主义八股的流毒。我缺少对国内政治变化的敏感，对国民党的大官们的看法，好比红楼梦里的焦大一样，只觉得连石头狮子也是不干不净的。在上海反法西斯斗争尖锐的时候，幸亏共产党地下组织有联系的一些同志们直接或间接提醒才避免了过左过右的错误。

国民党反动派早就看中了《申报》的社会地位，在几次打算利用《申报》编辑部给它火中取栗失败（因为它无法克服资产阶级的内部矛盾）后，就想用卑鄙手法夺取这张报纸做法西斯的宣传机关。

1934年史量才被暗杀了，但他的儿子侥幸脱难，使最后的大阴谋失败了。这之后在《申报》编辑部的我们虽然碰到了新的困难，如特务分子的暗中捣鬼等等，但同时国民党反动派也就不敢公然干涉编辑部了。

1936年西安事变后，共产党在全国人民中的威信越来越高，这个资产阶级的报纸在人民大众的压力下，还是不得不接受共产党政治主张的影响，容纳着相当数量的左倾进步作家的稿件。当然，帝国主义和蒋汪特务走狗是不高兴的。我的政治面目和实际工作情况瞒不过敌人的走狗们的。于是到

左起：范玉蕴、胡仲持、张志让；右起：王任叔（巴人）、胡愈之

1939年险恶气氛包围下，闹成一场神经性的莫名其妙的怪病，在红十字会休养所休养半个月也就痊愈了。第二年冬天，哥哥从香港来信要我到香港去，我便打定主意，一个人坐船离开上海了。

我离开上海时，租界情况十分险恶，日伪特务横行无忌的时候，我是被大汉奸汪精卫通缉的一个，当时不得不，也幸而离开上海，因为无论敌友都知道我一贯走着中国共产党的路线，只是我的公开岗位不允许我当时正式入党罢了。

我在 1936 年，由《申报》主持人马荫良派遣，到日本做游览的旅行，同去的有报纸的日文翻译胡一芷。当时中日关系呈现着暴风雨前的暂时平静。我们是买了日本铁路干线的游览券，作为国际的普通游客去的。（郭沫若当时还在日本）我们的目的是调查日本新闻事业并了解日本国内的一般情况。我们两人在日本沿铁路干线的各城市游览了两个月。我们只在东京中国大使馆接受了许世英的招待宴，对于日本人方面的正式招待是一律谢绝的。我们参观了东京、大阪的每个大报馆，又参观了一些地方报馆。我们还参观了一些工厂和地方政府机关。我们找到了东京大学的新闻系和英文系的中国学生，搜集了一些关于新闻学和语言学的资料。我个人对于日本帝国主义加紧备战和一般人害怕战争的情况，在旅行中获得了深刻印象，对于日本国内人民大众生活的穷困也有了感性的认识。回上海之后，我写了一篇"日本旅行记"，把我自己的真实感觉表现出来，在《申报》发表。这一篇是多少引起了一般读者的警惕和帝国主义者的不快的。

1937 年，我在白天参加开明书店的《月报》编辑工作。七七事变后，我参加了抗日救国会的爱国活动。后来日寇占领了上海，抗日文化人大批退往武汉，我们留在租界的一些搞翻译的同志利用英美对日矛盾，在法租界办起了一个团结人心的《译报》，为新四军号召上海市民支援，并公开发表毛主席的《论持久战》《论新阶段》等鼓舞人心。我和梅益、潘

胡仲持（右一）与《世界知识》的同事

惠芳、王任叔、冯宾符都参加了《译报》编辑部的工作，同时又出版了一些反法西斯的杂志如《集纳》《译报周刊》等，都是我们这一群人搞的。1938年，我们集体翻译了《西行漫记》《续西行漫记》，用"复社"名义出版，接着复社又出版了《鲁迅全集》《列宁选集》（秘密版的）。1939年我和冯宾符等几个朋友，组织了一个小出版社，叫珠林书店，出版一些朋友们的著作。我所译的《忆列宁》《苏联小说集》《英文文法通论》都是在珠林书店出版的。这个小出版社在日本占领租界时被查抄了一回，也就倒闭了。

我对于马列主义的著作一向只有散漫地浏览。1939年，我和周建人、孙冶方、冯宾符、赵静奇成立了一个读书小组，每日按时阅读《反杜林论》，分头以英法俄日译文本对校，大家集体探讨，我们得益很多。《反杜林论》读完后，我们接着以同样的方法校读《资本论》。可惜一卷未读完，我就离开上海了。

　　我到香港的时候，哥哥已去新加坡。我便住在国际新闻社的宿舍（与乔冠华、恽逸群同寓），每天以半天时间在国新社翻译英日文报纸，编发稿件，其余时间则在宿舍译《愤怒的葡萄》下半部，并给乔冠华当时主编的《世界知识》写稿。

　　第二年春间，范长江、张铁生、黄药眠都从桂林退到香港了。廖承志、连贯发起，在香港创办一个统一战线的进步报纸，定名"华商报"，由银行家邓文田、邓文剑出面推定范长江任副总经理，我任总编辑，廖沫沙任副总编，张友渔撰写并组织社论。韬奋、茅盾、乔冠华、夏衍、张铁生等都是经常撰稿人。在许多先进同志们的帮助教育之下，我的政治思想有极大的开展。这个报纸的政治影响普及于全南洋。那些揭发反动派和黑暗政治的尖锐痛快的文章吓得留在香港的反动派走狗们失色了。太平洋战争发生，报纸便在敌人大炮下停刊了。

　　1942年1月，我与韬奋、茅盾、张友渔、廖沫沙及大群左翼文人，在共产党地下工作者有组织地照顾下，扮成各式各样的难民，逃出敌寇的恐怖统治区，经过二百多里爬山越岭的长途步行，终于到达东江游击根据地。当时根据地四周受着日寇和国民党杂色匪军的包围，时常发生游击战斗。我们这一群经常跟着游击队转移，有时黑夜得到敌人进扰的情报，就爬上山露宿在松林中间。这样和游击队伍一起生活了一个月光景。

外面消息传来，由于苏、英、美同盟，国共矛盾缓和，游击队领导同志决定把我们分批护送到内地。我和茅盾、廖沫沙、张友渔、韩幽桐五人是要到桂林的，便被护送到惠州，由惠州坐船到连平，再乘公路车到曲江，复乘火车经衡阳到桂林。

我和廖沫沙等华商报、国新社的同志们一到桂林就在青年会租了房间住下来。当时桂林是大后方的文化中心，左翼相当占优势，新华日报买得到。但我们这一伙的政治面貌，在新军阀"李白"统治区究竟是很难找到工作的。我自己因为是出过一些书还算是有人看，早就决定走鲁迅茅盾的道路，做一个卖稿为生的自由作家。

一住下，遇到过去相识的一些杂志编辑来约稿，出版《愤怒的葡萄》的大时代书局（经理冯和法）也约我译一部新书。但我看到纸币天天往下跌，私营出版商的剥削打算也很可怕，而且解决生活不是我个人问题，而是我们一伙的问题。有一天，偶尔听得一家书店的伙计谈起，英文书在桂林排版很困难，一般工人不会排，排工比稿费还高。我和廖沫沙便发起，拿些小资金组织一个生产合作社，大家来学英文排字工人。这计划大家赞成了。我们跟夏衍同志谈，他同意了我们的计划。他一到重庆就把资本汇来。这个合作社终于办起来了，定名为寰球印刷厂。廖沫沙、黎澍先后任经理，我和萨空了、黄药眠等在外面帮忙，担任校对及跑腿。生意不算坏，问题只是技术差，有时要赔本。事非经过不知难，看来这么简单的排字技术掌握起来实在不容易。等到渐渐摸到了门路，由于时局关系大家不安心，只得把厂出盘了。

在桂林参加了桂林文艺作家协会（当选理事），这是抗日统一战线的一种组织，与重庆作协有经常联系，在协会周围有进步杂志七八种，还有田汉、欧阳予倩领导的一些戏剧运动的小团体。为便于公开活动，李济深被推为协会名誉主席。在国民党CC特务明暗干涉和阻挠下，协会还是配合了重庆《新华日报》的一些原则性指示，对抗日统一战线的宣传活动，起了一定作用。当时一些进步性杂志都销路很好，可是闹稿荒，我本是决定要靠稿费过活的，很容易成了编辑们的拉稿对象。

我每天总得给各种杂志写几万字的稿子，大部分是译稿，也写一些批评性的论文及讽刺性的杂文，又帮青年作家解决一些写作上的困难，介绍他们文艺作品出版。我开始住青年会，后住在城里，另租一间民房，和开俄文班的缪朗山教授同住。住在城里，交通很方便，也就成为左翼青年们的

胡仲持（左一）与外文出版社参加国庆观礼的代表合影

集合中心。

　　我被推为文协总务部长，执行文协的各种决议。为了反对国民党反动派无理的文化统治，和文化市侩的经济剥削和趾高气昂，我们凭着团结的力量进行过有步骤有策略的斗争。我们这一群大都是本质上受着小资产阶级思想支配的，经过集体活动和实际斗争中的体验，大家都有相当的进步。尤其是《新华日报》给我们的不断鼓舞，使我们的思想有了一致的明确方向。我们当时的文艺活动已经接受了相当深刻的文艺座谈会的讲话影响。因为这篇讲话的说服力异常强大，使小资产阶级出身的知识分子不得不承认，这对于自己的缺点正是对症的良药。

我在桂林接到家属的信，知道上海所租的房子已经顶掉了，我的妻带着两个孩子回故乡去，生活非常困苦，三个女儿都先后离家到新四军游击区了。延安及其他根据地本是我向往的，我有过搭伴前往的主意。但由于桂林的朋友认为我在桂林还可以起一些积极的作用，而且家属的生活等待我的接济，我也就把这主意打消了。我为了接济家属没有别的办法，托商人转亲友关系在上海划账。

我在桂林译了不少书，如《森林里的悲喜剧》（童话）、《月亮下去了》（中篇反法西斯小说）、《文艺赏论》（文艺批评）、《白痴》以及与朋友们共译的《俄罗斯的母亲》等。大多数稿费都是托看去可靠一些的体面商人划账，可是后来才慢慢知道，要市侩守信义比登天还难，当时满口答应的划账是十分之九没有划到的。

1944年秋，日寇打到长沙，广西军阀以焦土抗战为名行不抵抗主义之实。桂林市限期大疏散，火车挤得水泄不通。桂林全市惶恐万分，书店停业疏散，自顾不暇，哪愿再顾作家们死活。凡是应给作家的劳动报酬全停了。我们一群没有职业依靠的自由作家们真是狼狈万分。

大家的想法大约有两派，一派是上重庆找关系，一派是到桂东山坳里去做敌后打游击的准备。我当时的思想非常悲愤，达官贵人既然逃重庆，我们何必也跟着逃难？我相信敌

1963年，胡仲持（中）和老朋友在庐山

人是吞不下来广西的。我和广西人民广西青年已经建立了相当的感情，我要和他们一同上山打游击。和我同样想法的同志很不少，我便和他们约定联络的方式。后来听说，柳亚子、宋云彬、千家驹等都去桂东，我便丢弃了寓所中大部分东西，收拾几件简单的行李，搭上开明书店运送货物的便船到平乐，又由平乐到八步，和柳亚子、陈闲等集合。等到八步风声紧张的时候，柳亚子、宋云彬改变主意又去重庆了。我通过陈闲的关系，到离八步四十里山村里一个姓廖的中农人家里住下来。不久，接到陈劭先、欧阳予倩电报，要我去昭平。我跟着村里一个雇农，他给我拿着行李，分二天走了二百里，越过两座大山到了昭平县城。这是大批从桂林疏散的难民集合的中心。本来清冷的山城顿时热闹起来，到处是难民所摆的地摊，到处是从桂林来的形形色色的人。在昭平碰到了很多熟人，开明书店跟货物来的一些伙计和家人也在其中。陈劭先、欧阳予倩决定在昭平办一张四开报《广西日报》昭平版来宣传抗日，报道时局，要我担任总编辑，和莫乃群共同负责。据说，这个报就站在人民立场，可以毫无顾忌，畅所欲言的。至于电讯和印刷也不成问题，因为无线电收发报机和印刷机器铅字都是现成的。当然，我是很高兴地答应下来了。接着，陈闲也从八步下来参加工作。

这个报的编辑部就在昭平近郊的旷野上一个新搭的大草舍里，编竹为壁，电石作灯。办公和睡觉都在这大草棚里。编辑部除我们三人，还有木刻画家过长授（当时有严重肺病，1947年死于广东），和一群热情又毫无经验的青年们。我们大家兴致很高，在十分艰苦的条件下丝毫没有感到疲劳。头几天报纸出来，各方面反映很好，报纸的发行量也一天天大起来。问题是我们三个人都是小资产阶级出身的知识分子，对于当地客观环境认识不足，自以为只要主观努力鼓舞人民的抗日热情就可以把报纸办好。虽然我们对于世界和中国发展前途的看法是正确的，我们把希望完全寄托于苏联的红军和中国的八路军新四军，而对国民党是绝望了，但我们这一群文化人，实际上是和当地地主阶级的统治势力有深刻的矛盾的，而我们又没有懂得抗日统一战线的政策应怎样灵活运用。于是，在日寇进到离昭平四五十里时，忽然国民党特务办的一张小报出现，与我们对抗，天天漫骂我们。这虽然是第五纵队的机关，而我们的左派幼稚病却使我们上了不少的当，分心于小问题上向那个小报对骂，使群众发生思想混乱。当时我报副刊编辑陈闲自以为是当地唯一思想领导的共产主义者。他受过李白反动势力的长期压迫，对国民党的愤慨特别深刻。他在主观上以为靠笔杆就可以争取群众，常以自己所写的骂人的杂文自负。他就在这最严重的关头，钻在小问题上，造成统一战线的裂痕，我和报社的领导都没有及时制止他，使我们的抗日空城计不容易再唱下去。同时每晚敌机掠过天空，迫得经常要熄电石灯下田躲避空袭。

编辑部许多同志发疟疾病倒了，后来我因连夜失眠也累得不省人事了，报社的同志们把我送到开明书店货栈休养。不久昭平遭日寇抢劫，我跟开明伙计一起到一个偏僻的乡村森聪村避难，报社由张锡昌继任总编辑，编辑部则搬到七十里外的一个山乡继续出版。这报纸接受了教训，把态度变得缓和了一些，我在休养中也写些稿子寄去。

我在森聪休养的大半年中，每天给书店的伙计的孩子们教些书，为了自己日后的生活，便趁这期间翻译了四本通俗小册子，即《新数学大纲》《新地理学大纲》《新物理学大纲》

《新史学大纲》（前两本后来在香港出版，后两本因为觉得有些资产阶级观点一直搁置着）。开明书店的货栈里有各种学科的参考书，这使我有条件翻译那些小册子。

日本投降后，乔冠华托柳无垢从重庆写信给我，说邓文钊要我到香港去再编《华商报》，接着李济深、陈劭光也托狄超白带信来，要我去广州编《现代日报》。那时《华商报》已复刊，刘思慕在负责。《现代日报》办不起来，改变计划，由蔡廷锴出面，办《现代》半月刊，和上海的《民主》相呼应。大家要我主编。由于共产党和一切进步民主人士的支持，稿件很丰富，一出版就有相当大的政治影响。同时在广州出现的民主杂志也不少，如司马文森编的《文艺生活》等。当时我们的活动是和香港《华商报》密切配合的。国民党特务起初进行各种各样卑鄙的捣乱活动，有一次甚至对《华商报》广州发行所放毒蛇、丢手榴弹。到后来张发奎就公开干涉了《现代》半月刊，出刊到第三期被封闭编辑部和厂房。我和一批左翼文人从广州流亡到香港。我到香港住在坚道文化供应社所租的房子（与《国新社》一起）。我把在桂林译的《文艺鉴赏论》交给文化供应社出版，同时给《华商报》《国新社》《自由世界》（张铁生主编的国际问题杂志）、《文艺生活》《青年生活》等投稿，靠稿费维持日常生活。

1946 年 8 月，新加坡创刊《南侨日报》，哥哥担任社长，来信要我和乔冠华联系采访国内政治消息拍发电报，开始我怕犯错误，请乔冠华担任办事处工作，后来愈之和乔冠华考虑，还是让我担任。这时候，新华社香港分社也开始发稿了。我对消息来源比较有了把握，问题是在翻译英文的技术方面。我在"一·二八"前后在《申报》任电讯编辑，数年间曾给菲律宾的《华侨商报》、新加坡的《新国民日报》、苏门答腊的《棉兰报》拍发过英文电报，可是在英文写作方面多年来没有锻炼，也就荒疏了。现在新的任务要求我再搞这工作，我只得努力做。我在青年会租了一个房间做办公室，买了一架打字机，每天以新华社稿件为主，参考香港、上海各报，拍发英文电报近千字光景，发电次最多的时期是每天三次（因为《南侨日报》出晚刊）。同时每天搜集香港各报及上海航空版资料寄剪报航空信到新加坡。国内约稿及对《华商报》和乔冠华的联络工作也是由我担任的。我的名义是《南侨日报》驻港特派员，月薪港币 200 元（青年会房子我自付）。

　　1947 年，我因为职业相当安定的缘故，把《新数学大纲》和《新地理学大纲》卖给广州的一家书店，凑得一些钱，向文化供应社顶了一间屋子买了一些必要的家具，便要我的妻子带着两个最小的孩子来香港居住。香港生活程度很高，两个孩子必须进学校，《南侨日报》的薪水本来就不够开销，而且经常拖欠。香港住家以后，我的生活一直是困难的，但我经常给《自由世界》和《青年生活》写稿，又给三联书店编写几本《世界文学小史》《世界大都市》《大地的迷》，这样我就把困难克服了。

1949 年春，由饶彰风和夏衍通知，我和眷属搭上了党组织安排的轮船，一直开到天津。我和同船一千多个民主文化人士兴高采烈地踏上了久所向往的解放了的祖国的土地。我们一路受到了同志们无限热情的照顾和招待。三八节即到北京，住在永安饭店，按照日程听取各方面的报告并参加座谈会。我们获得了与久所钦佩的党中央领导同志握手的机会，尤其是觉得无限的荣幸。不久以后，范长江向我征求是否参加南下工作团的意见。我的答复是绝对服从党的需要，因为我早就有献身于党的志愿。在革命的新气象中间，我深深地觉得只有经过组织生活的锻炼，方才能够把我的小资产阶级病毒逐渐消除。4 月间，我参加了南下工作团，随饶漱石政委的专车南下。到南京首次会见了陈毅将军和邓小平同志。接着我们又坐火车到丹阳。我和新华社南下的一部分同志被分配到恽逸群领导的支队，筹备接管上海新闻机关的工作。

我在丹阳的一段时间，是我平生最值得纪念的。我第一次穿上了有人民解放军光荣符号的草绿色制服，经历了创造新历史的革命武装队伍的生活。同志们对我兄弟般的帮助的情谊使我有了极大的感动。当时给我分配的任务只是一部分的研究工作。平时除了听报告开会及研究讨论之外，还有多余的时间，我就把我在南京中苏友好协会阅览室新购的联共党史阅读了一遍。

1951年，胡仲持任中国人民保卫世界和平委员会常务委员兼宣传部副部长，作为中国代表团的成员，赴罗马尼亚参加保卫世界和平大会，并在会上发言

上海解放以后，我在范长江、恽逸群两同志的领导下，担任《解放日报》的筹备工作。《解放日报》出版后，我被任命为编委之一，任国际组组长，兼负领导资料组的责任。每日工作除主编国际版，领导参考资料翻译小组外，还给资料组解决一些问题。在这期间，我重读了《帝国主义是资本主义的最高阶段》，被邀到华东新闻学校做了一次报告。

1950年2月，乔冠华从北京写信给夏衍，要把《世界知识》移到北京出版，作为中国人民外交协会的机关刊，希望我和冯符宾同来北京筹备。夏衍征求我的意见，冯符宾也一再相劝，我得到恽逸群的同意，便离开了《解放日报》。

我在丹阳参加筹备《解放日报》工作的时候，曾托恽逸群、郑森禹介绍，要求入党，并填写了入党志愿书。但因上级有对知识分子入党要求从严的指示，我在《解放日报》工作期间一直没有得到批准。冯符宾要我参加《世界知识》编辑部时，答应到北京给我解决组织问题。到《世界知识》编辑部后，冯符宾为我向乔冠华提出这个问题，范长江征求我愿否进入《人民日报》的意见。我自己深深觉得我在《解放日报》贡献很小，但所亲受的党组织的影响却使我颇有长进。7月1日这一个伟大的日子，我就参加了《人民日报》编辑部工作，同时再请范长江、邵荃麟介绍加入中国共产党。过去的痛苦经验告诉我，党的组织生活的锻炼，对于现在的我来说，是绝对必要的。

本縣開設了黎成為資舖，靠經商的利潤購置了田地一百多
故。他死後，這家老店就一直不賺錢，我的父親醉心于讀
書，不肯做生意，于是把老店盤給三祖父的堂弟，老店的
老掌櫃了。

老店出盤以後，我的父親獻身于本縣的教育事業。他
約集了地主階級的一些開明分子，把本縣第一個課目定備
的新式小學一所小學創辦起來，他自任校長，接著又創
立了萊辛女校，開本縣女子教育的先聲。這都是辛亥革命

辑一 文学

《忧愁夫人》译序

在德国现代文学史上，一八八九年是很重要的一年。这一年中，极端自然主义的那些作家发表文艺运动的计划书"自由剧场"在柏林成立，而且在这年的底边，两个最杰出的德国现代作家，苏台尔曼和盖哈特·霍普特曼（Gerhart Hauptmann），初次将所做的剧本出版行世，这些作品使他们得到空前的盛誉，成为德国第一流的作家。那时候苏台尔曼从事笔墨生涯，已有许多年，他已出过四部小说，其中两部还是现在他最流行的作品，然而在他的第一部剧本 Die Ehre《名誉》未出版之前，简直连文学界里面也没有人知道他。这部剧本既然得了成功，大家就热诚的留意到他那一向被忽视的几部旧作，于是 Frau Sorge《忧愁夫人》和 Der Katzensteg《猫桥》成了风行的小说了。从那时起，苏台尔曼每有作品出版，无论是剧本或是小说，在文学界就算一件盛事，那可以证明其如此的，不但是景慕他的人们的剧烈的赞扬，而且是反对派的批评家同样剧烈的非难。苏台尔曼近年的作品，虽然不如先前的"脍炙人口"了，他却依然是德国杰出的小说家，又是德国目前三领袖剧作家之一人。

苏台尔曼是全然近代风的作家，他的作品中，多少总反映着过去二十年来德国文学发达的陈迹。他的流派是不很分明的，但就全体而论，可以说他是自然主义者，不过他是折衷的，不是霍普特曼或左拉那种极端派罢了。他富于浪漫的气质，他小说中乐天的理想的气氛是和自然派的阴郁的厌世观不合的。他不受一派或一种主义的拘束，可是他的作品，却也颇取法于左拉、莫泊桑、都德、易卜生以及俄国那些小说家的。他所受的尼采哲学的影响，也十分显著。在他最近的剧本 Die drei Reiherfedern（Ein Marchenspiel）里，他渐渐的倾向于所谓象征主义的最近的作风。但是那种含着精微的意义，细腻的幻想的，诗的文体，对于他那活泼遒劲的才能，似乎全不相宜的。

苏台尔曼的作品上许多的特点，是他早年的环境孕成的。他以一八五七年九月三十日生于东普鲁士与俄国接境的玛志什干小村中。他的父亲是酿酒工人。他受教育于爱尔平和梯尔失忒两处的预备学校，元匿思堡和柏林的两大学，其间因为贫寒也曾有一时期辍过学。他于一八八七年到柏林读书，此后一直住在那里。他出校后，便做家庭教师，随后做杂志记者，有一时期做过总主笔。他一方面又做着小说，起初不很得利，待到第一部剧本出版，方才成了名。在他的小说——其中大部分是他早年的作品——里，他格外的显露出小时候环境的影响来，因为那些小说除了较短的几篇之外，都是以他年青时候的家乡做背景的。他的对于自然的爱，尤其是对于荒原和沼地的喜欢；他的对于农业生活的兴味；他的中意的人物，那些高大的阔肩膀的傲岸的德国乡绅们——他这一切早年的回忆，在他的小说里到处涌现着。苏台尔曼在柏林时代的环境，从他的剧本和一部分小说——尤其是 *Es War*——里也可以看出来。他在柏林文才发展的时代，正是所谓"狂飙勃起"的时代。在这几年中，他那记者的职业，使他容易和当时文学界一切的风尚相接触；他吸收了各个名家的优长，才养成了一种特殊的作风。

苏台尔曼是在剧本上成名的；在德国以外，他以剧作家出名。*Die Heimat*《故乡》一剧有着世界的名声，已经被近世杰出的三大女优（Modjeska、Duse、Bernhardt）采作演本了。虽然从有的批评家看来，他的小说比剧本做得好，但他毕竟要算一个剧作家。他的小说所以有浓厚的趣味，也无非由于其中戏剧的质素罢了。这种质素是他小说的真价的所在，也是缺点的所在。就他的剧本而论，那早年所做的 *Die Ehre* 和 *Sodoms Ende*《梭妥姆之最后》要算他最好的出产了——虽然 *Sodoms Ende* 似乎偏于哀伤了。这二种以后，他不曾有过艺术上更有价值的剧本，除却一篇独幕剧 *Fritzchen* 之外。*Die Heimat* 一剧，固然也曾风行一时，他近年来固然也曾做过历史剧（*Johannes*）和象征剧（*Die drei Reiherfedern*），但是这些多少总免不了缺点的。

我们现在且放开剧本不提罢，单把苏台尔曼的小说来说说。他的小说，同剧本一样，在纯正的艺术方面，并没有发展的现象，但在技巧上却是时时进步的。在他所有的长篇小说中，那最初出版的《忧愁夫人》要算最独创的最纯正的最艺术的作品了。其他的小说，似乎文体和笔法较精练，感人的效力较深厚，却往往带着一种失真的情调，而且为着效力，不由得写得过火。这等小说，当读着时候，会使我们入了魔，一气读下去，觉得局部的情景，未尝不逼真，但从全体看来，却不免描写过度，色彩过浓了，这几句话也许可以作苏台尔曼一切作品的总评。

在一八八七年，苏台尔曼的处女作 *Im Zmielicht*《黄昏》出版。这是一部短篇小说集，本来在杂志上刊过。这书的文体浅显巧丽，富于趣味，有法兰西的作风。《忧愁夫人》也是这一年出版的，次年又出了 *Die Geschwister*《兄弟姊妹》，这是两篇小说的合刊本。两篇的意旨相同，而背景及结构各异。*Die Still Muhle* 是一个人私恋其嫂的故事，结局是弟兄俩的惨死；而 *Der Wunsch* 写一个青年女子恋慕着姐夫的自白，结局是她因悔恨而自杀。这两篇兴奋而且刺激，对于心理分析，个性描写，很是精巧，然而布局牵强，色情的气氛过于浓厚，算不得真艺术家的作品。

一八八九年 *Der Katzensteg* 刊行了，这部小说显着技巧上的进步，以及苏台尔曼致力于戏剧方面的倾向。其中的一个人物 Regina 写得最出色。叙事的态度非常率直，戏剧的趣味非常浓厚。虽然也免不了许多缺点，但比起平常作家的出品来，却要好得多了。

苏台尔曼其次的著作，便是 *Jolanthes Hochzeit*。这是一部滑稽小说，借着一个傲岸的德国乡绅的第一人称口吻叙述的。情节虽然牵强些，却使读者对于作者的故乡风物，有一种深切的印象。

Es War 是作者最晚出的小说，从叙事的技巧，动人的力量，结构和变化的立点而论，这是他最努力的小说，虽然并不是最好的。这书讨论着一个"问题"，写着一个人在罪恶的环境中自心的交争。趣味很是浓厚。但是那些损害他以前的作品的缺陷，在这部小说里却尤其显著了。

至于《忧愁夫人》呢，有一个批评家说过，苏台尔曼写得最好最真切的作品，要算这一部小说了——这个见解差不多是一般的批评家所公认的。这部小说，苏台尔曼以热切真挚的情感写着。卷首致作者两亲的题诗，便足以证明这是作者本身经验的结晶，是他年青时代的奋斗史。其中描写荒原沼地的风光的可爱，表现儿童生活的活跃，探索主人公的个性的深刻，足见作者对于他的创作，不但有艺术的趣味，还有更大的切身的趣味。

《忧愁夫人》里有一个中心的思想，就是主人公的个性的发展。各部的情节，各种的插话都归宿于这个思想。所以在苏台尔曼的作品中，最一贯的便是《忧愁夫人》。篇末引着的美的《忧愁夫人》故事在全书中散布诗的光辉，使一贯的效力更增高了。苏台尔曼描摹各类的人物都十分得当，而男子写得更出色。他写保尔的父亲的个性，时时流露着滑稽的分子，那是和狄更司或杜德的作风很相近的了。

在《忧愁夫人》里，我们可以看出作者是讲述故事的能手。叙事率直而生动，使读者的趣味不至于停滞。这种文体显着苏台尔曼作风的一切特点。全篇是写实的，有时却又近于自然派的最精微的方法了。象征主义的倾向在这部小说里，是很显明的：引用忧愁夫人的故事，叙述机关车（黑苏赛）的地方，以及插叙笛子的事，凡此种种都可以看出这种倾向来。此外还有可以注意的，就是贯穿全篇的乐观的调子，这使读者不至于留下一种不满足的感想。总之，就《忧愁夫人》而论，我们可以说：苏台尔曼后来的小说的优点，这是全有了，而那些缺点，在这里却比较的少。给他作传的卞惠劳说道："无论如何，他的第一部小说要算他最有独创力的创作了，这是雄大的作品，各点都使人留下最纯洁的印象，在他后出的小说中，虽有许多各自的优美的面目，

他却没有到过这样的地步，更不必说是超过了。"这番话，
我们是十分同意的。

《忧愁夫人》，[德] 苏台尔曼著
商务印书馆，1924

《大地》译序

《大地》的作者赛珍珠女士，字文襄，美国佛琴尼亚州人；生才四个月，就被她的父母带到中国来。她的父亲赛兆祥博士是基督教长老宗的牧师，曾传教于清江、镇江等处，著有不少的宗教书，并且译过一部分的新约，晚年任南京金陵大学神学教授，一九三一年夏，染了痢疾死在庐山，享年八十。她的母亲也是传道士，对于文学、艺术和音乐很有素养，早就死了。

作者幼时同他的父母住在清江县城附近小山上一所幽静的小屋里，她的游伴除了自己的一个妹子以外，全是当地的中国孩子。她从她的母亲受了初步的教育。据作者对《纽约泰晤士报》记者说，"她的母亲不但把小学校里一般的课程教了她，还使她获得了艺术和音乐的趣味，而尤其重要的是使她意识到文字本身的趣味"。

因为她那做传道士的母亲有着许多中国朋友的缘故，作者常常出入于中国人的家庭，她不但熟悉了中国人的风俗习惯，还体会了中国的劳苦大众和家庭妇女的内心的苦痛。她又有一个年老的保姆，常在坐着缝补袜子或是做什么的时候，把自己幼年时代以及饥荒和盗匪的故事讲给她听，给了她深刻的印象。她从小就这样地在中国人中间度着生活，所以后来到上海什么学校来读书的时候，她就几乎不觉得自己和中国人有什么两样了。

17岁时，作者取道欧洲回国，便在佛琴尼亚州的拉多尔夫墨肯大学读书。毕业时，文学的成绩特别好，获得了最优等的奖品——一张美丽沙发。这张沙发现在还陈设在她的客室里。

她第二次到中国来，先后担任金陵大学东南大学教授，暇时常写关于中国社会状况的文章，投稿于美国《大西洋月刊》《国民》《亚细亚》等各大杂志。久之，美国人就公认她是一个"中国通"了。

她在南京和金陵大学农科农业管理系主任教授卜凯（John Lossing Buck）结婚以后，生了一个女儿，相貌很好，可是生来就患着一种废疾。作者只得把她送到美国一个专门教养院去，让她在那里过寂寞的一生。然而作者却常挂念着这可怜的女儿的前途。"我得给这女儿筹好一辈子的费用，才安心呢。可是卜凯先生教书的收入很有限，我呢，又两袖清风，那儿来这许多钱呢？我想还是努力来著作，用著作上的进益来解决这个问题罢。"这番坦率的话是作者对她的一个中国朋友，那帮助她搜集中国小说史材料的龙墨芗君说的。

一九二七年春，宁案暴发，作者避难到上海，住在善钟路旁一所小洋房里，便在那里专心著作。她那最初问世的长篇小说《东风西风》就是在那一年脱稿的。

次年春，时局安定，作者回到南京，继续从事于长篇创作。她每天清晨起身，略略梳洗一番，便到三层楼上一个小房间里伏案写作，早饭后再上楼去写，直至中午停笔，午后方才做其余的事。在这样的情形之下，就产生了后来轰动欧美文坛的《大地》。

《东风西风》以一个中国旧式女子桂兰自叙的体裁描写中国家庭中新旧思想的冲突。凭了东方的情调和优美的文笔，这部小说出版后，获得了英美各报的好评。可是那使她在美国文学界有了确定的声誉，并且发了大财的作品却是《大地》。《大地》于一九三一年三月在纽约出版，便被美国出版界所组织的每月新书推选会选为杰作。不久她又获得了一九三一年的普利策文学奖金。这奖金数目虽不过五千美金，可是在美国一向很有信誉，那光荣却是非常的。《大地》的结构以农人的生涯为经，而以水旱兵匪的灾祸为纬，作者所抓住的简直是贫困的中国目前最严重的几个问题。主人公王龙可以算得占着中国人口的最大多数的农民的典型，其前半的生涯代表着颠沛流离的饥饿的贫农，后半则代表着生活优裕的富农。作者摆脱了"勤俭致富"这一种因袭的道德观念，偏以都市贫民的暴动作为王龙一生的转变点。这正是作者的伟大的所在。也许因为力求迎合美国的大众趣味的缘故罢，作者对于中国旧礼教却未免刻画的太过分了，而且她对于崇拜着林黛玉式女性美的中国人的性心理的描写似乎也有几分不自然。因此我国的读者往往不大满意于《大地》的后半部分。

然而从批评的见地，《大地》的成功显然并不在于那些性爱的场面，却在对于悲惨的饥民的动人的描写。这样的描写穷苦的小说终于使作者在全世界不景气的时代一跃而成为富人了。这委实是出于作者意料之外的。作者现在无须忧虑到她那可怜的女儿一辈子的费用了，而且也同王龙将离南方大城市时的情形一样，骤然得到了大量的金洋，够她作欧美长途的旅行，过日后丰裕的生活呢。

《大地》这小说多少转变了欧美人对于我国的观感，那实际的影响是值得注意的。一九三一年秋，正是《大地》在美国风行的时候，我国发生了严重的大水灾。在政府所收到的从国外汇来的赈款中，美国人所捐募的占着大部分。那原因，据美国红十字会会长写给作者的信中所说，就由于王龙一家人遭遇旱荒的故事，深切地感动了美国人这缘故。

继着《大地》而出版的是《三子》(Sons)。这描写着王龙死后他那三个儿子的生活。他们三人就代表着中国的绅士，商人和军阀。然而作者对于中国这类的人物显然没有像她对于农民那样的同情和认识，因而也就没有《大地》那样的成功了。

作者于一九三〇年七月偕卜凯先生回美，亲见了自己的作品在那里风行的盛况，今年六月下旬才离开美国。现在她大约就在欧洲旅行的途中罢。在最近的将来，我们就可以见到这位以中国为"第二母国"的幸福的女作家了。此番她再到中国来，对于这个又老大又贫困的中国一定可以认识得更深切些，那么她日后的作品也许会把《大地》的优点保持着，而把那缺点消除了的。我们在欢迎这位仁慈的作者的热诚中，不禁还抱着这么一点的希望。

《大地》，［美］赛珍珠著
开明书店，1933

《西行漫记》译者附记

　　本书的作者爱特伽·斯诺（Edgar Snow）一九〇五年生于美国密苏里（Missouri）。他的祖先是爱尔兰和英国种。幼年曾当过佃工，铁路上添机器油的工人，和印刷学徒。后来进米苏里大学念书。最后又进纽约哥伦比亚大学。他最初担任新闻界工作，是在堪萨斯城（Kansas City）《星报》（*Star*）。后来又在纽约《太阳报》（*Sun*）。二十二岁的时候，和友人合资经营广告公司，颇赚了一些钱，但嫌生活单调，所以改行，在一条开往外洋的货船上当海员。他游历中美洲各国，后来到了夏威夷的散特维区群岛（Sandwich Islands），担任报纸通讯员，并替美国杂志写文章。因为他对中国、日本特别感兴味，所以不久，就来到了东方。

　　一九二八年，斯诺担任上海《密勒氏评论报》（*China Weekly Review*）的助理编辑。两年之后，经那时的国民政府铁道部长孙科聘请，视察中国本部及东三省的国有铁道，写了几本旅行指南。一九三〇年开始担任纽约《太阳报》的国外通信员。一九三二年又兼任伦敦 Daily Herald 通讯员。在一九三〇年以后的八年中间，除中国本部外，他遍游东三省、蒙古、日本、朝鲜、台湾、荷属东印度、缅甸、印度和婆罗州。

一九三〇年，斯诺在中国西南各省，作长时间的游历，步行经过云南省西部，到了缅甸。一九三一年缅甸叛乱的时候，斯诺曾在那边。后来由缅甸到印度，会见了甘地，结识了许多印度革命领袖。不久，九一八事变开始，斯诺回到中国，探访日本侵略中国的情况。一九三二年的上海战争，一九三三年的热河战争，斯诺写了许多通讯给纽约《太阳报》和伦敦 Daily Herald。后来又写一本书，名《远东前线》（Far Eastern Front），这本书被称为关于远东问题的一本标准英文著作。

从那时以后，斯诺都住在北平，在燕京大学担任教授两年，同时学习中国语文，并且编译了一本英文现代中国短篇小说选。把鲁迅的著作介绍到西方的，他是第一人。同时斯诺也在美国 Asia，Saturday Evening Post，New Republic，Current History 各杂志发表过许多文字。一九三六年六月他第一次进入陕北苏区。外国记者亲自到苏区视察并写通信的，他是第一人。从苏区出来之后，他仍住在北平。卢沟桥事变以后，才到了上海，继续给 Daily Herald 担任通讯员。

《西行漫记》（*Red Star Over China*）是斯诺视察西北苏区所作的一个综合报告。英文原作于一九三七年十月由伦敦Gollancz公司初版发行，到了十一月，已销了五版。美国版于一九三八年一月由Random House发行。除插图外，内容和英国初版完全相同。原书已译俄文，在苏联销行很广。法文、瑞典文本，也正在翻译中。英文初版发行后，作者发现有许多错误，决定在再版时修正。第十一章中删去了一个整节。第十章中关于朱德的一节完全重写过。此外还改正了许多字句。现在的中译本，系照作者的修正本译出。有许多语句和英文初版不相同的地方，都是作者自己改正的。

中译本所用图片，差不多全部是英、美版本所不曾登载过的。其中许多人物照片，还是破天荒第一次公开登载。这些图片，大部分是作者供给的，另一部分是去年到陕北游历的另一位美国记者韦尔斯女士（Miss Nym Wales）供给的。承他们慷慨地允许中译本第一次发表这些非常名贵的图片，这是要特别感谢的。

原书的一部分材料作者曾经陆续在英、美各种报纸杂志上发表，而且已经译成中文。其中如《一个共产党员的来历》，在国内有了两种以上的译本。此外还有一部分材料，登载在西北人民出版社编印的《西北印象记》。自然，这些已经译出的一小部分，并不是作者最后订正的定稿，读者对照一下，就会明白和现在这一个译本有很大的出入。

在翻译本书的时候，曾经用极大的力量，查出那些英译人、地名及各种专名的原文。这对于读者有很多的便利。自然还有一小部分无法查出，只好译音。读者有知道这些原名的，希望通知，在再版改正。此外本书翻译因时间过于短促，错误是不能避免的，这要向作者和读者特别道歉。

这是复社出版的第一本书，也是由读者自己组织，自己编印，不以营利为目的而出版的第一本书。这种由读者自己组织出版的事业，是一种冒险的试验。这种冒险的试验，要是能够成功，固然倚靠一切文化人的赞助，同时也是倚靠这第一本书的内容，能够受广大读者的欢迎。但是我们相信这冒险是一定成功的，也正像本书作者的"冒险"成功一样。

对于作者所表示的意见，照一般的例子，译者是没有责任的。对于这一本书，也是一样。而且我们竟可以说，作者在本书所发表的某些个人见解，也许竟和译者的个人见解，完全不同。但是无论如何，读过这一本书的人，都不能不承认作者和他的夫人韦尔斯女士是真正的中国的朋友。假如没有热诚和丰富的同情，不能写出如此动人的报告文学；而对于这在艰苦的经历中斗争的中国民族，没有深刻的理解，也断不能有像本书作者那种奇异的收获。

在这伟大的艰苦的年头，没有比中、美两大民主共和国的友谊，更值得重视的。而爱特伽·斯诺先生这一本巨著，却是用这伟大的友谊当作养料所栽植的鲜艳的花。我们从这里更加坚信全世界民主国联合战线的胜利前途了。

《西行漫记》，［美］爱德伽·斯诺著
开明书店，1938

英雄诗人摆仑

　　这个年头儿，战鼓响彻了全国，血腥布满了大地，谁都关切着祖国的命运，谁都本能地意识着：只有为民族独立的实际斗争才是当前最有意义的迫切的任务。诗人们当然失掉了吟风弄月的雅兴，有几个富于热情的确乎已经抛了笔杆上战场去了。这使我们不禁想起十八世纪的英雄诗人摆仑（George Gordon Byron）来。他在世只有短促的三十六岁，却在英国文学上享着不朽的声誉。这固然由于他那卓越的诗才，可是最后使世人不能忘掉的实在是他对于被侵略民族的磅礴的热情，他为正义人道而斗争的战士的精神。

　　摆仑的生涯是罗曼斯的生涯，暴风雨的生涯。这样的生涯本身就是最富于诗味的。一七八八年，他生于伦敦荷尔斯街。他的祖父约翰·摆仑（John Byron）是英国历史上的海军名将。他的父亲则是放荡成性的花花公子，一七九一年就败尽了家产死了。那时这未来的大诗人还只有三岁。但到一七九八年，他的伯祖父摆仑公爵五世死了以后，他却就继承了爵位，跟他的母亲卡撒林（Cotherine）移住在诺定昂郡。

一七九九年，摆仑就学于杜尔维区格仑尼博士所办的学校，两年后进爱登学校，一八〇五年转入康桥三圣学院，他在那里并不怎样用功，还常对学校当局反抗。可是他活泼干练，进校不久就为同学们所敬爱了。

他最早作的一首诗（一八〇〇）是他对一个表妹的爱情所启发的。一八〇六年，他自印了一卷诗集，因为其中有几首过于荒唐的缘故，后来把原版销毁了。一八〇七年刊行的《闲暇集》（*The Hours of Idlenese*）受了爱丁堡评论的苛刻的批评，摆仑便写了《英吉利歌人与苏格兰评论家》（*English Bards and Scotch Reviewes*）以作答覆。这篇逞少年意气的诗宣示了他的惊人的气魄。此后他出国漫游，遍历葡萄牙、西班牙、玛尔太、亚尔巴尼亚、土耳其、希腊及小亚细亚各地，所得诗思很富。一八一一年回到英国，刊行《吉尔特哈罗尔特纪游》（*Childe Harolds Pilgrimage*）一二两篇。据他自己说，这两篇诗一出版，"第二天早晨他就觉得成名了"。

一八一三年五月，《异端者》（*The Giaour*）出版，接着是《阿比陀斯的新娘》（*The Bride of Abydos*）、《海盗》（*The Corsair*）及其续篇《拉刺》（*Lara*）这些故事诗大都在十来天的短时期内写成，可是其泼辣的格调、其变换的写景却尽够风靡当时的英国人士了。

一八一五年一月，摆仑和安那培尔·密尔朋克（Annabelle

Milbanke）结了婚，生下一个女儿名叫奥大斯太·阿达（Augusta Ada）。可是这对夫妇性情并不相投，结婚不到两年就离婚了。

一八一六年春间，他刊行了《科林斯之围》（*The Siege of Corinth*）及《巴列希那》，还有关涉到他跟夫人分离的几部诗，这引起了社会的反感，他受不住舆论的嘲骂，便离了英国不再回来。

他到日内瓦去游历，在那里写了几部最有气魄的诗——《吉尔特哈罗尔特》之三《吉隆的囚犯》（*The Prisoner of Chillon*）《黑暗》（*Darkness*）等——后来到威尼斯去，在那里直住到一八一九年。这时期他写了《太索诔词》（*The Lament of Tasso*）、《裴博》（*Beppo*）、《福斯卡黎》（*The Foscari*）、《马什伯》（*Mazeppa*）、《吉尔特哈罗尔特》之四，及《唐琼》（*Don Juan*）的一部分。当年四月，他和年青美丽的伯爵夫人德莱撒·吉可里（Teresa Guicoli）发生了恋爱。等到她和她丈夫离了婚，摆仑便在雷文那和伯爵夫人同居在一起，写了《唐琼》续稿、《但底的预言》（*The Prophecy of Dante*）、《萨达那派勒斯》（*Sardanapalus*）、《天地》（*Heaven and Earth*）及《凯因》（*Cain*）等。

一八二三年初，摆仑对希腊的独立运动感到了深切的同情，便到希腊投军，对土耳其军作战。他把凌杂散漫的希腊军组织了起来。在军事上，诗人摆仑也表现了出色的才能。

他受了远征军司令的任命，带兵去征讨勒班多。一八二四年二月在战地得了病，四月间便死了。

摆仑的一生短促得很，但其成就无疑地是十分伟大的。就诗来说，他是歌颂自由的浪漫主义诗人。他把尖刻的冷笑和热烈的情绪打成一片，在奔放的诗性之中，创出优美的格调来。雪莱，司各脱，济慈，嚣俄这些大文豪对他的作品都是叹服的。就现实来说，他是追求自由和正义的热情的战士。他在国内跟旧社会作了激剧的苦斗。在国外则从正义感出发，参加了希腊独立运动的实际斗争。终于因此而早折了天年。但这一死也就使他成为更不朽的诗人了。

《读物》创刊号，1938 年 5 月

《愤怒的葡萄——美国的大地》译序 [*]

　　《愤怒的葡萄》的影片，是一九四〇年美国十大名片之一。当这影片在抗战期间上海及香港两大消费都市映演（片名在上海叫《怒火之花》，在香港叫《美国的大地》）的时候，听说观众意外的冷落。因为做着电影院老主顾的有钱的少爷们小姐们对于日常所见到的本国穷苦同胞"丑恶的"生活是嫌厌得够了。这一种一味暴露美国社会生活的阴暗面的影片当然是使他们扫兴的。

　　然而，美国的艺术批评家终究公认这是出色的影片了。其成功固然凭藉着导演的天才，但主要是凭藉着故事原作者斯坦恩培克的天才。一九三九年，斯坦恩培克将《愤怒的葡萄》这部小说问世，当即轰动了欧美的文坛。据《纽约时报》《书评周刊》所载，在一九三九年出版的美国新书中间，《愤怒的葡萄》的销数占第一位。这并不是偶然的。作者委实有

---

[*]　文本为初版时译者序言。副标题"美国的大地"为译者所加。

着吸引读者的魔力。这一种魔力所在，具体地说来，就是独创的风格，奇妙的想像，以及对于社会现实的深刻的观察。

作者斯坦恩培克是加里福尼人，对于萨里那斯流域的农民生活有着透澈的认识，深挚的同情。他在作品中间尽量采用着当地老百姓的土话，因而产生了生动的真切的情调。他所著的小说已有八部出版，形式各不相同，其中较著名的，除《愤怒的葡萄》以外，还可以举出几部来约略说一下。《薄饼》（*Tortilla Flat*）是具有牧歌情调的滑稽小说，多少有些像民间故事。《不明朗的斗争》（*In Dubious Battle*）是探讨罢工问题的小说，用共党组织分子做着中心。《人鼠之间》（*Of Mice and Men*）是从非政治的观点批判人类的富于戏剧性的小说，设想非常奇特，用笔十分简练。作者又用同一题材写有电影剧本。《人民领袖》（*The Leader of the People*）则是描写美国农民向西逃荒的小说，其中对于贫苦农民的心理，刻画得又精细又动人。

《愤怒的葡萄》不消说是斯坦恩培克的代表作了，这部小说以典型的农民约特一家凄凉的逃荒生活为经，以美国深刻的经济恐慌为纬，用灰暗的色彩给这世界第一"富国"的表面繁荣所掩盖的丑恶的现实描出了一幅动人的画图。作者所处理的材料是不合理的社会的丑恶面。可是所成就的艺术品却有着真正的美。用"化腐朽为神奇"这句话来说明作者的写作本领是十分确当的。

我译这部小说的动机是出于大时代书局的要求，而大时代书局所以要出这部书则为的是完成已故孙寒冰教授的遗志。孙教授是大时代书局的创始人，又是大时代战争中最可伤心的遭难者之一。因此本书的刊行，在这大时代，是有两重的纪念意义的。在我着手写译之前，由于对美国社会生活实际了解得不够，尤其是由于书中美国乡村土话的解释困难，我曾经有过相当时间的犹豫。可是读过数章之后，我所感到的浓厚的兴味以及书局方面再四的督促，终于鼓起了我的勇气，这才大胆把这部难译的当代名著转变到方块字了。除了散文诗似的穿插部分有少许的删节以外，我是尽力谋求原作上一切情意的全译的。我应当向读者招认，由于才力的限制和时间的限制，我在这一工作过程中间，不免犯着草率或是不忠实的过失。因此错误的地方一定有着不少。我很希望高明的读者随时给予恳切的指教，使我有在再版时候改正的机会。

《愤怒的葡萄》，［美］约翰·斯坦培克著
大时代书局出版，1941
人民文学出版社，1959

《一个人需要多少土地》前记

十九世纪俄国文学最伟大的代表者托尔斯泰（Leo Nikolaivich Toistoy）一八二二年九月九日生于俄国都拉（Toula）省跋斯那耶·波尔耶那（Vasnaya Polyana）地方的一个贵族家庭。他的父亲尼古拉斯（Nicholas Tolstoy）是世袭伯爵，他的母亲玛丽（Marie Volkorsky）是一个亲王的女儿。

托尔斯泰小时候在他叔母家，从一个德国教师求学，后来进喀山大学，一八四七年秋转到圣彼得堡大学。他那青年时代的生活十分放荡：跳舞，赌博，狎妓等等无所不为。

一八五一年，俄土战争发生，托尔斯泰到高加索从军，便亲自经历了克里米亚战役和塞凡斯托波尔保卫战。血肉横飞的惨酷的情景在他的心里埋下了诅咒战争的种子。一八五五年，他离开军队，回到圣彼得堡，便埋头于文学著作。《幼年时代》《地主的早晨》《哥萨克》及《塞凡斯托波尔》相继出版，博得文坛的盛誉。

一八五七年，托尔斯泰漫游欧洲各国。回国后，他深感农民教育的重要，便致力于平民教育和农奴解放运动。一八六一年，俄皇颁布了农奴解放的诏令以后，托尔斯泰在他的故乡波尔耶那创办了一所农民学校，但这学校不多久，终于因受当局猜忌的缘故，被查封了。

一八六二年，托尔斯泰和苏斐亚·柏尔斯女士结婚。他那篇幅最大的两部小说《战争与和平》和《安娜·克列尼娜》就是他结婚后，在乡间写成出版的。《战争与和平》描写着拿破仑战争期间俄罗斯社会生活。就视野的广大和情节的复杂来说，历来没有一部小说能够超越它。《安娜·克列尼娜》描写着一个女子的悲剧的命运，结构谨严而文笔生动，它在今日还是魅惑着全世界无数的读者。

托尔斯泰本是正教徒，但五十岁以后，却怀疑着教会所举行的种种呆板的仪式，一心研究《圣经》，求谋基督教的改良，在《我的宗教》《艺术论》《我的忏悔》《复活》这些书里：他表白他那原始基督教的信仰，提倡无抵抗主义及为人生的艺术。

他在晚年所写的大半是寓言、童话和民间故事之类。这里所选择的两篇都有着民间故事的性质。《一个人需要多少土地》所含有的道德教训就是"戒贪"，《鸡蛋般大的谷粒》所强调的则是劳动的价值。

一九一〇年十一月，托尔斯泰同了他的书记麦克维齐博士（Dr. Mackovitshi）离家远游。在中途的亚斯搭波佛车站，忽患急性肺炎，与世长辞。

《一个人需要多少土地》，[俄] 列夫·托尔斯泰著
科学书店，1943

《鲁迅全集》出世的回忆

鲁迅先生的作品，对于我，是有这样的功效的：

每逢我感觉着寂寞的时候，读一读它，我就不寂寞了。

每逢我情绪恶劣的时候，读一读它，我就神清气爽了。

每逢我对于自己胡里胡涂的时候，读一读它，我就能够知道我自己了。

每逢"无物之物"阻塞了我的思想的时候，读一读它，我就豁然贯通了。

对于我个人如此，对于中国每一个知识分子当然也如此。

当日本侵略军打到上海的时候，上海文化界的朋友们，凡是走得掉的都撤退到后方了，遗留下来的不是感觉着情绪恶劣，就是感觉着对于自己的胡里胡涂。于是鲁迅先生的作品成为大家所迫切需要的精神食粮了。

鲁迅全集的出版是根据于这一种需要的。

主持着鲁迅全集的出版工作的是张宗麟先生。编校部分由许广平、王任叔两位先生负责，出版部分由黄幼雄先生和我负责，发行部分则由陈明先生负责。

许广平、周建人、吴耀宗、沈体兰、陈鹤琴、张宗麟、孙瑞璜、郑振铎、黄幼雄、胡愈之、冯仲足和我早就用小资本组织了一个复社，出了几本书，赚了些钱，刊行《鲁迅全集》的资金，主要是靠发行预约筹集的，同时也动用复社的资金。

全集的编辑计划，用鲁迅先生前手订的"三十年集"编目做骨子，加上许广平先生搜集起来的翻译部分。依各书的性质分作二十册。除却一部分用原稿发排以外，大部分是用初版本发排的。

许广平、郑振铎、王任叔三先生是编辑计划的起草者。起草完成以后，经过了上海著作界诸友的审查，方才正式决定。

当时上海各大书店纷纷向后方撤退，留下来的没有继续出书，因此上海印刷业陷于休闲的状态，排印和装订的工价都跌到最低的纪录。纸张虽然没有新货进口，也还是价格呆滞着。这就是，"全集"成本低廉的主要原因。全集出版业务是在我的寓所楼下，复社办理的。张宗麟、黄幼雄两先生天天到复社办公，和印刷厂、装订作、纸号的营业员讨价还价，我也帮同着跑印刷厂、装订作、催工看样，因为我们受了鲁迅先生的精神的感召，深深地觉得必须把全集印得尽善尽美，这才对得起鲁迅先生，对得起我们自己。

我们对于印刷厂和装订作的技术要求是很高的。我们看了样子不算数，还亲自到工场去，看工人们在实际上怎样做。如果在细节方面看到有些不妥当，就要工人们照我们的意思改一改。我应当在这里特别提及三个技术人员的名字。就是管理排版工程的徐鹤生先生，管理印刷工程的吴阿盛先生，以及管理装订工程的陈鳌生先生。他们三位都是在印刷界积有十年以上的经验的，他们对于二十大本全集的生产过程，显然都尽了最大的努力了。

不到四个月，鲁迅全集的三种版本都出齐了。甲种纪念本重道林纸印，封面皮脊烫金装楠木箱，预约价每部国币一百元。乙种纪念本重道林纸印，封面红布烫金，预约价每部国币五十元，普及本白报纸印，封面红纸布脊，预约价每部国币八元。出书以后，陆续发给预约定户，剩下来的不到几十部了。

全集的错字，谁都觉得比别的任何书籍都少，这也并不是出于偶然。唐弢、蒯斯曛两先生志愿担任义务校对，在排版期间，天天到许广平先生寓所的亭子间看校样，最后的校样则是许广平、王任叔两位先生负着校看的责任。全集中间有几本关于古书辑述的著作，由精通古文的冯都良先生担任着标点和审阅工作，也是出于志愿投效的。

全集的纸型共打两副，在上海沦陷期间，分藏在两处安全的地方。最近全集再版本出书了，当然这是用初版的纸型印成的。

《文艺丛刊》第二辑，1946 年 12 月

论鲁迅的翻译

——纪念鲁迅先生逝世十二周年

中国思想革命和文学革命的伟大的先驱者鲁迅留下了二十巨册的全集，给我们清清楚楚地指出了"中华民族新文化的方向"来。全集中间的翻译部分，正同著作部分一样，是有不磨灭的划时代的意义的。

中国过去的翻译文学只有在宗教的方面约略看得到一些切实的成就。至于世俗的文献方面，则在二十世纪以前简直可以说完全留着空白。无论科学或是文艺，总找不出一部完整的翻译书本来。严复和林纾两大译家是有一些译本留下来的。可是削鼻刓眼，面目全非，要得么？

本世纪是中国人民大踏步进入世界家庭的时代。为了见识的增进，对于翻译愈来愈有尖锐的需要了。鲁迅的伟大天才就在本世纪创造出一种适应于思想革命的新要求的翻译风格来，给中国翻译界开拓了一条大路。鲁迅的译作无可否定地已经变成了典型。当今中国一切进步的翻译工作者所走的正是这条大路。

鲁迅一生贡献于文学劳作的精力可以说有一半是放在翻译介绍方面的。他的文学生涯，据他自己所说，就是开始于翻译。在《我怎么做起小说来》（《南腔北调集》）这一篇里，他说：

"……当我留心文学的时候，情形和现在很不同：在中国，小说不算文学，做小说的也决不能称为文学家，所以并没有人想在这一条道路上出世。我也并没有要将小说抬进'文苑'里的意思，不过想利用它的力量，来改良社会。

"但也不是自己想创作，注重的倒是在绍介，在翻译，而尤其注重于短篇，特别是被压迫的民族中的作者的作品……

"因为所求的作品是叫喊和反抗，势必至于倾向了东欧，因此所看的俄国，波兰，以及巴尔干诸小国作家的东西就特别多。……"

一九〇九年二月，他的第一部翻译小说集《域外小说集》在东京出版，其中选译着东欧和北欧的文学作品。鲁迅的翻译风格在这部文言译本里，已经露出一些主要的特色来。据他的老朋友许寿裳在《亡友鲁迅印象》里说：

"鲁译安特莱夫人的《默》和《谩》，迦尔洵的《四日》，我曾将德文本对照读过，觉得字字忠实，丝毫不苟，无任意增删之弊，实为译界开辟一个新时代的纪念碑，使我非常兴奋。其序言所云，'弟收录至审慎，移译亦期勿失文情，异域文术新宗，自此始入华土'。这实在是诚信不欺之言。"

鲁迅的翻译作品，收在全集里的，除《域外小说集》和更早的《月界旅行》《地底旅行》之外，都是一九一八年以后，用白话写出的。从一九二一年出版的《现代小说译丛》起到一九三五年出版的《死魂灵》止，近三十部的作品，就给中国新文学在翻译方面奠定了坚实的基础。这些翻译不但一贯保持着"勿失文情"的翻译原则，而且更重要的是，和他的创作小说及杂文一同，提供了生动活泼的一些全新的表现风格，成为中国新文学发展的酵素。就是这一点使他的翻译在价值上远远地超越了同时代许多名流学者的翻译。例如，胡适译的西洋短篇小说，是一般学校的国文教本里所选收的，其实与其说是翻译，不如说是改作。那一种白话文体，脱除不了《儒林外史》式的旧腔调，比起前一时期梁启超所谓的"新小说"丛刊里那些白话译作来，实在不见得高明多少，只要和原本对照，就经不起考验了。

英国著名的翻译理论家泰特勒（A.F.Tytler 一七四七——一八一四）在所著的《翻译原则论》里提出了翻译的三项条件。就是：（一）翻译应当把原作的意识内容完完全全复写出来；（二）译作的风格和笔调所具有的特性，应当和原作的相同；（三）译作应流畅和原作一样。鲁迅的翻译，在我们看来，实在具备了这三项条件。然而泰特勒究竟还是十八世纪的人物，没有充分地把握住语言发展的历史规律。他从静态的观点强调着各国语言的特性上的限度，在他书中所列举的许多实例的检讨上，认为有许多地方，从甲国语翻译乙国语，简直是不可能的。受过近代科学洗礼的鲁迅在翻译见解上的卓识可就超过泰特勒了。他知道中国的文和话现有的缺点，但也认为可以设法改进一番的。在翻译时候，"硬着头皮"要做到"勿失文情"的地步。这就是他所谓"硬译"。不知多少次，他从无办法中想出办法来。那些他所发明的办法，或是他所输入的新的表现法，尽管他有时还十分虚心地认为不够"如意"，可是十九为翻译界大家所采用了。他对于翻译的意见，在《关于翻译的通信》的回信（见《二心集》）里，表现得最明白：

"……我们的译者，还不能这样简单，首先要决定译给大众中的怎样的读者。将这些大众，粗粗的分起来：甲，有很受了教育的；乙，有略能识字的；丙，有识字无几的。而其中的丙则在'读者'的范围之外，启发他们的是图画、讲演、喜剧、电影的任务，在这里大可以不论。就是甲乙两种，也不能用同样的书籍，应该各有供给阅读的相当的书。供给乙的，还不能用翻译，至少是改作，最好还是创作，而这创作并不只在配合读者的胃口，讨好了，读得多就够。至于供给甲类多读者的译本，无论什么，我是至今主张'宁信而不顺'。自然，这所谓'不顺'决不是说'跪下'要译作'跪在膝之上'，'天河'要译作'牛奶路'的意思，乃是说，不妨不像吃茶淘饭一样，几口可以咽完，却必须费牙来嚼一嚼。这里就来了一个问题：为什么不完全中国化给读者省些力气呢？这样费解，怎样还可以称为翻译呢？我的答案是：这也是译本。这样的译本，不但这输入新的内容，也在输入新的表现法……

"……中国的文或话，法子实在太不精密了，这语法的不精密，就在证明思路的不精密，换一句话，就是脑筋有些糊涂。倘若永远用着糊涂话，即使读的时候，滔滔而下，但归根结蒂，所得的还是一个糊涂的影子。要医治这病，我以为只好陆续吃一点苦，装进异样的句法去，古的，外省外府的，后来便可以据为己有。远的例子如日本，他们的文章里，欧化的句法是极平常的了，和梁启超做《和文汉读法》时代大不相同；近的例子，就如来信所说，一九二五年曾给群众造出过'罢工'这一个字眼，这字眼虽然未曾有过，然而大众已都懂得了。"

在《题未定草》里，说到翻译《死魂灵》的事情的时候，他又发挥了他的翻译原则：

"……动笔之前，就得先解决一个问题：竭力使它归化，还是尽量保持洋气呢？日本的译者上田进君，是主张用前一法的。他以为讽刺作品的翻译，第一当求其易懂，效力也愈广大。所以他当译文，有时就化一句为数句，很近于解释。

我的意见却两样的，只求易懂，不如创作，或者改作，将事改为中国事，人也化为中国人，如果还是翻译，那么，首先的目的就在博览外国的作品，不但移情，也要益智，至少是知道何地何时，有这等事，如旅行外国，是很相像的：它必须有异国的情调，就是所谓洋气。其实世界上也不会有完全归化的译文，倘有就是貌合神离，从严辨别起来，它算不得翻译。凡是翻译，必须兼顾着两面，一则当然力求其易解，一则保存着原作者的风姿，但这保存，却又常常和易懂相矛盾：看不惯了。不过它原是洋鬼子，当然谁也看不惯，为比较的顺眼起见，只能换他的衣裳，却不该削低他的鼻子，剜掉他的眼睛。我是不主张削鼻剜眼的，所以有些地方，仍然宁可译得不顺口。……"

他始终反对着削鼻剜眼式的翻译，主张着"宁信而不顺"。"顺"或是"顺口"，就是上面所引的泰特勒的第三条件里所说到的"流畅"。他这样的一个中国文学的巨匠当然是随时随地下意识地追求着"流畅"和"顺口"的。他的一切作品就提供着现成的证据。但是他为了要针砭一般本国人的糊涂的脑筋，同时也为了要反击梁实秋、赵景深他们又荒唐又庸俗的意见，却就觉得非提出"宁信而不顺"这个口号来不可了。梁实秋在《论硬译》这篇文章里说："一部书断断不会完全曲译……部分的曲译即使是错误，究竟也还给你一个错误，这个错误也许真是害人无穷的，而你读的时候究竟还落个爽快。"赵景深则主张"与其信而不顺，不如顺而不信"。也是以为错误并不要紧，总须读来爽快。这种论调显然出于思想本质上严重的病症，在庸俗的旧社会里，是足以造成有害的风气的，所以鲁迅接连写了几篇杂文，给予他们无情的反击。（如《硬译于文学的阶级性》《几条"顺"的翻译》《风马牛》《再来一条"顺"的翻译》等，见《二心集》）在那些论辩中间，鲁迅明白地指出他的反对派多么可笑地滥用着"顺"这个字眼呵！如果"顺"是应当作为"流畅"来解释的，那么，梁实秋、赵景深之流恰正犯着泰特勒指出过的翻译家最容易犯一种毛病：把"流畅"退化为"放肆"了。

由于他那过人的天才和修养，鲁迅尽管把"顺"或是"流畅"认为次要，他的译作，在当代的翻译界中间，还是不得不公认为最流畅的。就他晚年所译的《死魂灵》来说，为了保存原作者的风姿，据他自己称，有的地方宁可译得不顺口。但这部翻译给予一般读者的印象怎么样呢？谁都觉得那流畅的程度简直是同创作小说没有什么两样的。他早年所译的厨川白村的《苦闷的象征》，据译者自称是"按规逐句，甚而至于逐字译的"，但在他的反对派梁实秋看来，也"还不是令人看不懂的东西"，而他的老友许寿裳读后的印象则是"虽说是直译的，却仍然极其条畅，真非大手笔不办"。

上面所引的《关于翻译的通信》里，鲁迅把译本的读者分为三类，就是：（甲）有很受了教育的；（乙）有略能识字的；（丙）有识字无几的。对于供给甲类读者的译本，他特别强调着"宁信而不顺"。他照例采取着直译，就是"竭力保存着原书的口吻，大抵连语句的前后次序，也不甚倒"。他所实践所提倡的直译，不但输入了新的内容而且输入了新的表现法，在中国新文学上所发生的效果是十分深广的。本来"法子不够精密"的中国的文和话这才精密起来，丰富起来了。

然而他并不一味为了文化水准的提高，而把大众化的要求忽略了。在他为乙种读者，尤其为儿童而写的那些译本，他却采取意译。例如他根据日本林房雄译出的那一部匈牙利 H. 至尔·妙伦所作的童话集《小彼得》，他在序言上说，那初稿很有些不相宜的地方，因为拘泥原文，令读者看得费力，所以"当校改之际，就大加改译了一通，比较地近于流畅了"。

他又在《表》的《译者的话》里说：

"在开译以前，自己确曾抱了不小的野心。第一，是要将这样的崭新的童话，绍介一点进中国来，以供孩子们的父母、师长以及教育家、童话作家来参考；第二，想不用什么难字，给十岁上下的孩子们也看一看。但是，一开译，可就立刻碰到了钉子了，孩子的话，我知道得太少，不够表达出原文的意思来，因此仍然译得不三不四。现在只剩了半个野心了，然而也不知道究竟怎样。"

就此可见鲁迅为了顾到略能识字的读者的理解力，对于翻译的流畅和大众化作着多大的努力呵！他虽然说，"孩子的话，我知道的太少"，然而，《表》的翻译，就是作为儿童读物，大家也公认是十分成功的。据我所知，十二三岁的学童，没有一个不爱看这部鲁迅的《表》。它显然是中国儿童文学中间一部最出色的杰作了。

苏联老作家朱柯夫斯基写过一篇《翻译的自由宪章》（登载一九四四年一月号《苏联文艺》），大致说翻译文字不但要外形一致，而且要精神契合。这两种优点的综合，在文法组织极不精密的中文，显然要比在具有深厚的文学传统的俄文困难得多。但是我想，凡是真正用心地读过鲁迅的译作的一定可以感觉到：鲁迅正是突破了中国语文的重重难关，造出外形一致而又精神契合的翻译典型来的第一人！

在《关于翻译的通信》里，J.K.（瞿秋白）的信上说："我们所要求的是：绝对的正确和绝对的白话。所谓绝对的白话，就是朗诵起来可以懂得的。"

绝对的正确和绝对的白话其实正是朱柯夫斯基所提出的"外形一致"和"精神契合"的另一种说法。你想，如果译作对于原文绝对的正确，而用的又是绝对的白话，那么，这样的翻译也就多少可以说外形一致而且精神契合的了。

毫无疑问，鲁迅先生一辈子所做的翻译功夫正是向绝对的正确和绝对的白话这两个目标努力的。他在中国真可算得对于人民大众的活的语言，吸收能力最强的一个作家了。可是他却还想到语言的进化方面，在回信里，同意了上述的两点要求之后，便补充了一些意见：

"我还以为即使为乙类读者而译的书，也应该时常加些新的字眼新的语法在里面，但自然不宜太多，以偶尔遇见，而想想，或问一问就能懂得为度。必须这样，群众的语言才能够丰富起来。"

他显然看到群众的语言——这也就是说绝对的白话——具有进步或是提高的可能性。它能够接受一些新的字眼新的语法，从而使本身丰富起来。为了要把外国作品的"文情"充分地翻译过来，他认为这种可能性是必须利用的。因此，他表示了上面的意见。

这意见是宝贵而且正确的，和"在普及的基础上求提高"这一项文艺政策上的观点对照起来，也恰正一致。

《文化保卫》，1948

《女性和童话》前记

　　歌德诞生三百年纪念快到了。他是近代文学的开山祖。自从十八世纪以来，全世界最优秀的一切作家和批评家都不得不承认自己直接或间接地是他的弟子。他的作品的影响非常普遍而深刻。中国新文学的生长对于歌德是有不小的感恩的。他的三大杰作：《少年维特之烦恼》《浮士德》以及《赫尔曼和赛乐丝》，郭沫若先生都给我们介绍过来了。多少的文学青年从这些中译本不断地汲取着灵感呵！而且我们大家已经明白，文艺是一种用文字把现实生活本身结晶起来的艺术，对于社会的进化，有着极其重要的推动的意义。因此，我们用尊重的口吻把一切独创性的文学作品叫做"创作"。这一个近代的文学概念，实在是歌德所启发的。

　　我们生长在今日的世界，似乎离歌德时代已经很远了。但是读起他的作品来，却还觉得非常新鲜而生动。因为他不但是天才磅礴的大诗人，而且是追求宇宙真理的大思想家。他的心灵接触到人类精神的本质，和无限的未来联系着。他仿佛是人类社会的一切矛盾和一切问题的解释者。他又仿佛是社会进化的预言者。谁能否认："浮士德"所探讨的正是当前我们在现实生活上所面对的一切问题？谁能否认：歌德在这部杰作里所提供的"人生的目的是在不断的创作的努力"这一个简单的真理，正是今天最正确的对于我们的生活指导呢？

这里所译的两个短篇，虽都是二百余年前的作品，在我看来，也同《浮士德》一样，到今天还非常新鲜。童话《带灯的人》显然是根据了一个民间故事加工写成的。其中青龙架桥那样的神话和中国同类的民间故事，很有近似的情调。主人公是一个农夫，他带了一盏具有魔力的灯克服种种的困难，演出政治的奇迹来。这仅仅是一种幻想的虚构么？不！这实在是人类历史的寓言。任何一个换朝代的革命斗争，都可以说是农民带灯引路的。在当前遍世界的民主革命的斗争中间，事实也显得如此。

《女性和童话》探讨着文艺问题和妇女问题。作者借夏季俱乐部会员们的种种不同的意识形态把这些问题辩证一番。一切庸俗浅薄的文艺观和妇女观，在这里受到尽情的揶揄了。

这两篇作品篇幅虽短，意味却很深长。我们要向歌德学习，从这一类短篇入手，我想是适当的，因此趁歌德三百年纪念的机会把这两篇翻译出来，奉献于中国的文艺青年。

《女性和童话》，［德］歌德著
智源书局，1948

《黎明之前》序

　　这一年来，莫斯科的《消息报》上连载着中国和西班牙两国的"战地通信"。舒恬波君辑译了十篇，凑成一个集子，题名《黎明之前》。这原是其中一篇的标题，如今用作集子的总名倒也很适当，因为各篇通信都是用乐观的调子描写着受侵略的民族，为争取自由和独立的光明而作的斗争的。在这斗争中间，中国和西班牙两国固然遭受着空前惨酷的苦难；军民大量的死伤，城市大量的破毁。这一个历史阶段正是做着噩梦的子夜，也正是草木凋零的冬天。然而一个有名的西洋诗人可不是说过这样的一句话：

　　冬天到了，春天还会远么？

　　中国同西班牙一样，有着悠久的文化，一向爱好着和平。法西斯帝国主义者原以为这个民族已经"衰老"了，只消用武力把几个通都大邑夺占下来，就可以降服了全国。殊不知战争开始以后，这四万万五千万的伟大民族却逐渐地觉醒了。现在全国人民深切地知道，除了"拼"，就没有一点儿出路。而且这一拼，前途必然是十分光明的。这固然由于中国地大物博这种优越的条件。尤其重要的是因为中个有着孟子所请"配义与道""充塞于天地之间"的至大至刚的民气。凭着这一种民气，政治上才有各党各派精诚合作的现象，抗战中才有无数为国舍身英雄无敌的战士。

这集子里，中国方面的几篇战地通信全是《消息报》特派记者卡尔敏所作的。卡尔敏过去的经历怎样，一时无法查考，但从各篇通信上简炼生动的文笔看来，可知他是很有文艺修养的苏联青年，来中国还不很久。他有着一般苏联作家所同具的正义感，对于中国人民所遭受的战争的祸难寄予着深挚的同情，对于中国抗战的前途则又抱着无限光明的希望。他在通信中特别加以强调的就是中国那么一种至大至刚的民气。他把各地的轰炸，长沙的大火都写得有声有色，可是所提示的整个印象却是这种人为的灾害无论怎样的惨烈决不能使中国的民气稍馁。在他看来，中国的军民大都对于抗战的最后胜利抱着无可动摇的信心。《在长沙》一篇中，他就引着身经百战的盛将军一句豪语道："撼山易撼华军难！"

这是夸张的说法么？决不。这是真理！这是从前线受伤归来的中国军人根据亲身的战斗经验而感觉到的一个事实。抗战以来，中国的军队虽然时常为了战略的关系放弃重要的城市，或是为了争夺主要的据点，把整个整营的人马拼得精光，可是因为主力始终保全，补充又极敏速的缘故，实际的力量只有愈战愈坚强。在历次战役中，就是中立国的人士也很多惊叹着中国兵士无比的英勇。这一种英勇精神是从对于国族的命运的明确的认识发生的。中国目前的抗战既然是求自由求生存的反侵略战争，每一个士兵在作战的热情里也就充溢着至高的道义。每一个士兵有着"自反而缩，虽千万人吾往矣"这一种勇往直前的气概，因此尽管死的死，伤的伤而中国的军队决不至于气馁。他们为了国族的永生早已把个人生死置之度外。他们知道个人的成就不足齿数而集体的努力意义才大。卡尔敏看出了这一点，他在《燎火边》一篇里说道，"我所访问过的那些部队的将领们通常都不耐烦于称述个别的英雄，可是对于各连各营各团各旅的勇敢行为却津津乐道"。

中国西南各省民气的旺盛以及抗战潜势力的滋长，我们在卡尔敏的通信里也可窥见一斑。这一种情势最使侵略者感到头痛。他们没奈何，只有在那些地方干些无聊的举动。例如他们的飞机在桂林市上刚才掷下了传单，宣传着他们"要在中国建立正义和幸福生活"，接着便丢下了几十颗炸弹——正义和幸福生活的证据。（卡尔敏：《从广西到重庆》）

中国的民气是无可动摇的。不但西南各省是如此，就是在"被侵占的领土上也正有论千论万的民众在进行抗战。'拼到底，拼到最后胜利的一天！'这几个字眼好像熊熊的

火焰，正在广大的民众的心窝里燃烧着"。（卡尔敏：《从广西到重庆》）

西班牙的《战地通信》是爱伦堡所作的。他是当代著名的苏联作家之一，一八九一年生于基辅，五岁上随着父母移居到莫斯科，进莫斯科公学读书，六年级被校方开除；一九〇六年，因受革命思潮的影响，进布尔雪维克党，在学生组织中间，从事革命工作；一九〇八年，被帝俄政府逮捕入狱，未及开审获释，于是他亡命巴黎，在巴黎住居八年；一九一七年革命后回到莫斯科，跟美尤诃尔斯等在剧团工作；一九二一年以新闻记者的资格，由苏联政府派到巴黎，便被法国政府遣送出境。他转到比利时一个小村住下，埋头写作，一九二二年便有长篇小说《朱利亚·朱来尼托》及散文集出版问世。那部小说以构想广大，笔调犀利见长，很受西欧人士的赞赏。其后他漫游西欧各地过写作生活，在英法报章杂志上时有投稿。回到苏联以后，他加入苏联作家同盟，并且写作《第二日》。西班牙战事发生，他被派到西班牙，给苏联各报写寄通信。他对于欧洲的政治社会有着透澈的理解，而又观察敏锐，文笔犀利，因此他的短篇通信常为各国报章杂志所译载。他的作品在我国也已译出了不少。有人称之为"报告文学"的典型，可见其文笔的动人了。

爱伦堡的西班牙通信都是玛德里政变以后写的。他对于西班牙的前途始终抱着乐观。现在西班牙的局势，由于英法政府的退让和共和军若干领袖的出卖，固然难免叫人短气。然而欧洲的法西斯主义者为要降服西班牙在过去已经受尽了意想不到的波折，在今后只怕未必一定顺手罢。无论如何，西班牙人民那么一番斗争的经历还是值得我们深切的体验的。

第一，玛德里的战争在刚开始的时候，弗朗哥就以为很容易攻下，并且拟好攻下以后的庆祝节目了。可是玛德里的人民凭了求自由独立的坚定的意志守着，守着。一月，两月，一年两年，弗朗哥及其法西斯同盟者几次三番耗损了很大的实力，始终不能攻下来。于是大家认为这是西班牙共和国的凡尔登了。（爱伦堡：《战争在院子里了》）

第二，加泰隆从未有过兵工厂，又缺乏着燃料和原动力，而意大利海军又封锁着沿海线。可是在获得德意两国充分接济的弗朗哥军队进攻的半年中间，这加泰隆地方居然设立起四十多个新型的兵工厂来，赶造着炮弹，手榴弹，来福枪，弹药筒等等。这些都是先前制造乐器，自行车，无线电收音机等工厂改造的。在那边一块"必须过了二十九天方才干透"的胡桃木板，到第三十天就可以变成来福枪柄了。这并不是什么奇迹。这只是"被侵略的人们有着无限的抵抗力"的证示。

第三，巴萨隆纳的人民一向逍遥自在地生活着。虽在战争期间，他们还是嘻嘻哈哈地寻着乐趣。那知从电影院散出来的人们，还未回到家里，就见得自己的家屋已经给敌机的炸弹炸毁了。这一来巴萨隆纳的人们顿时有了同玛德里市民同样的觉悟，知道必须大家尽心竭力来保卫地方了。（爱伦堡:《战争在院子里了》）现代科学化的杀人利器无论如何是不能降服人们的。这只有教训人们，"不管死活，拼到底"。

黑格尔和海涅

十九世纪德国大哲学家黑格尔（G.W.H.Hegel）凭着卓越的天才和澈底的研究精神，创立了包罗万象的唯心论的哲学体系。他的著作充满着艰奥的词句和神秘的风味。他的一个有名的命题是："一切理性的，同时都是必然的；而一切必然的，都是应当存在的，或者至少是应当变成的。"这种唯心论的说法，就表面看来，的确是替当时的专制政治祝了福。因此当他做着柏林大学教授的时候，他的哲学俨然成为"普鲁士王国的国有哲学"了。然而他的哲学却也含蓄着一种有力的革命因素。这种因素后来虽经马克思和恩格斯抉发出来，由此创立了革命的唯物辩证法。可是在当时，无论是政府方面的人士或是在野的自由主义者却都没有从黑格尔的玄学的，艰深的词句中间发现了这一种革命因素。最早看出这一点来的不过德国大诗人海涅（H.Heine）一个人。这是恩格斯在《费尔巴哈论》上所指出的。

海涅的年纪比黑格尔小四十七岁。他的诗歌充溢着敏锐的感情和近代的风格，是德国大众所传诵的。他的散文，据英国文学家乔治·爱略特（G.Eliot）说，甚至比哥德还显得流利活泼。他是一个幽默家，他用幻想的魔杖点一点人间平淡的愚行，便把它变成了艺术的纯金。他拿粲然的微笑盖住了人间的眼泪，便使人生的阴暗的场景上浮现了五色虹霓。他爱好着自由，关怀着大众；他的创作，一字一句都是又乖巧又无所顾忌的，因此他终于不能容于祖国，而亡命于国外了。当他二十余岁的时候，他就在柏林认识了黑格尔。从黑格尔的哲学著作上他受过不小的影响。他在所著的《自由》上说道：

"总之，我对于这种哲学感觉着从来未有的强烈的热情；我对于这种哲学的信念是不成问题的。我一向不是超脱的思想家，我接受了黑格尔学理的'综合'而并不要求什么证明，因为这种学理的成果正投合着我的虚荣心呢。我当时又年青又自豪，从黑格尔的哲学上一旦参悟了一个道理——就是真正的神并不是我的祖母所想像那样住在天上的神，却是在这地上的我自己——于是我的虚荣不由得一发旺盛了。这一种呆气的傲慢在我的感情上一点也没有发生什么有害的影响；相反的，这倒把我的感情提高到英雄主义的顶峰。当时的我把博爱和自我牺牲的精神发挥得非常厉害，我心里想：一定可以使那些具有善良的布尔乔德性的人们赫赫奕奕功业都黯然无光的罢，因为他们不过是依照着责任感来行动，不过遵守着道德的法则罢了。"

就此可见海涅对于黑格尔的哲学思想爱好得多么深切，真挚呵。在同一书上，海涅又用幽默的笔调描写到那位渊博的大哲学家古怪的脾气，读来是怪有趣的：

"老实说，我对于他的思想懂得很少，只有经过了过后的默想，方才明白些他的话句的意义。我相信他不愿为人家所了解；因而他的谈话上随时有着夹杂的插句；因而他大抵偏爱着那些并不了解他的思想的人们，他很愿意把那些人当作老朋友。全柏林的人们都奇怪：怎么饱学的黑格尔会跟现已去世的汉立克·皮尔做着密切的朋友的呢？这位名叫汉立克·皮尔的，就是报纸上常见大名的那位风头很健的甲科摩·梅尤皮耳的兄弟。他是一个十足的傻子，后来确乎也被他的家族宣布过有神经病，把他看管起来。为什么呢？因为他并不利用着好好的家计，在艺术上或是科学上自己立一个名望，他倒把他的金钱浪费在孩子气的小玩意儿上头。举个例子罢，他有一天甚至花了六千'泰来尔'（十九世纪德国银币的名称）买来许多的手杖？这个既不想造就一个伟大的悲剧作家，又不想造就一个伟大的天文学者，又不想造就一个桂冠音乐家，一个莫萨（Mozart——德国作曲家）和罗什尼（Rossini——意大利作曲家）的敌手，而情愿把钱花费在许多手杖上去的可怜的家伙——这个不长进的皮耳居然博得了黑格尔的极大的信任；做了那位哲学家的心腹朋友，形影不离似的到处陪着他走。跟黑格尔一样有天才的菲立克斯·孟特尔逊（Felix Mendelssohn）曾经想把这一种现象解释明白，说是黑格尔对于汉立克·皮耳的为人并不了解。然而我现在却以为那一种亲密关系的真实理由是在这一点——黑格尔深知自己所说的话一句也没有为汉立克·皮耳所了解，正惟如此，他便得以尽量发挥自己的感兴了。黑格尔的谈话大抵是声调和缓的独白；他那杀风景的表情则往往使我少不得吃惊，我有不少的印象至今还留在脑子里。记得有一个星光灿烂的明媚的晚上，我们两人同在窗边站立着，我呢，是一个二十一岁的青年，刚才吃过了好好的一顿晚餐喝过了咖啡，当时谈到天上的星星，不免带着几分的热情，我便把那些星称为‘去世者的住处’。然而那位老夫子却独自咕噜道：‘那些星星么！呃！呃！那些星星只不过是老天脸上亮闪闪的麻疯疮罢了。’‘唉！唉！’我嚷道，‘那么，上头那个使善人得善报的所在，难道是一块快乐的地方也没有的么？’于是他用那双白茫茫的眼睛看住了我，尖刻地说道，‘原来你是因为服事着你那害病的母亲，而又不肯毒害你那好兄弟的缘故就巴望着什么奖赏么？’说着，他急急地转过头去，随即脸色变得和静了，原来那时候，他瞧见汉立克·皮耳走了过来，邀他去打纸牌了。”

海涅笔下描写出来的黑格尔的个性可以给马克思主义者对于他的哲学体系的评价做一个参证。马克思主义者说，“黑格尔是一切布尔乔哲学的集大成者"。他的哲学"首先把全部自然的，历史的和精神的世界作为一个过程来了解，换句话说，它首先从不断的运动、变化，改造和发展当中研究着世界，并且显示着这一运动和发展的内部相互关系。"（恩格斯：《反杜林论》）这一种历史意义是值得重视的。可是他的哲学却把人类一切实践的活动都溶化在思维的范畴之中，因此他所认识的"自然"是被一张糊涂的神秘的迷网所罩住了。这么一来，他当然摸不到坚固的真实的实践基础了。我们看了上面一段海涅的文字，不由得要想那位大名鼎鼎的近世大哲学家终究不过是一位耽于空想的"古董教授"罢了。

然而我们须知黑格尔哲学体系所以含有神秘的甚而至于反动的成份，是当时的历史条件所决定的。但是由于内在的进步性，革命性，这毕竟还是有着伟大价值的壮丽的哲学体系。现代法西斯蒂理论家们把黑格尔学说当中所有进步的元素都阉割了，而把一切反动的成份加重起来，以黑格尔主义的复兴相号召，一味想使唯心论的尸骨还魂。我们对于这种现象有什么话可以说呢？我们又要学学黑格尔的口吻，说"这是黑格尔脸上的麻疯疮"罢了。

回忆一九三八

　　一九三八年夏天，上海法租界巨籁达路二号，一幢三层楼房的客堂间里显得活跃起来。平时不常开的靠马路的前门，因为门铃接连地响，也关不住了。从装订作来的一捆一捆的包件送进这屋子不多久，《鲁迅全集》出版的风声就传开了。素不相识的人们陆陆续续地进来。他们就是鲁迅的忠实读者。他们凭着预约券领到第一批红色封面的新书，个个笑逐颜开，仿佛拾到了什么宝贝。"八块钱，这样的二十大本！"这是我听到的一种似乎吃惊的声音。

　　的确，八块钱一部全集是便宜得似乎使人难信的。但是说来却大有意义。鲁迅全集之所以能够在险恶的战时环境下出版，首先不能不归功于那些组织起来的读者出八块钱来订书。当时上海租界里几家老报馆停刊了。各大书店的领导机构撤退到内地了。谁都想得到：在人们比作"孤岛"的租界里，出进步的新书要担不小的风险。如果没有那么几百位订书的读者的热情赞助，《鲁迅全集》的出版是无法实现的。而且预约价根据成本核算，也完全合理。上海租界里有着雄厚的技术力量。在战争的打击下，大批技术工人失了业，许多厂家关了门，纸张也跌了价。这种人力物力过剩的现象自然而然使得书籍的印制成本降低了。

承办全集出版业务的复社是1938年春初留在上海租界的一群不甘寂寞的知识分子因偶然的机会组织起来的一个具有社会主义萌芽性质的合作社。原初的动机只是要出版《西行漫记》（美国记者爱特伽·斯诺所写的《中国的红星》的中译本）。当时十多人每人捐出了五十元买纸张，几十人通过自己的社会关系，东奔西走征集到读者预约金几百元作印刷成本，另外一些人干了一阵子零零碎碎的义务劳动。这样，书印出来了，用复社的名义来发行。这部书十分畅销，使这个合作社的资金有了一些积累。就在这仅有的资金积累和可靠的读者组织的基础上，复社承担起出版六百多万字的《鲁迅全集》的突击任务来。

全集的出版计划一经商定，志愿参加工作的积极分子的队伍立即形成了。战斗开始了。陶行知先生的生活教育理想的实行家张宗麟担任了复社经理。他调度经费，对外联络，组织读者网，使内地、南洋和美国都有订户寄钱来。"一·二八"以前曾和鲁迅先生同屋住了几年的黄幼雄细心策划和照管一系列的出版过程，作出各种必要的技术设计，同在另一地方负责全集编校工作的许广平、王任叔他们取得了密切的配合。在他忙不过来的时候，我帮他跑跑腿，和工人们打打交道，间或也出些小主意。我在排字、印刷和装订各部门的工作地点，亲眼看到工人们热情蓬勃地为全集的出版进行着忘我劳动的情景。他们似乎全都知道鲁迅先生在出版艺术方面也是他们的导师，自觉自愿地在提高全集出版质量方面发挥着很大的积极性。大丰制版所的一个排字能手准备好回乡去省亲，因为我们要他赶一下全集的工，他就留下来了。在战争的打击下失过业的好印工吴松盛看到一个五号字的边角略略淡些，马上停了机器来填版。一家装订作里的一个伙计自动拿出质量超过原定规格的材料来使用，情愿自己的老板贴些钱。这些事例都说明他们是受到了鲁迅精神的感染的。就是各个环节的工人们的齐心努力和密切配合保证了《鲁迅全集》出版计划的如期完成。

《鲁迅全集》的出版工作是做得又快又好又省的。印得最多的当然是定价十二元、预约价八元的普及本。但也同时付印了一小部分价格较高的两种版本，主要是供应内地和国外的需要。道林纸本布面金字，定价五十元。纪念本皮面金字，是用楠木箱装的，定价一百元。

全集每出一批就是一连四、五卷。出了四、五批就出齐了。

在所谓"孤岛"上的人们的精神生活中间，《鲁迅全集》的出现，真好比沙漠上涌现了水源。

当我领到了我的一部，把它插到书架上的时候，我是多么的感动呵！我对着两尺长的红白辉映的行列，出神地看了好一会。我心里想："您在我情绪消沉的时候给过我勇气，在我思想迷惘的时候给我指示过方向。我应当认您是我的恩师。但对于您的这么丰富的智慧，我实在是体会得太不深，太不透！我一定要向您学习，再学习。"

这是靠近鲁迅先生逝世两周年时候的事。现在是二十周年纪念到来了。我回顾一下：这么多年来，我一直没有好好地实践自己过去所许下的心愿。到现在深些，透些固然谈不到，甚至连过去所学到的粗浅的一点点也似乎都要丢荒了。这在我实在是有愧于心的。

愿《鲁迅全集》新版本的出现再给我一次自勉的机会吧。

《人民日报》，1956 年 10 月 11 日

《愤怒的葡萄》后记 *

美国作家约翰·斯坦培克所写的《愤怒的葡萄》，是一部反映美国现实的十分感人的小说。一种诅咒美国资本主义的情调充满了全书的篇幅。通过它所表现的美国穷苦农民的生动的形象，我们可以深刻地体会到现代美国资本主义所造成的沉重的灾难。

在本世纪三十年代，美国发生过震动世界的严重的经济危机。全国普遍地出现了生产过剩的现象。到处都是失业的人群。俄克拉何马的农民在垄断资本的残酷剥削下，失掉了祖祖辈辈耕种过的土地和居住过的房屋。他们经过了一场惨重的旱灾，无法生存下去，只得成群结队地向果木繁茂的肥沃的加利福尼亚逃荒。《愤怒的葡萄》所描写的就是这些不幸的逃荒者们颠沛流离的生活。

这部小说选择了约德一家三代逃荒的经历作为主题，把

---

* 本文为 1959 年人民文学出版社再版《愤怒的葡萄》时的后记。

他们每一个人的精神面貌生动细致地刻划出来。可是在小说的情节中间，却还穿插着一些散文诗似的篇章，专门描述同情节相关的错综复杂的社会背景，使读者容易从约德一家的遭遇联想到俄克拉何马劳动农民的共同命运。约德一家，同其他许多农户一样，为了要到远地谋生，把家中的财产廉价卖掉，用这样凑集起来的钱，从旧汽车拍卖行买了一辆破旧的大卡车，于是老老小小十多个人挤在这辆破车上，颠颠簸簸地向加利福尼亚开去。他们原来幻想着：到了加利福尼亚，可以依靠出卖劳动力维持一家的生活，可以饱尝一下那边出产丰富的新鲜的橙子和葡萄的滋味。可是这些幻想后来却全都破灭了。天下乌鸦一般黑，垄断资本组织同样奸诈而且凶恶地控制着加利福尼亚。约德一家人没有到达目的地就把手头的钱全都花光了，好容易找到了临时的采摘工作，可是全家老小劳动了一整天，所领到的工钱却只够在垄断资本所开的铺子里买一顿伙食。加利福尼亚的橙子、梨子和葡萄尽管大丰收，可是资本家们为了防止水果的跌价却宁愿把果树的根苗砍掉，让成熟的梨子和葡萄在地里白白地烂掉，把橙子堆得山一般高，浇上火油，决不许逃荒的穷人们或是患病的穷孩子擅自拾取一些吃。在第二十五章的末尾写着这样的几句话："人们的眼里看到了一场失败；饥饿的人眼里闪着一股越来越强烈的怒火。《愤怒的葡萄》在人们的心灵里长得饱满起来，结得沉甸甸的，准备收获期到临。"

作者采用了《愤怒的葡萄》作为这部小说的书名，显然含有对垄断资本表示强烈的抗议的意味。

1939 年《愤怒的葡萄》出版以后，代表着美国垄断资本利益的美国反动势力感到万分恐慌，于是对这部小说进行了恶毒的攻击。当时美国报刊上围绕着《愤怒的葡萄》展开过剧烈的论战。有些公共图书馆甚至把《愤怒的葡萄》作为禁止外借的有害书籍来处理。然而这部小说毕竟反映了深入人心的真理。真理的力量还是使它获得了广大进步读者的赞扬。很快被译成了多种外国文字之后，它便被公认为世界现代文学杰作之一了。美国著名电影导演约翰·福特根据这部小说的题材，导演了一部十分成功的影片，又扩大了它的社会影响范围。这在美国反动势力是不服气的，当时他们对《愤怒的葡萄》的攻击也就到了十分猖獗的程度。恰好碰上了罗斯福实施"新政"的机会，这部小说终于在政治上受到了保护。美国参议院"公民自由"问题拉福来特调查委员会对加利福尼亚农业情况作了一番调查研究之后，不得不出来作证，肯定《愤怒的葡萄》的内容所涉及的一些问题都是符合实际情况的。

第二次世界大战以后，美国的经济在扩军备战政策的刺激下，一度出现了表面繁荣的假象。于是垄断资本的政论家们得意忘形地吹嘘着美国资本主义的繁荣，又对《愤怒的葡萄》中所表现的一些观点攻击了一番。他们硬说这部小说所涉及的一些社会问题早已不复存在，又说这部小说是一部过时的作品了。

然而美国反动政论家们所制造的"美国繁荣论"早已像肥皂泡一样破灭了，他们所痛恨的《愤怒的葡萄》却始终发放着真理的光芒。因为它接触到美国资本主义矛盾的本质，这种本质决不是扩军备战政策所能予以改变的。这部小说中所写到的美国资本主义社会的几种突出的现象，二十年来也都一贯地存在着。我们想一想吧：美国垄断资本家追求利润的贪欲不是永无止境的吗？银行和大公司不是单凭欠账的数字，毫不留情地不断地兼并着中小农民的土地吗？资本家不是年年把大量的土豆和粮食倾倒在河里，把大量成熟的水果糟蹋掉，以便高抬物价吗？美国的耕地不是年年在缩小吗？难道我们能够说《愤怒的葡萄》是不值一读的过时的作品吗？现在震动世界的新的经济危机又发作了。美国工业生产指数缩减得很厉害。全失业的人数到 1959 年初，将近八百万。由于美元购买力差不多下降到战前水平的一半，而农产品价格又大跌，农民的收入也远不如 1948 年了。《愤怒的葡萄》留给我们的活生生的形象重新在我们的头脑中浮现出来。我们仿佛看到：今天美国商人们怎样用卑鄙龌龊的手段在推销过剩的存货。美国失业的人们怎样凄凉伤心地在忍饥挨饿。美国农民的心头怎样增长着愤怒的情绪。我们可以断言：《愤怒的葡萄》今天仍然有着十分强烈的现实意义。

作者约翰·斯坦培克是美国当代主要的小说家之一，1902年生于加利福尼亚州的萨利纳斯。在成为作家以前，他从事过许多不同的职业，当过农场雇工、木匠、石匠、炼糖厂实验室助手、油画匠和报贩。因此，对于美国劳动群众的生活，他可以说是相当熟悉的。从1929年发表第一部作品《金杯》起，他写过好多部小说，其中《玉米饼》《相持》《人鼠之间》《月亮下去了》《红马驹》和《迷途的客车》，新中国成立前在我国都曾译成中文出版。他特别喜欢描写美国的贫雇农、流浪汉和流氓无产者，也就是美国社会底层的所谓"小人物"，并且常常触及到一个主题：那就是这些小人物的祈求幸福的幻想与美国的残酷现实之间的矛盾。然而，只有《愤怒的葡萄》才是他写得最成功的作品。因为这部小说不仅赤裸裸地反映了美国资本主义农村的悲惨生活，而且极其生动地描写了美国农民在这种悲惨生活中所进行的斗争。这部小说中的主人公，已经不能被称为"小人物"；他们不像出现在斯坦培克其他作品中的那些可怜虫，他们在命运面前并不是无能为力的；他们不是没有主意的盲目犯罪者，而是毫不畏缩、挺身斗争的农民；他们不是注定要灭亡的单干者，而是伟大的永生的人民中的一份子。

在《愤怒的葡萄》中，作者所创造的许多形象，都体现了正直善良的劳动人民所共有的优美品质。汤姆·约德杀过人，坐过牢。他诚实、勤劳、意志坚强、不肯向任何困难低头。十分明显，作者是热爱这样的人物的。我们从作者的描写，可以看到他怎样通过一次次的斗争而逐渐成长。最后汤姆被迫离开一家人，到谁都不知道的什么地方去了。临别的时候，他对他母亲说："不管你往哪一边望，都能看见我。凡是有饥饿的人为了吃饭而斗争的地方，都有我在那里。凡是有警察在打人的地方，都有我在那里。……我们老百姓吃到了他们自己种出的粮食，住着他们自己造的房子的时候——我都会在场。"这种感情应该说是开朗的，这种气魄也应该说是难得的。

汤姆·约德的母亲的形象也深深地印入了人们的心灵。这个勤俭的女人好像永不歇手地在干活，把大小家务都料理得井井有条。她还用积极的顽强精神保护一家老小渡过各种各样的难关。她不顾自己怎样穷困，始终保持着宽宏的度量和乐观的情绪。当约德一家搭着破旧的大卡车快要动身的时候，孤独苦闷的牧师凯绥要求着搭车同去。当时卡车上已经拥挤不堪，粮食也备得不多，约德的父亲觉得答应下来有着困难，可是她却毅然决然答应让出座位给凯绥。她说："从来没听说过约德家或是赫兹勒慈家……拒绝过人家的要求。"有一次，在逃荒中间碰到了危险，她对汤姆·约德说了这样几句动人的话："汤姆，我们才是该活在世上的人。他们消灭不了我们。……我们是老百姓——我们是有出路的……有钱的人发了财还是要死，他们的儿女也没出息，并且都会死掉。但是我们的路倒是越走越宽。你不用着急，汤姆。好日子快到了。"她所信任的是和自己命运相似的受尽压迫的穷人们。有一次，她又说："有一点我记得最牢……我时时刻刻想到它。你如果遇到灾难，碰到困难或是受了委屈，你就找穷人去。除了穷人，谁也帮不了你的忙。"这位有着十分强烈的阶级感情的女人，可以说是劳动人民中间的母亲的一个典型。

《愤怒的葡萄》是斯坦培克在相信应该用革命方式改造美国社会的年代里写成的。这部小说，直到今天仍然是现代美国最好的小说之一。但是，在写成《愤怒的葡萄》以后，斯坦培克在创作道路上曾经有过不少曲折和变化。第二次世界大战后，随着美国反动势力的抬头和嚣张，他的政治态度也表现为动摇不定，甚至于迷失方向，而忘却了他在《愤怒的葡萄》中所表现的反对垄断资本主义的进步立场。但这也并不奇怪，有些进步的和中间的作家在他一生的经历中常常会发生这种现象。事实也非常明显，当斯坦培克丧失了他那进步的立场的时候，他的创作也就退步了。即使是美国资产阶级的批评家，有一些人也早就指出，斯坦培克写成《愤怒的葡萄》以后，创造力在日渐衰退。当我们重读《愤怒的葡萄》这本具有深刻现实意义的小说的时候，我们在这本书的作者身上，仿佛为下面这一条真理又得到了一次印证，那就是：一个作家不论多么富有才能，如果离开了人民，离开了时代的先进思想，在艺术上也就无法开出灿烂的花朵的。

　　这个中译本的初稿是 1940 年我在生活动荡的期间翻译的，1941 年在上海出版。当时我对原书中美国乡村土语的语句了解很不够，因而在译本中有了一些删节和错误。现在人民文学出版社请人对这个译本作了仔细的校订，把它重新排印出来同读者相见。

《愤怒的葡萄》，［美］约翰·斯坦培克著

大时代书局出版，1941

人民文学出版社，1959

辑二 语文

国语和方块字

　　语言是人类特具的天赋的资质。虽然一本中国古书上说，孔夫子的侄女婿公冶长懂得鸟语，似乎连树上一只小鸟也有它的语言。但是我想公冶长无非是能够赏味鸟声的一个诗人，《论语》上说他通鸟语，就指这么一种意思。鸟类的啁啾和兽类的叫噪，都显然和作为交换思想情感的媒介的人类语言有着根本的不同，这是近代科学的研究所证明的。

　　一个人从娘胎出世，就哇呀哇的叫起来，这种声音的意义也许和其他动物的声音没有什么不同罢。但是他那生理上的需要所养成的吮吸母亲的乳头的习惯，却使他每逢肚饿的时候自然而然地会把两瓣嘴唇作成吮吸的状态，同时从声带发出 ma（妈）这声音来。做母亲的听得这声音，知道他在叫唤了，便给他奶吃。这种行动的累积使婴孩的脑筋逐渐体会到 ma 这声音的作用和意义，于是他知道用 ma 来称呼那个最宝爱他的人了。后来他又自然而然地从他母亲的启迪和自然界的声音来学习语言。他会叫"爸爸""姊姊""哥哥"了。

他又学猫的叫声用"嘘乎"来指猫，学鸡的啼用"咽咽"来指鸡了。语言的发展的最初阶段就如此。

随着身体的成长，他的生活经验一天天丰富起来。从生活经验方面，他那奇妙的脑子尽量地吸收了他所懂得的各种各样的语言，有的是老年人的话，有的是孩子们的话，有的是本地话，有的是外来话，又有的是迂腐的书本上的话，经过了脑子中间不住的清滤作用，他有意无意地把语言中间不适于自己的个性和社会的需要的各种成分淘汰了，单把剩留下来的自己随时来动用。因为语言是人与人间传达思想和情感的媒介，不但在讲的人要表现得明白，而且在听的人也要听得懂。如果不把一向所学到的各种语言成分清滤一番，你就无法对生活经验和你全不相同的人讲话了。在我的本县，几乎每乡有每乡的土音。我那北乡的表兄弟到城里来叫我的祖母 Ngai bo（外婆），我那南乡的表兄弟叫他的外祖母 Nga bo，我呢，叫我的外祖母 Wa bo。我到过广西，就我所知广西有些地方叫外祖母 Do Dee（婆媞）。但是我碰到一个初相识的人，对他提到外婆，一定会毫不思索地发出一种语音来，这也许接近从小叫惯的乡音罢，也许是我的生活经验中间听得最多的那一种音罢，总之这是经过了我的脑子的清滤作用十分自然地发来出的。

社会的接触愈复杂，这一种语言的清滤作用也愈急剧。穷乡僻壤的农民足迹往往不出百里之外，所吸收的语言成分非常单纯，所以满脑子是本乡的土语。但是跑码头的商人们、学校里的学生、军队里的士兵们，由于各地的语言的交流，却自然而然地都会从混乱复杂中间清滤出较有普遍性的语言成分来。这种成分的总和就是国语。

我们现在可以明白，国语并不是如有些人所设想，类似着过去所谓"三道门"（我们、你们、他们）的蓝青官话，也不是有些书店编辑或语言学者随意采集起来加以注音的一种语言。它是全国人民日常所说的话语自然交流自然淘汰的结果。人民的生活不住地变化着，国语也不住地变化着。因此国语是生长的，进化的。有的成分，如帝制时代所通行的"万寿无疆"之类，早就听来陈腐到发霉了。在另一方面"原子弹"呀"普吉卡"呀"联合国"呀，这些单语则是这次大战中间所产生的。你把报纸上的文字念出来，固然不算得国语。就是把国定本小学国语教科书上的文字念出来也不一定算得标准的国语。因为那些编教科书的先生们生活圈子狭小，偏见是很深的。

国语当然和方言有别，但是两者之间也并没有什么明晰的界限。譬如宁波人说的"阿拉"，广东人说的"亨白郎"，因为流行得十分普遍的缘故，在新编的国语词典中间，是理应采纳的。

民主政治最后目标，是"为最大多数人最大的利益"，国语的进化当然也向着同样的目标，个个人有嘴说着话，也就个个人有权争取自己的话对于国语所发生的影响。照我的理想，等到民主政治实现的时候，国语的发音和语法的研究应该根据于语音学者在人民大众中间科学测验的成果。这种测验的实行应当从各省各区举办语言天才的民选入手。只有人民普选出来的语言天才的语法和发音才可以记录下来作为国语的基础。

以上所说强调着口头的国语。其实在国语初步发展的现阶段，我们还不能一味抹煞智识份子所写出的文字对于国语进化所发生的强大的影响。从古以来，无论中外，凡是为后世所烂读的大思想家大文学家遗留下来的文献的影响无疑地是渗进了国语的。今日各地的报纸杂志对于国语也有着同样的影响。在我们中国，语文一致的运动倡导了已经三十年了。但是半封建半殖民地的政治地位却阻碍了生产的进步，同时也阻碍了语文的进化。绝大多数的人民停留在文盲阶段，占着极少数的知识分子，尽管尽着语文一致的努力，但是因为本身生活圈子狭仄的缘故，所成就的实在还十分有限。试把任何一篇文艺作品念给不识字的朋友听听看，那效果会比说书先生的说书差得远的。

语文一致运动在中国所以不容易开展，主要的原因是在五千年的专制政治保存下来的重形不重声的方块字在作祟。中国有成千成万的方块字，甚至最通行的一个字，也没有一位国文教师能够确定，照全国通行的读音标准，它是应当怎样念的。因为今日的学校教员还和前清时代的私塾先生差不多，坐的是冷板凳。而且各大书局所出的字典没有一本的注音是算得妥当可靠的权威的。为了要弄熟那么几千个方块字，中国的小孩子不知化去了几多的脑子和时间而到头还是糊里糊涂呵！如果中国的文字是拼音字，那么孩子们一拼音就明白意义，可以腾出硬记方块字的时间来，像西洋各国的孩子们那样吸收多多的对于生活有用的近代知识了。

在今日国民党独裁政治之下，显然绝大多数从事生产的劳苦的人民大众是无法使自己的孩子们受到教育的了。能够进学校受教育的限于有产阶级的孩子们。那些孩子们虽然受得到教育也并不是真正幸福的。升旗呀，降旗呀，抽考呀，礼义廉耻的训话呀占住了他们大部分的时间。方块字的魔鬼时时刻刻威胁着他们。尤其可怕的是"填鸭式"的党化教育，阻塞了孩子们思想的发展。他们也许偶然会天真地意识到"民国"和"帝国"绝对不同，"民主"和"专制"截然有别的罢。但是只要把这种思想写进日记或是作文中间去，就包管国文分数会弄得不及格的。

方块字阻碍着语文一致的趋势，阻碍着儿童智力的发展，阻碍着国民教育的普及，这是十分明白的。因此若干年前就有一些有识的人们热烈地提倡着拉丁化新文字。其实这只不过是数十年前中国基督教会方面早就推行过而收到切实成效的罗马字拼音的改进，然而国民党的教育当局却把它看成了邪道，到处查禁着这种运动。为什么要加以查禁呢？因为方块字和枪杆子正是国民党保守政权的两种主要的工具。方块字这一重语言魔障是足以遮掩一切政治罪恶的，捏锄头柄的种田人呀，靠劳动赚饭吃的一切工人呀怎么搞得明白衙门里的舞弄文墨呢？如果他们在较短的时间以内弄得通表达口语的一种文字工具，享受得到吸收现代知识的机会，那么他们是不容易受欺骗的，衙门里的老爷就不便于作威作福了。

我觉得在国民党勾结了美国好战份子大胆掀起内战的今日的中国，我们所面临的正是同中世纪欧洲一样的黑暗。在中世纪的欧洲，僧侣阶级垄断了这一切知识和文化，帮助暴君来压迫来欺骗人民大众。现今卖弄着难学的方块字向社会要求较好的享受的中国知识分子，如果体会不到人民大众内心的悲酸，一定很容易堕落到一味助桀为虐的中世纪欧洲僧侣那样的地步。中国知识分子如果要争气，必须利用自身所学到的一切知识真正给人民大众服务。书本上报纸上的方块字在"日出而作，日落而息"的乡下老看来实在是带有神秘的魔力，正同和尚所念的佛经一样的。二十世纪的新时代再不允许中国知识分子垄断一切文化遗产了。他们应当使人民大众共同享受这种遗产。要这样做，第一步就是把钥匙交出去。这钥匙是什么呢？就是足以穿透方块字魔障的科学思想。

至于造成这个钥匙的金属，则应该是人民大众容易接受而向语文一致的理想进化的活生生的国语。

《青年知识》新 10 号，1946 年 10 月 25 日

双手和大脑

　　我在上次讲话里，结末说："我们宁可忘却了不科学不民主的古代祖先，切勿忘记今日构成中国民族的每一成分。"这两句话，我觉得当前要使中国语文真正适应现世界科学和民主两大主潮的每一青年是应当加以体认的。几千年来我们先代的不科学不民主的意识，通过语文，已经大量地渗透我们每一个知识分子的小脑里了。这是我们随时随地都感觉得到的。你要写信给现在做着高级公务员的同乡前辈，请托一件什么小事情，你少不得用些宋元明人尺牍里面的"陈言滥调"，请他一个"钧安"，因为那位前辈先生尽管满口"三民主义"，对你装得像煞受过"科学洗礼"的样子，但你如果在信里，打着"你呀""我呢"家常话的腔调，他一定会老大的不高兴，因为这种信他手下的科员录事们看到，是有损于高级官员的威严的。你就是写信给乡下的老爸爸，如果他是喜爱旧中国的传统习惯的，你一定觉得非用"父亲大人膝下敬禀者"和"万福金安"，就表现不出你对他的尊敬来。在任何历史阶段的社会中间，"受领导的"对"领导者"，"受监护的"对"监护者"的尊敬是必要的。但也只有通过大脑的考验，从心底发生的尊敬，才算得真正的尊敬。否则信上称他"钧座"，背后给他宣传"贪污作风"，这样的尊敬，你想还值得一个铜子么？

教育家陶行知先生有两句诗道："人生两个宝，双手和大脑。"天赋的人权是绝对平等的。每个人只有两只手，一个大脑，不多也不少。要是说你有三只手，岂不侮辱了你么？一个做高级官员或是当百货商店经理的如果不管手下的人们在大脑里所起的作用，单只要求他们在语文方面对他的尊敬，那么结果一定是适得其反的。抓人杀人的淫威和《秋水轩尺牍》所支持的高级长官的表面"尊严"无非增添了科员录事们背后唾骂的资料。仗官势雇打手的百货店经理也只有加深职工们内心的愤慨。就是就一户人家来说，负有监护责任的家长对于受监护的子弟，也应当看重他们大脑的自然发展，不能用自己的小脑来支配他们的大脑，这才可以得到子弟们的真正的尊敬。深通世故的乡下老太婆看到自家的小孩子平白地受了邻家小孩子的欺侮，反而骂自家的小孩子们惹祸招非，给邻家小孩子长威风，为的是"息事宁人"，把小事化为无事。如果把这样的教育精神在最高学府应用起来，那么"大学校长"呀，"国大代表"呀这些作为头衔的名词中间，还找得到丝毫的"尊严"么？

《青年知识》第 19 期，1947 年 3 月 1 日

从创造到效果

我假定着你没有读过《红楼梦》和《李有才板话》，劝你先读后一种。这是从当前我们的语文学习的观点来说的。任何两种文学作品都各有着本身特殊的价值。互相比较是一件难事。尤其是那么一部非常富丽的巨著，和这么一本十分朴素的小书，当然更不容易相提并论了。因此，如果在大家叫着生活难的环境中间，你偏是一个不愁吃得不够好，住得不够好的有福的少爷，又没有想到这样的社会情势也许有一天会妨碍到你自身的享福，你只打算像逛跳舞场，看爱情电影那样，领略一番"金陵十二钗"的风流旖旎的情味。或者你是农村出身的不够怎么幸福的青年，现在抱着刘老老的孙子小板儿那样的心情，想要游游大观园了。那么我想你先读《红楼梦》实在是十分适当的。我害怕着你的野心大过了"小板儿"，你钻进"大观园"人物的灵魂的深处去，学习他们和她们的语文的知慧，不知不觉地对这一方面的"国粹"着迷起来，也就会把中国语文学习上一个最最重要的事实忘掉。这事实就是今天中国人民在语文方面的创造天才，并不比曹雪芹时代差些。

我们应当承认：《红楼梦》这部旧小说对于中国语文宝库的贡献是无比地伟大的。就这一点来说，作者曹雪芹在中国的地位实在比得上英国的莎士比亚，俄国的普氏庚。曹雪芹把他同时代的中国人民各阶层的口语，搜集而且记录得那么丰富而且真切，中国文学史上再没有第二个作家可以和他相比了。虽然直到本世纪初为止，《红楼梦》是被社会公认为"邪书"的，但是在事实上，几百年来，这一部小说却比任何"正书"都更惹得一般的文人迷恋。因为这缘故，曹雪芹时代的有些本来活生生的民间口语，尽管事实上在民间早就不通行了，失掉生命了，可是通过历代文人人们的记忆和模仿，在知识分子圈的语言中间复活过来，是常有的事。我们只要略略留心，就找得出不少的例子来。

几百年间中国文人对《红楼梦》的"击节惊赏"，使《红楼梦》的语汇无疑地成了今天中国新文学的重要的础石。这是就好的方面来说。但天下有利往往有弊。这一类语汇的吸收也就造成了人民语文对知识分子语文之间严重的脱节现象。

凡是关心到这一种脱节现象的今日的作家们，谁都知道：多多的接触人民大众的生活，多多的吸收当今活生生的民间语是重要的。文学的遗产如《红楼梦》之类所提供的语文资料好比大鱼大肉固然富于滋养，但尽吃着这么一套，就会叫初学写作者害消化不良。至于从现实生活中间所采集的语文资料则好比青菜豆腐，虽然放在请客的餐桌上似乎不够体面，但是你吃下去一定有益于尊体的健康。你看，英国大作家萧伯纳，是一个蔬食主义者，已经活到九十岁了。

萧伯纳是吃素的。他读书读得很多，但从他那新鲜泼辣的作品看来，他在语文和思想方面辉煌的成功，显然多半还是得益于他向活生生的民间语文习惯学习。

当今美国著名剧作家奥尼尔，却没有时时把握住这个方向，向人民作经常深入的学习。当然，这种改造自己的生活，和通过日常生活去向人民学习的机会，在今天的统治区里，是比较吃力困难的；因为许多文艺工作者为了奔忙自己的生活，已经是焦头烂额了，同时还受着种种的限制，跟人民集体生活接触的机会就非常困难，这都是不可否认的困难。但是这种情形，也并不是不可以克服的，因为在大城市，在内地的城市乡镇，随时随地，我们都可以和工农大众的分子接触到的；那么，从这种接触，也就可以接近；也就可以向他们去学习，调查研究，作深入的了解。

社会上每个工农分子个人，他都是属于那群体生活的一员，所谓阶级的命运和习尚，都或多或少地在他个人身上有所具现。而同时每个属于群体的个人遭遇，也常常更多地提供出生动的复杂的生活内容。因此，通过他个人的生活的了解，我们再去对他所属的群体作综合的了解，这不就可以了解大部分人民的生活了吗？可是我们就常常不注意自己身边周围的每个人——人民的一分子。只闭着眼睛来叫向人民大众学习，这是什么道理呢？这一方面是由于我们对"向人民学习"这个口号，只是观念上的了解，而没有在实际生活上，（包括文艺工作的学习和创作活动）去向活的社会，每个活的人民（人民中的一分子）学习；却相反地把人民看作是远不可亲的神人，而又把自己身边周围的活人——甚至工农分子，看作"俗不可耐"的"庸众"，因此对他避而远之。因此就永远看见所谓人民。所以这种闭起眼睛来高叫"向人民学习"，正是只看森林，不看树木的好高骛远的空洞前进调头，这就是"屁股还坐在小资产阶级方面"的缘故。这是我们文艺工作者缺少主动的积极地向生活学习，向自己周围的每个活人，在日常生活中深入去向他们（人民）学习的积极精神。

不过，有些人或以为在自己身边的活人——或工农分子，并不一定可以代表出工农群体的典型性格，所以就才不加注意。但这样的理解是不正确的，因为每个人——属于群体的一分子，群体生活的共通性格特征，大都是相同的；只要我们肯留心，肯主动的在日常生活中去学习与观察，我们就可能如高尔基所告诉我们的，从几十个几百个相同的活的人物身上的特征中，综合出一个最典型的性格来，不但如此，就以某些工农分子个人的遭遇来讲，有时却非常典型地代表了他们群体的共同命运。如最近唐海写的《臧大咬子传》,(见文萃)是以实际材料写成的。表现了失掉了土地的农民,受尽了日本强盗的侵略与屠杀,逃到大城市去出卖劳动力,拉黄包车,而又在"胜利"之后,被"被请来的"美帝国主义的兽兵打死。这是一幅中国劳苦人民悲惨生活的真实图画,表现出了中国劳苦人民悲惨命运的惨景。

同时,更值得指出来的,唐海先生这篇《臧大咬子传》的题材,是由于作者主动地去向人民学习,调查研究所得来的成果。因为唐海先生是一个新闻记者,而一个新闻记者最可贵的能力,就是善于判断什么事件是具有新闻价值;(能反映社会斗争的进步意义的价值)而又能高速度地主动的去进行采访——调查研究,迅速地向社会作忠实客观的分析报告,并在报告的写作过程,辨明是非,理清曲直,伸张正义,使战斗的热情不屈不挠地流露揭溢出来。

在今天的文艺工作者,就应当具有新闻记者这种敏感迅速地主动的反映社会斗争,反映人民的迫切呼声,积极的能动的创作精神;由于唐海先生这篇《臧大咬子传》的提示,更说明了,只要每个文艺工作者(新闻记者),能主动的积极地去搜寻材料,实际到人民社会中去调查研究,去向人民学习,一定可以获得丰富的创作题材,自己创作的活力与热情,也一定可以提高旺盛起来的。

世界本来是宽广的,人民的社会从来就是丰富而生动的，只因为我们蛰伏在自己的社会小圈子里，没有主动积极地向宽广的世界去追求，没有虚心地向人民去学习，因此，我们才感到生活的贫乏和创作热情的低落。可是现在，震撼世界的春雷已动，人民已经在新民主的机运中复苏，我们文艺工作者应当振奋起来，主动的经常地向人民的日常生活当中去学习。向他们学习战斗，和表现他们的战斗！在今天，固然是"形势比人还强"，但是加强形势的推移和促进它的发展，还是要通过人的本身——人民的觉醒与人民的战斗！主动的能动的努力！今天的新文学运动，也唯有通过作家加强自己本身主动的积极地向人民学习，一心一意来表现人民，这才能将今天人民丰富而生动的生活和宽广而又复杂的民主斗争表现出来！一切都需要"人为"。而"人为"的重要关键，和成功的基本因素，就是有了客观的历史条件，把握了正确的方向，也还需要人的主动的能动的积极地去"为"的创造精神。今日我们要号召和互勉的，也就是望大家积极地提起这种"敢为""肯为""勇为"的主动积极精神！

《青年知识》第 20 期，1947 年 3 月 10 日

读书的经验 [*]

我六岁那一年，爸爸请了我的一位老族兄来，在家里一个小小的房间，教我们几个孩子们读书。是不是点了香烛拜过孔老夫子，记不清楚了。现在还回想得到的，就是当时不容易赖学，只不过有时候听到灶间里蚩蚩的锅子声音，知道妈在做点心，于是假装着撒尿，溜到灶间去，向妈要点心吃。

读书没有吃点心的滋味好，这是我对于书本的最初的印象。老族兄教我念的书有两本，现在还记得，都是绍兴墨润堂老书铺板刻土纸印的。那种土纸又薄又脆，经不起孩子们的"脚爪"的爬擦，妈和婶婶要预防书本的灾难，把书拆开来，用薄糨糊和厚"煤头纸"（这是我们本县的特产，点火用的）一张张全裱过，重新装订成几个本子，才放心给我们来使用。但是即使这么样，书还没有念半本，那些书

---

* 与胡一臧合写。

角也早就从锐角变成曲线了。第一本书是章太炎先生著的《三字经》。只有劈头两句："今天下，五大洲"现在还记得。第二本书是孔老夫子的《论语》，开始的句子："子曰，学而时习之，不亦说（同悦）乎？"是一辈子忘不掉的。

时间跑得飞马一般快，自从我开始念这些句子，四十年已经过去了。我的老族兄讲书清楚明白，在邻近一些私塾先生们中间是有定评的。这样的好老师给我讲过的书，我再不明白，岂不是一个十分呆笨的"木头人"，要惹得大家讥笑的么？孩子时代的我就老是有这种观念生根在下意识中间。于是每一句书，不等老师讲到底，我就觉得完全明白了。"今天下，五大洲"，有什么不好懂呢？"现在这一片蓝汪汪的间或有些白云的天空底下，有着非常大非常大的五块陆地。"这样的意思除了两岁的小妹妹，不晓才怪啊！"子曰，学而时习之，不亦说乎？"孔老夫子的话似乎深一点了。但是天天看着我们的老师读书时候那一种颠头簸脑津津有味的神情，我也就恍然大悟；孔老夫子这句话的本意就指的是这样的读书。四十年过去了。今天我回想起这两本私塾"泼拉买"（Primer 初学书）里的开头的句子来，反而没有勇气来承认自己的完全了解了。

"天下"这两个字，从语源来着眼，孩子时代的我的那一种了解是算不得错的。然而二千年来的沿用，已经使这两字添附了"世界"和"政权"等等的意义。因此如果凭我原

116

初的了解。写两句"今天下，五棵树"，谁都要认为不通了。至于"五大洲"的洲和岛分别是在什么地方呢？为什么澳洲是洲，格林兰岛是岛呢？为什么亚欧非相连的大陆必须分成三洲，南北美洲应当混称美洲呢？南极洲已经发见，是不是五大洲可以修改为六大洲呢？欧亚两洲的分界线在好些地图上往往并不一致，究竟怎样分界线才算得准确呢？洲和大陆如果同义，那么我们在书报上所常见的"亚洲大陆""欧洲大陆"等等字样，是不是在修辞上犯了重复呢？这一连串的问题涌上我的脑际来，使我至少不敢说"今天下，五大洲"这两句三字经是容易了解。

再说"子曰"罢。"学而时习之，不亦说乎"，这一句，像小时候的我那样，作为"捧了白纸黑字的书读了再读，多么快活啊！"来了解当然是和孔老夫子的本意相差十万八千里的。因为孔老夫子时代根本没有白纸黑字的书。对着竹简上的蝌蚪文念了再念，有什么了不起的快活？总之"学""习"两个字作为读书来解释，是不能叫今天的我满意的。论语的第一句的教训如果真是叫青年做颠头簸脑的书呆子，那么论语真是可以丢到臭茅厕去了。从来的论语学者没有一种注解能够证实"学而时习之"的意义就是在竹简的文字上做功夫。有些注释家采用了"学""习"两字的广义，把这句话解释为生活技能的磨练，这是比较近情的。从整部论语的内容来看，那价值全在其中所收集的社会生活的经验，孔子不过是社会集体的智慧的代言人。也许论语的第一句的本义有些和现今民间一句宝贵的成语"熟能生巧"相近似罢。但我对于论语还没有做过够得到自信的考据功夫，我不敢冒昧说我的假定大约不错的。

从一知半解到一知全解的过程是很长很长的。就我个人的国文第一课来说，走了四十年还没有走完这过程。读外国文也如此。现在常常碰到的难关，往往并不在什么难句和僻句，倒还是在从前读英文"泼拉买"时候，一知半解的地方。要克服那不解的一半，必须拿实际的社会生活的经验做武器。单靠书本是永远打不了这胜仗的。我个人一辈子对于世界的现实和社会的生活现象，所经验到的见识实在是太过缺少了，因此读书时候很少尝到"打胜仗"的欢喜，觉得书本的滋味老是没有点心那么好。就是现在我也还是同六岁时候差不多，一本好书读不了几页，往往想溜出去吃点心。

《青年知识》第 22 期，1947 年 5 月 16 日

国文第一关

我们这个黄脸孔的大民族，现在用着来传达情感和思想的唯一工具还是先史时代原始社会的象形文字转变过来的一个个方块字。笔画少的不过一两画，多的甚至多到三十来画。二千年来一大堆的经史子集又使那么多字的音和义都混乱复杂到极度。木匠师傅的工具顶多不过十来件，可是要锯得匀，刨得光，凿得准，也得做三年苦艺徒。你想有着几千年历史的方块字这一套工具，要弄得精熟，应当支取你多少的生命呵！

我是在方块字的堆里消耗过不少的生命的。历来的中国书，就大体来说，算是能够看看了。至于说写出来的东西匀呀光呀准呀的程度，那实在惭愧得很，太差太差了。好在这是国语通行的时代，我把嘴巴要说的话，用方块字记录下来就是。如果还同四十年前一样，朋友间写信，非用文言的调子不可。那我也许可以写得清楚罢，一定说不上怎么好，我的国文程度就是这样。

我是兜过国文教育的冤枉路来的。一开始就拿两千年前的经书:《论语》《孟子》当作"派拉买",生吞活剥地来读。开蒙老师我的老族兄胡达斋先生尽管讲解得很好,还要我读得滚瓜烂熟,但我年纪终究太小了!怎样说得上懂呢?顶多不过是第一天上过的,第二天背得出来。

从家塾过渡到我爸爸出钱来办,他自己做校长的县里最有名的巽水小学。老师呢,五六个,老是一副讨债脸孔的也有,一团和气的也有。同学呢,一大群,小到五六岁大到二十岁光景。念的几种教科书当时还算是最新的。还有体操图画唱歌等等玩意儿和方块字冤家来调和一下。那两年的小学教育在我当然是很有进步的。但不知道为了什么缘故,大约是因为没钱再赔垫下去罢,我的爸爸把这个小学停办了。另外借尼庵里一间大房间再办了一个家塾,主要是给我家兄弟们读书,也有亲戚朋友人家的孩子们来附读。

就在这个家塾里,我仿佛过了国文的第一关。本来做着冤家对头的方块字,渐渐变成好朋友了。我喜欢而且能够看看一些杂七夹八的书本了。我把自心里想说的话,用方块字表达出来,在自己在人家看来,都算得清清楚楚了。

这一关的克服,我要感谢去年去世的我的恩师刘琴樵先生。

他是这样的一位老师。说他严厉么?他案头放着的一块戒方,老是备而不用的。他摸透了我们这一群孩子们的个性,使我们觉得他再和气也没有。说他和气么？他实在比我生平所碰到的什么老师都更严格。他毫不马虎，毫不苟且，说出来的话是违拗不得的。要你第二天背书和还讲，你非常熟读到会背会讲不可，要你两个钟头里缴卷子，你也非缴得出不可。他的学问，尤其是做人的风度真正引得了我们从心底的敬爱。你顽皮么？他比你还顽皮。他有着谐谑的天才，他从现实的人情世故中间，随时编得出笑话故事来刺你，也就把你的顽皮征服了。他的声带似乎是上帝造定的，笑起来喀喀喀喀响个不停。这是真正愉快的天真的笑。尴尬的笑勉强的笑脸在他是从来没有的。

　　为什么没有呢？因为他对自己非常的严格，对人家非常的体谅。在现实的势利社会中间，他严守着人我之间的界限，也就陷不进尴尬的泥淖去。他一清早就起身，每天把自己的责任范围以内的事情，处理得有条不紊。他看事情看得很准，主意打定了，什么花言巧语也动摇不了它。他是一点虚荣心也没有的，冬天时候单独穿着半旧的布棉袍，混在绸皮袍的朋友们中间，精神抖擞地对他们的一些小弱点调侃一阵，兴致比什么人都要好。他的生平，无论如何找不出一件小小的缺德的事来，可是他没有一副圣者相，对朋友们的调侃也就谑而不虐，极近人情，不会招怪的。

　　他在我们的家塾里教书，是有一套独特的教育方法的。同时代别的私塾里教着《幼学琼林》和《秋水轩尺牍》，他和我爸爸同样地厌恶这一套读物。他给我们讲授的是《左传》《诗经》和《檀弓》。这是我们主要的课程。此外，他还天天教我们数学，历代选文以及唐诗等等。他给我们教书，是注重兴味的启发的。在讲授的时候，一个字一个字解释得很透澈。他似乎能够使几千年来的经书和古文都添上了现实的世间味。我们这才对于国文有了真正的爱好，不怕背诵不怕还讲了。讲书以外，他又天天叫我们练习写作。怎样练习呢？他不出什么题目，只把书上读过的最普通的文言常用字摘出来，叫我们写一篇作品，把这些字嵌进去。无论是家庭琐事，生活小记，史事评论，以至于什么游记，什么荒唐想像的题材都好，只是必须把这些常用字恰当地嵌进去。这一种天天不断的练习，是使我们运用方块字的能力极有进步的好方法。这项功课，在我们的家塾里就叫"嵌字"，此外每星期老师还出一个题目，叫我们作文。

两年过去了。我们这一群从家塾里出来的孩子们，插班进县立高级小学。大家对于国文这一科似乎都没有像别的同学们那样的沉重感。就是少用心些，我们的国文成绩也尽足以叫老师点头了。

高小毕了业，进上海南洋中学一年级。我的心力集中于英语的学习，对于国文呢，一下课就收起了书本不再看了。可是我的国文课卷缴上去，王引才老师不但改得非常少，而且老是批九十多分八十多分。这其实对于我是有害的。我自以为国文程度尽够好，从此自满自足起来，不再用心了。

等到从上海转到宁波，在宁波名诗人冯君木先生的启导之下，我方才深切地感觉到国文的难关是过了一重又一重的。我的国文课卷充满了无数的缺点，先生一一地指点出来。有的时候，课卷上的朱字甚至比墨字还多。后来知道，冯先生忙不过来的时候，我们的课卷，还是叫他的公子代改的。那位公子是谁呢？就是在同校读书的比我低一年级的同学冯都良。

《青年知识》第 23 期，1947 年 6 月 16 日

课内和课外

——读书经验谈

托着祖上的福，叨着社会的光，在这苦难时代的中国，我总算受过了十五年的正式教育。这就是说，在那些年头吃着现成的饭，穿着现成的衣，从现成老师和现成的书本，接受了近代知识各部门或多或少的基本常识。比起从小看牛、"捉狗屎"，一辈子连自己的名字也写不出，更其不会识得阿拉伯数码字的各乡各村无数种田的祖国同胞来，我真是幸福的多了。但是，有的时候，碰到被逼着要填写履历表的时候，我却还不免憾惜着正式教育受得不够，踏进社会做事似乎也太早些了。因为我写不出引起各机关所看重的一个母校的名字来，也就在有些于我前程有利的门槛上被挡住了。

现今在中国学校里受正式教育的一般孩子们，的确比我求学时代苦了。饭菜粗劣，饭吃不饱大家都知道。比这更可怕的是一种紧箍咒——部定课程标准——套在你的头上。教育部委员们说这标准是对的。书店里的编辑先生们要教育部

124

审定得快些，只好附和着说，这标准是对的。你的老师即使明知这标准错了，为了免得下学期解聘，也只有把错的姑且认为对的。无论怎样勇猛的学生，如果说一声这错了，包管你要头痛得叫苦。

部定课程标准照例是非常繁琐而且枯燥的。唯其繁琐，所以只有使一下硬劲，囫囵吞枣似的吞下去，唯其枯燥，所以你再不会用脑子来细想一想的了。各部门的基本常识分这么多年来学习，本来是不算繁重的，但是支离破裂似地标准化一下，也就对于孩子们的脆弱的头脑，显得十分繁重了。这道理可以拿一个譬喻来说明，要你一星期里读完一部有趣味的小说，你不会觉得吃重。要你读完一本差不多厚薄的字典，你一定觉得吃不消的。"标准"也者，可不就是字典目录之类枯燥的设计么？

随便拿一本遵照课程标准的教本来看，全都是可靠的或是似乎可靠似乎不大可靠的一些事实的列举。对你的要求只是硬生生记住。历史上每一时代，地理上每一地区都有一些确当的基本特征，是常识中间最重要的部分，必须动员了你的推理能力才能够真正体验的。但是一般标准化了的历史教本和地理教本却都忽略了这一方面，一味要你记住人名地名年月日等等字典里也查得到的资料。

这些资料在会考前开几天夜车是往往记得住的。但是，据我的经验，日后最容易忘掉的也就是这些用过苦功的东西。因为在强记的时候，心头压着沉重的义务感，丝毫的兴味也没有。真正的记住必需等到你对所关连的问题发生热烈的兴味的时候。

在学习的过程中间，兴味的集中是首要的条件。兴味集中了，你才会追求、探索，在似乎不成问题的现象中间寻出问题来。于是你不满足于"知其然"，还要进一步"知其所以然"。于是你对于知识，从被动的地位争取了主动的地位，你从书本的奴隶变成了书本的主人。只有这么样，你的学习才真正算是有了成就。

部定课程标准与其说是足以启发，不如说是足以摧毁你的学习兴味，因为它命令你在一定的时间里，记住那么多它认为"必需"的重要的东西。你不完全记住呢，你就有不及格的危险。你要完全记住呢，你的时间就不容许你就其中某些本来还有兴味的问题，多多的来探究一下，寻出一个"所以然"来，更不必说"标准"以外，对你的生活和志望真正"必需"而且重要的一些问题了。

现行的部定课程标准不消说全是从保守主义成见的观点出发的。他不问各省城县学生青年的生活环境和实际需要的差别，硬要用主观的体制把他们的观念统一起来。好比固定大小的帽子硬戴在头寸不同的各个青年的头上，不是嫌太大就会嫌太小的，不适合于个性，就阻碍了天才的发展，怪不得一般毕业生的成绩愈来愈差了。那种标准的不合理，随处可以指摘出来。譬如在通行的外国地理教本上，往往对于全世界面积六分之一的强大的苏联，只用几十分之一的篇幅轻描淡写，极草率地来讲一点儿。在通行的中国史教本上，皇帝和贵族的风头还是泊没着人民和社会的真面貌。不应该夸张的地方太过夸张，不应该省略的地方太过省略，在当前的人民世纪中间，不合时宜是明明白白的。

现在，我国的学校里就沿用着这样的一套教本。一些老实的用功的学校青年们往往觉得还是把自己圈在部定课程标准的范围里来用功，比较安全些。为了要考试及格领到毕业证书，课内的债是首先必需偿付的。在课内的债没有偿付以前，有限的精神跨出到课外去涉猎涉猎，仿佛是极大的冒险了。

我在求学时代，记得课内的债也是很紧的。好在当时还没紧箍咒罩在头上，考试出题目不会出到繁琐的细节，只要平时把重要关节搅通，就可以应付了。因此我常常有勇气跨出到课外去。回想起来，这冒险对于我当时的学习及以后的就业是很有帮助的。我甚至觉得课外冒险的收获还过于课内的还债。譬如说，我在学校里曾经很成功地做过了大代数和解析几何的不少练习题，出校以后一直没有用到这一方面，现在简直忘记得一干二净了。我又曾经背熟过不少的化学方程式和物理学的定律，也因为出校以后一直没有接触这一方面，现在除了"氢二氧＝水"和几项定律的名目以外，什么也都"还给先生"了。我当时用过一番苦功的课内的成就是如此。至于课外的书本往往出于我自己主动的选择，在阅读时候当然比课内书还更有兴味些，还债的义务感一点也没有，因此在我的学习生涯中间所起的作用，有时甚至大过了老师口授的书本。我在课外读过很多旧小说和译本小说，在课内读过唐宋八大家和更早的一些古文，我现今在写作时往往觉得，从前一类是得益的地方多，从后一类是受累的多。学校里的西洋史教本是 Colby 的通史。几千年间的世界收缩在五六百页的纸面，叙述的简略可想而知。我对于若干重大的历史事件，刚才使我引起了兴味，就忽然收梢了，总觉得不够味。我便在学校图书室里翻遍了各种各样的西洋史，把教本上所忽略的要点一一抄补在我的教本的空白边缘。这一番初步的西洋史学习功夫也就是我以后对于西洋史的兴趣的基础。英语方面我记得求学时期从课外读物所得到的进益，也并不差于课内，尤其是我对于英文法的兴味是从买到当时商务印书馆新出版的日人神田乃武著的一本《英文法》在课外自修这才开始的。

我在自己求学时期所作的课外冒险的经验大略如此。我的感觉是课外书的阅读对于课内，不但不妨碍，而且有的时候，简直是必要的补充。因为教本照例有着一定的程式，而且老是太简略，拿相关的课外书本来对读才引得起真正求知的兴味。但是我还不敢凭我的经验来奉劝现今有紧箍咒套在头上的学生青年也学我的样。因为我过去的考试成绩不算好。而且为了出校以后的就业，会考及格和毕业证书究竟还比什么都紧要。在今日的中国，多少学问好生活技能也不错的人们闲着呵！就业机会一般地愈来愈要仰仗八行书和履历表了。

《青年知识》第 25 期，1947 年 8 月 16 日

"问"的重要

　　无论是从书本以外的生活经验上得来的直接的知识也罢，是从书本以内的文字理解上得来的间接的知识也罢，总之都是"问"的结果。问得愈透澈，就愈宝贵愈有用。牛顿看到了一颗熟透了的苹果落下来便问道："为什么这颗苹果不向天空去，向旁边去，却一直线降落到地面呢？"他向自心里问了又问，这才悟出万有引力的理论来。苹果落地可以说是最最平凡的一种视觉经验了，这对于谁都一无用处，可是对于牛顿却变成了一个金钥匙，使他能够开进自然知识宝库里面去。为什么呢？因为只有他一个人对这现象那么苦苦地问了一番。的确，学习的本质的意义在于"问"。因而国语中间有了"学问"这一个公认的通行的单语。

　　孔子的《论语》中间，有不少地方强调着"问"的重要。此刻记得起来的两处是："子不耻下问，""子入太庙，每事问，或曰，孰谓鄹人之子知礼乎？子闻之，曰，是知礼也。"不耻下问的意义就是近来我们时常听到的"向群众学习"这句话。

单从这一点我们就可以明白，孔子所以成为古代的大思想家，并不是偶然的。他进了太庙，对于贵族社会的习惯礼法，总是要噜噜嘛嘛，逢人就问的。正惟如此，他才能够针对其中的利弊，下确当的批判，如"季氏八佾舞于庭"就是一个好例。

从问里可以得到学问的成就，从问里也可以招致世俗的反感。孔子在太庙里问东问西，引起了旁人那样的闲话还是小事，等到他问清楚了贵族社会的一切，要痛下针砭，发挥他那一套改良主义的抱负的时候，反动派的力量可就简直逼得他险些儿饿死在陈蔡之间了。

我想一想自己的学问的成就，觉得真是可怜。自我检讨起来，原因就在一来缺少牛顿那样对苹果发问的那副呆劲，二来没有养成孔子那样"每事问"的习惯。但是我也有一些小小的关于问的经验可以谈谈。当然那些多半是一碰了壁就虎头蛇尾了的失败的经验。

小时候在家里，我记得自己原是一个既没有哥哥们那么聪明，又没有弟弟们那么活泼的不讨人喜欢的小呆子。我常常古里古怪地玩着。譬如说，我看到家里人要做祭祀杀鸡了。拔了毛放一碗血，于是剖开肚皮来，挖出一堆怪难看的肚肠肝腰。我上了解剖学的课了，便从后园里捉来一只小青蛙，按在石凳上亲手用小刀来剖割。尊亲属看见了，一顿骂。这场扫兴使我此后再也不敢学习解剖了。我看看一把破旧的小竹椅快要坍塌了，索性把它拆开来，想弄明白它是怎么造成的。我从垃圾堆里拾起一些洋铁片，做一些碗呀碟呀"排人家"的小玩具，弄得手上出血了，剪刀有缺了。这些当然也是讨骂的。孩子时代这一种"玩法"的倾向，如果尽着发展下去，现在我想，应当是好的。这也就是学问的"问"的倾向，可惜的是我碰了壁就不再"问"下去了。

这当然说的是向自然界的心头的"问"，也就是广义的问。至于向社会的口头的"问"，我小时候同样地有过失败的经验。在承平时代的和平的家庭里，社会新闻的资料也是常有的。我看到了某个女长辈噘着嘴不理睬人，或是在尊亲属们交头接耳，津津有味地谈着一件什么事的时候，捉住了一两句，总是想寻根究底弄明白。简单的回答不够满意，还是要问下去，直到"又是'锄头掏根'了！"这一句训斥封住了我的嘴。

锄头掏起了稻根，这株稻会死的。这是多么富于暗示性的一句故乡所流行的警戒的成语呵！真比国语里的"不干你事"或是"不许多嘴"有力得多了！孩子的我接受了这样的暗示，还敢再问下去么？我隐隐约约地体会到社会上有些问题是断然不让孩子们知道的。于是我学到了一些世故，凡是不关我自己的事，都不想寻根究底，只要朦朦胧胧懂得一点就够了。这样的世故所养成的"各人自扫门前雪，莫管他人瓦上霜"的思想习惯，对于我自己的学问进步是很有妨害的，我至今还觉得。

在学校里求学的时代，我意识到读书是自己的"门前雪"，因此也还算是肯"问"的学生们中间的一个。老师们有的鼓励我们常常问，有的表示出对于学生多问的不耐烦来。前一类往往讲解很仔细很用心，承认有的地方自己也把握不准，要等下课后问问老师的老师——字典或是什么参考书，下一次上课时候来回答。这样的老师所教的课，在我们显然是有进步的。因为学生问，他们也肯跟着问，把问题搞得一清二楚。至于后一类的老师尽管有的口才好，资格好，可是碰到疑难的地方，一滑就滑过去，把我们全都当作一等聪明的天才看，于是我们的感觉老是停留在云里雾里似的。他们自己不肯问，也就不欢迎学生们问。这样的教育效果，一定很差是不消说得了。

出了学校进新闻界。中国报业的老风气是马马虎虎。记者们大都养成了面面讨好的，都市社会的世故，觉得有许多问题不好剥开皮来看，也就懒得问到底，把拉拉杂杂朦朦胧胧的一些报道铺满了纸面就算尽责了。在这样的风气中间，我多少不得不同化。因此干了这么多年的报业，假如你问一句"怎样才算得新闻？"我也还不能给你一个满意的回答。

有一本新闻学的书引着英国诗人吉卜林（Kipling）的这首诗：

我有六个忠实的仆人；

我所知道的一切都是他们教我的；

他们的名儿就是 Where 和 What 和 When 以及

How 和 Why 和 Who。

那本书的作者认为任何一则新闻在写作时候，必须问清楚这五个 W 和一个 H。我觉得新闻界的朋友们，连我自己在内，在工作的时候，实在都懒得问到这许多"仆人"。中国报业的风气一向不够好，而且报纸本身就有明日黄花似的性质，这种观念也使一般记者们懒得多多问。我想从事历史学的研究工作的人们，在"问"的方面总该比记者们认真得多罢。有一次读一部相当畅销的《中国通史》，我的发现是：在任何一章，只要拿五个 W 和一个 H，来检查一下，就显得中国历史著述家所做的"问"的功夫的欠缺，实在可以和中国新闻记者做难兄难弟。

当然，要给历史著述家辩解一下也是不难的。在这样的政治情势之下，种种的顾忌，尽足以教你不敢"锄头掏根"地问，剥开皮来看了。但是一株稻禾掏了根，使你可以明白同亩的无数株稻禾所受的虫害。一只橘子剥了皮使你可以明白这整篮橘子是好的多呢，还是烂的多，因为内部的腐烂在外表是不容易看出来的。这样的意义也就够大了！一株稻禾一只橘子的损失算得什么呢？

《青年知识》第 26 期，1947 年 10 月 1 日

略谈学习外国语

约莫二十五年以前，《北平晨报》副刊编者孙伏园发出了一批征求信，要北平文化界的几位朋友，各拟定一张"青年必读书"的书目。胡适博士便开列了中国古书的一些书名。别的也把自己认为应当读一读的几种挑选出来，只有鲁迅先生大煞光景似的缴了白卷，在空白表格的末尾写了几句，劝青年们多读外国书。

现在回想起来，幸亏当时的青年们很少依照胡适博士的意见，忽略了时代的要求和世界的影响，把宝贵的时间和精力完全消耗在中国古书堆里，来做证明"月亮也是中国的好"的所谓"整理国故"的工作。但是鲁迅先生的启示却有很多的人们接受了。大家顺应了时代的要求，向外国书里科学和艺术的最进步的思想学习，这才虽在国难重重的时代，也还有些烂漫夺目的新文化的成就。

鲁迅先生劝青年们多读外国书是出于至诚的。他自己就从外国书吸收了很多的精华，介绍到中国来，给中国的知识青年做精神的滋养素。他所翻译的作品不但忠实地介绍了新的思想内容，而且审慎地介绍了新的表现方式。现在从头来读一读他的译本罢。无论早期的《桃色的云》也罢，后期的《死魂灵》也罢。那一种文笔的洗练，简直是天才的创作，在中国文学史的定本里，我想这种翻译事迹一定会成为必不可少的部分的。如果和严复、林琴南以至于胡适那样剜目割鼻式的翻译作品来比较一下，那真可以说有天壤之别了。

鲁迅先生的战斗性的创作和翻译，谁都承认，是中国新文学的主力和核心。要是没有鲁迅，新文学就不可能有蓬蓬勃勃的生气。最近胡适博士对青年们得意地说道，"从前我在美国所做的白话代替文言的梦现在是实现了"。其实用白话来写作这一种形式方面的要求如果脱离了思想革命来说，是早就存在于中国知识分子的意识中间的，在清末民初时代，北京上海出过白话报，在胡适博士做梦的时代，上海周瘦鹃、徐卓呆的白话小说就风行一时了。但胡适博士的梦现在究竟完全实现了没有呢？全国各大报纸报道他接受所谓"国大宪法"的新闻就不是用白话写述的。

中国知识份子对于国家社会的使命，是运用辨别是非黑白的理知来启迪人民大众。历来的士大夫阶级在专制的淫威之下，尽管没有反抗统治者的力量，但是其中一些好人，也很有自知之明，安贫乐道，例如陶渊明说"读书不求甚解"，郑板桥说"难得糊涂"。难道他们真的不解，真的糊涂，不过是怕被戴上了"红帽子"，遭人疑忌，无谓牺牲，不如装作糊涂，远避祸害。但是现今中国自我标榜的"好人"，却要人家相信，只有他们的一伙才长着"实验"过来的"科学"头脑，可是做出来的事情偏偏糊涂透顶。

今日的中国已经远离了闭关自守的时代，变成全世界最重要的部分了。从中国的进步着想，横的世界知识的吸收，显然比纵的历史传统的保持远更重要。因此我想，青年们是应当听鲁迅先生的话，多读外国书，向外国的优秀思想学习的。

上海的报纸上最近出现了一种论调，就是不满于青年们一窝蜂读洋书的风气，主张大多数青年不必读洋书，只让极少数人读外国书来翻译就够了。这种论调只有一个影响，就是给外国语初学者当头浇一盆冷水。且不说中国资本主义社会的出版商决不肯垫老本出外国专门科学的译本，要从译本来接受外国专门科学的知识也是靠不住的。即使间或有这样的译本，如果翻译者自以为某种外国语刮刮叫，而对于专门的科学修养不够，错误也是无可避免的。碰到了错误的地方，要是不参考一下原文本，一定是将错就错的了。有一位从印尼来的朋友告诉我，印尼人中间通外国语的人才的百分比远大于中国，因为中国几千年的传统的书籍文化，不知不觉把知识分子的大部分学习时间占住了，可是印尼人却没有这么多传统文化的重累，也就容易读通外国语。通外国语的人才，在中国本来就显得非常缺少，如果真把当今青年们学习外国语的热情压抑下去，那么日后外国语人才一定愈来愈少，试问大多数不学外国语的中国人那儿找得到很多的好译本来读呢？学习外国语正同学习任何部门的科学和技术一样，必须用一贯的毅力把经验积累起来才有进步。如果学习的情绪不够，那是什么也学不好的。但是外国语的学习却有一个特点：它必须附丽于其他方面的学习，作为社交的工具，它附丽于职业生活的学习；作为治学的工具，它附丽于特定的知识部门的学习；作为写作的工具，它附丽于思想的学习。总之，外国语是工具，学习外国语是手段，不是目的。在学校里把几本"泼拉买"（初级读本）读得烂熟，普通会话学会了一点，简单的造句也着实不错。可以说外国语学通了么？当然是不。木匠学徒在初学时候，拿些废弃的木料这儿劈一阵，那儿刨几下，左边锯下些小片，右边凿一个窟窿，仿佛觉得全套工具的使用已经十分熟练了。但是他做起器物来，就觉得那些工具的使用远不够熟练。必须经过了长时间的劳作，到他独自造得出完美的木器的时候，才可以说他的学习有了成就。

学木匠有很多的方面。造家具的，造棺材的，造房子的，造小摆设的，甚而至于乡村中间只会做最粗率的木桌板凳的都可以叫做木匠。某一方面的木匠有某一方面的专长。只有经历多，又用心，自然在那一方面程度高。如果拿各种不同的方面来比较，说造房子的木匠程度比造小摆设的高，那就太外行了。要知道一个国际富豪来游香港，是可能出了够买一所乡下房子的钱，来买古董铺里一件中意的红木雕刻品的。就是专造木桌板凳的乡下木匠，你也不好看不起他。如果在很多的木匠中间，有一个老木匠做木桌凳，做得顶快速顶坚牢，他就成为劳动英雄了。

在贫穷的乡村里，造木桌板凳的木匠的意义是大过了造摩登家具的。乡村里这一类的劳动英雄你能说他技术程度低么？也许世界的一等天才苦学了三五年木匠，还是敌不过他的成绩呢!

学习外国语同样是因各人的职业和兴趣的不同，有着多种多样的方面的。做官的，做买办的，做洋行大写的，以至于做西崽的，他们学习外国语虽然多半都为的是对洋人的交际，但学习方针也各不相同。至于纯正的文化工作者，如科学家、文学家、教育家之类，他们学习外国语，那就为的是做治学的工具，或是陶行知先生所谓"即知即传人"，当然他们的学习方针也是各不相同的。此外，还有战争时期专求外国语速成的武装军人，他们的学习方针就又是另外一套了。这好比木匠中间造棺材的。把六块板钉拢来就是一口"赊材"，说难有什么难呢？最近从报上看到一段文字赞叹美国陆军特训班的外国语教育如下。

美国军人在严格训练下，一年以后居然能说相当流利的中国语，且口音比一般南腔北调的中国人好，甚至他们能写中文信，看中文报，能演说，能听中文演讲，能在中国作连络、情报、调查、翻译等工作，超过我们花八年工夫学得的英文程度。

其实，这是毫不足奇的。如果中国军人敢于把美国看成"作战基地"，那也可以用同样的速度学会美国语的。问题是那些中国人已经乐于称赞美国木匠造"赊材"的本领了，却还不愿意承认乡下造"木桌板凳"的是木匠。

《青年知识》第 28 期，1947 年 12 月 1 日

面对一本书

——这本书在这里，我怎样对付它

同是一本书，从各种不同的人们的眼睛看来，有着各种不同的意义。

三岁小孩子心里想：这是一件有趣的玩具。一翻开，就扩大了一倍。而且翻了一张又是一张，可以尽量翻下去。不识字的成年人觉得这是白纸上印出了黑字，装订起来的物事，学堂里的先生学生们读的，和他自己无关。旧书摊的伙计认为这是曾经照多少钱一担的废纸价格收进过的商品，现在摆在摊头上至少可以向买客索价五角或是一元。受过新书业广告的感召的一般读者青年知道这是精神的食粮。在密阵阵的黑字中间，像电似的充塞着一种精神性质的知识和情感，这钻到头脑里是可以发生营养作用的。此外凡是读过这本书的人们，也分别从不同的角度，有着深浅不同的认识。

你只要明白，这本书正同宇宙间一切真理一样，客观地那么存在着，但是每个人看去，有着那么各不相同的意义，于是归纳一下，你就可以把握住正确的读书原则了。

第一，对于书要有小孩子对于玩具那样天真纯洁的好奇的兴味。没有那样的兴味，光是用半条心来读，不会读得恰到好处的。

第二，不要笑那目不识丁的老伯伯或是老婆婆。他们对于这本书的概念，实在再确当也没有。这只不过是印有黑字的白纸的本子。在封建剥削的旧社会中间，他们从小就没有机会腾出看管牛猪鸡鸭或是劳动杂役的时间来识字。这和他们无关是对的。你呢？从小在同一旧社会中间脱离生产不劳而获的寄生者，因此受了教育识了字，读得懂这本书了。而且这本书又是为你这样的人们而写的。那么，书的世界和一般穷苦工农做骨干的现实世界完全不同，岂不明明白白么？书的世界，就一般来说，都是有超现实性，贵族性的。你钻进这世界去，要有这样的警觉才好。

第三，你必须知道，书在近代社会中具有的商品的意义。印刷工业的大量生产，和书业商人的利润追求热必然地使坏书驱逐了好书，有如劣币驱逐了良币。在战乱期间，图书馆里多少的善本书，被小贩们撕下来包花生米呵！好的毁灭了，坏的多起来，你应该知道选择的重要了。

第四，你看了广告，觉得这本书的确可以解除你的知识欲方面的饥渴。可是你还得想一想，就算是粮食，也必须用燃料来烧煮一下。什么是燃料呢？那就是时代真正需要所唤起的追求知识的炽烈的情绪。如果忽略了这方面，弄得半生不熟，或是性急贪多，咀嚼不透，吃得过饱，一定也会伤害尊脑。消化作用的重要是你应当注意的。

第五，你得知道，读着的人们，即使修养程度和基本倾向相差不远，也尽可以因生活经验，视察角度和用功程度的差异，而有各不相同的认识。有的看到森林了，有的只看到一棵棵树木。有的认为这么说是多余的，有的认为这么说还嫌不够。有时光是为了作者对于某个单语所用的正确的意义，读者们可以打一场很大的笔墨官司。这些现象使你知道读书效果的多样性。

以上几点，你完全体会到了，你读起这本书来，就可以戒除一般读者所犯的如下的通病：

第一，虚骄。这本好书，一般朋友都没有读过，我自己是已经好好儿读过了。尽着这么想，不问自己所支付的时间和精力的代价有几多，是足以助长个人主义的骄傲的。这一种骄傲很容易养成有害的滥学癖，久而久之，会使自己的思想意识完全脱离现实社会的客观要求，变得落后悖时的。

第二，浮浅。要读的书那么多。没有什么都读的可能。如果一味用迎合自己口味做标准，那就好比小孩子老是吃糖果一样，是害多利少的。有的好书如果不精读，弄得一知半解也很有流弊。

第三，迷乱。读了这本书，觉得这么说很有理。读了那本书，觉得那么说也很有理。于是想起"公说公有理，婆说婆有理"的老话来，没有明辨是非的勇气了。结果是停留在五里雾里，做一切书的奴隶，或是"彷徨于无地"。

但是今日中国的知识青年仅仅懂得了虚心，深入，而且明辨也还不够。因为当前的历史大变革时代已经使我们再不能像"渔樵耕读"的图画里所表现的士大夫那样，用悠哉游哉的心情来读任何书了。这本书在这里，你怎样对付它？

我想，你早就明白，现在是为着中国人民的彻底解放，为着世界的永久和平而又漫天遍地的革命斗争的时代。你现在的生活环境、未来的生活远景和职业志望，都是和这斗争息息相关的。你自己的生活怎样安排？这一个主要的问题，首先必须服从于全面斗争的进展规律，从主观愿望和客观要求的矛盾的统一上来加以考虑。每一个人对这社会都是有所取有所予的。你的生活的安排，必须从这取和予的出入上来作全盘的计划。读书只不过是你的全面生活上极少的取的部分。这本书在这里，你读呢，还是不读？费多少的时间和精力来读，从怎样的角度来读？都得从你现在和未来的健全生活方针的要求出发，来下一个决定。

如果这本书和时代的要求并不相干，又不是你现在和未来的健全的生活方针要求你读的，那么，你把它看做可以翻弄的玩具，看做仅仅印上黑字的白纸也未始不可。不读也罢。

《青年知识》第 30 期，1948 年 2 月 1 日

论精读

这是高速度文明的时代，我们大家都有性急的毛病，无论什么事，总想干得快，仿佛脚步松一下，就会搭不上时代的列车。干得又快又好当然是好的。但是要干得好就需要一定的时间和一定的条件。如果时间不充分，条件不具备，光性急是会误事的。孔子说"欲速则不达"的意义正如此。

现在要谈的是读书。每个人都有太多的书想读，而时间不够。在读书方面就更容易性急了。这毛病就是：事前不把所需要的一定的时间和一定的条件想一想，读的时候的心情又好比和别人赛跑一般。于是对于任何好书，都浮光掠影似地读过去。有时就因为太过性急的缘故，读了几页感不到什么兴味或是得益，索性丢开了。这样的读法往往只能得到"一知半解"的结果，不容易使读者精通全书的内容，这是可想而知的。

当然，书的价值有高低的不同。对于价值不高的普通书的内容，也许我们不必力求精通罢。但是如果我们认为读书是一种学习，要在这种学习中间提高自己的学识，那么我们就应当选择一些真有价值的好书，读到精通的地步。这就叫做"精读"。

读书好比种田。古代的农奴给地主种田，"但问耕耘，不问收获"，因为收获是归于地主的。他们的耕耘技术当然有着保守性，落后性，但是今日"耕者有其田"的解放区里的农民，在地主剥削的消灭所引起的新的生产热情之下，大家却就注意到耕耘的效果，收获的问题，从而把耕耘技术提高起来，讲求"深耕细作"了。精读就是读书方面的"深耕细作"，这是注意于学习的效果，学识上的进益的问题的。

但是"深耕细作"的好处也不尽在于收获质量的一般的提高。还有更重要的另一点，就是：只有在"深耕细作"的实践经验中间，才会产生农业技术上伟大的发明。

精读的好处不尽在于个人学识的进益，更重要的一点就是：只有在精读的实践经验中间，才会产生思想文化上伟大的发明。

马克思的哲学理论可不是就从精读黑格尔的书得来的么？

当然，"精读"正同"深耕细作"一样，需要着较多的时间。化费较多的时间值得不值得呢？这就要问一问实际的学习效果了。在初做精读功夫的人们，一定会有一部分功夫似乎是白费的。但这并不要紧。只要随时自问一下学习的效果怎样？就可以避免失败经验的重复。这样，精读的技术一定逐渐进步起来，直到应用自如的地步。又快又好的精读是从这时候才开始的。

精读的方法，在一般的杂志上，谈得够多了。我不想搬过来再说一通。我总觉得那些方法正像用图文来指导的游泳术一样，在初学者是必须小心应用的。如果跳进水里去的时候，脑子里浮现着游泳的图式，一定学不好游泳，倒还是不拘泥于形式的方法，不断地练习的人们能够养成出色的游泳家。为什么呢？因为不会游泳的人们太过注意于游泳家的方法就一定性急。一性急就学不好游泳了。

我想，凡是有志于练习精读的人们，千万要戒忌性急。精读就是所下的功夫，又要深又要细。因此必须有充分的时间来练习，而且还得考虑一下，所需要的条件，如修养程度，和参考工具等等。时间有了，条件具备了，那么，不要再想到读的速度，一心一意做求精求细的功夫罢。你碰到了疑难的字句，不要为了贪快，糊里糊涂地跳过去。用尽量多的时间，费尽量大的心力来求透澈的了解，总是值得的。要知道前面没有搞清楚，读到后面去，往往会越来越糊涂，有时只要解决了少数疑难的字句，全书就极容易融会贯通的。

又好又快是练习的结果。读书如此。一切事情都如此。

《青年知识》第 34 期，1949 年 3 月 1 日

关于求学的几种疑虑

在当前革命的新形势之下，一般求学期间的青年们，眼见旧社会的各种制度快要解体了，却还想像不到新社会的面貌。再从自己出身的阶级来考虑一番，这一阶级在革命后的新社会多半是会处于不利的地位的。自己的生活习惯和思想意识既然和阶级性有不可分割的关系，在新社会中间，也就难免要被澈底的清算了。从这一种观念出发，他们渐渐怀疑到自己先天和后天的才能是否可以适应未来新社会的要求。他们本来是心高志傲的，一接触到这个问题，也许容易发生一种非必要的苦闷。这种苦闷反映于他们最所关心的下列几个具体的问题：

（一）在旧社会的教育制度之下，所接受的一些智识，所造就的一种学历，在新社会中间恐怕要贬低价值了罢。新社会和旧社会两种教育制度在领导的原则上显然恰正相反。过去所接受的一些知识在日后岂不是会显得悖时的么？至于从国民党所办的学校得来的学历，日后更会缺少意义是不消说的。那么，自己过去在求学上所下的功夫岂不是完全白费了么？

（二）旧社会的学制和新社会的学制，各有各的重点，是否能够互相衔接呢？譬如说，读完了旧制中学二年级的，是否能够升到新制三年级呢？过去的学历是否会被承认为有效呢？

（三）每个求学中的青年都有一个未来的愿望。有的想做医师，有的想做工程师，有的想做某一科学或是技术部门的专家。但新社会的客观要求未必符合于个人的主观愿望。如果这一新社会需要着大量的工程师而只需要少数的医师。那么，现在向医师的道路一心学习，日后岂不是也会碰到没有出路的问题的么？

我认为这些疑虑都是从个人利益的考虑出发的。如果每一个求学中的青年想一想，自己是中国人民的一分子，对于未来新社会的建设是负有一分子的责任的。那么，他就首先应当照顾到社会的利益，进一步把个人的利益和社会的利益统一起来。如果他再想一想在新社会建设上体力劳动的重要性，即使并不过于，至少也等于智力劳动。那么，他就首先应当尊重占有中国人口最大多数的体力劳动者的地位，进一步来克服自己在旧社会中间所养成的智力劳动的优越感。

求学中的知识青年有了一种使个人的利益和社会的利益统一起来的意志，克服了智力劳动的优越感，也就容易解答一个疑问了。过去所学得的知识所造就的学历在新社会中间的价值是完全从社会利益的观点来估计的。在旧社会的教育制度之下，所接受的有合于科学精神真知识，也有近于迷信和盲从的假知识。真知识在新社会继续有用，假知识则在革命的光辉的照耀之下，也容易辨别出来。过去所下的功夫在真知识方面决不是白费的。新学制当然比旧学制更从广大的人民利益着想，转学的问题是应当不从形式而从实际来解决的。至于专门学问的道路的选择，则主观愿望和客观要求在新社会至少比在旧社会更容易统一起来。在未来的和平建设中间，任何专门人才都会有更大的出路，这是可想而知的。

《青年知识》第 42 期，1949 年 2 月 1 日

本縣開設了醬成南貨舖，靠經商的利潤置了田地一百多

畝。他死後，這家老店就一直不賺錢，我的父親醉心于讀

書，不肯做生意，于是把老店盤給三祖父的學生，老店的

老掌櫃了。

　　老店出盤以後，我的父親就身于本縣的教育事業。他

約集了地主階級的一些開明分子，把本縣第一個課目完備

的新式小學一一掌小小學創辦起來，他自任校長，接着又創

立了蘿峯女校，開本縣女子教育的先声。這都是辛亥革命

前的事。辛亥革命以前發，也辦過教育的先声，這是为了

辑三　评论

我们对于国家应尽的责任

故乡的父老兄弟！你们不是大家觉得生活年年困苦下去，社会上失业的人们年年增加起来么？你们读书的可不觉得学校毕业后找不到位置，就是找到了位置，也不够养家么？经商的可不觉得市面年年尴尬下去，生意年年难做么？做工的可不觉得天天辛苦的做着，还是要挨饿么？务农的可不觉得有力气没处用，要田种没处寻么？有些家产的可不觉得时常有穷亲眷穷朋友来麻烦，时常要耽受欺诈吃倒账的心事么？没有家产的可不觉得时常有着没饭吃的恐慌么？唉唉！这些到处不安的现象，是怎样造成的呢？你们只消看一看自己所穿所吃所用的东西就可以明白。

你们知道二十年以前，大家做衣裳穿的只有绸缎和土布，随后的渐渐的有了洋布了。到现在则女人家和孩子们呢，四季所穿的总脱不了花花色色的洋货；男人家呢，没钱的穿穿洋布，有钱的那就要学海上的时髦，少不得备一件两件直贡呢马褂和哗叽夹衫；这单就衣服一端而论，我们所穿的大半是洋货了。至于吃的东西呢，像糖呀，洋面粉呀，鱼翅干贝呀，什么咸鲞呀，也大都是从外洋运进来的。其他像各类的日用品，花花色色的东洋货西洋货也只是多起来。你们想想看！我们日常穿的用的甚至于吃的，都是脱不了外国来头货。我们把自己可以做的工作，可以赚的钱，都由着外国人去做去赚了。那么我们的生计那得不艰难，失业的人那得不年年增多呢？你们知道我们中国人千辛万苦攒聚一些钱，便一股脑儿奉送了"洋大人"，向他们换了他们余剩的货物来穿来用。因为中国人实在多，每年送给"洋大人"的钱，总算起来，不知道有多少万万。他们拿了我们的汗血钱去，于是乎他们的洋房年年高大起来，他们日常的享用，年年丰富起来，而他们国家的军舰枪炮也就年年厉害起来了。他们既然靠了我们的孝敬，弄得这样的富强了！你道他们"洋大人"怎样的报答我们呢？他们对于和他们相接触的劳动者，在偶然违拗他们意思的时候，则赐以耳光，火腿（洋人用脚踢中国人，在上海叫做外国火腿），侮蔑的语言，以至于枪弹。对于我们的全民众，则百方勾结了强有力的军阀，来压迫我们。说的好些，他们当我们劣等民族看待，说的坏些，他们看待我们比狗还不如（因为狗的生命他们或者还爱惜）。到近年他们横暴的手段，越发来的凶了。中国领土内的中国人，给他们白白地弄杀无从申冤的不知有了多少了（乐志华和叶乾章两案就是近例）。到得今年五月三十日，上海租界内的英捕，居然在热闹的南京路上，对着密集的赤手空拳的学生演讲队，大放其排枪了。这件残忍的案子，显然是英捕的强盗行为。然而英政府却始终偏袒自家人。到如今还说枪开的有理。不但如此，自此案发生以后，在中国各处的英国军警，竟不管三七二十一，遇着中国国民聚集着，就认为得罪了他们，就滥开顶利害的枪炮，不管枪炮之下，要丧掉无数的冤枉无辜的生命。据最近的消息，汉口的一回惨杀，死掉了数十个中国国民，广州的一回惨杀死掉了数百个中国国民。其他各处零零星星死掉的又不知有了多少了。唉唉！时至今日，我们还可以容忍下去么？还可以把国家大势看作毫不相干么？这是中国的生死关头了，只有全体国民联合起来，全力对付侵略我国的外国，中国才可以得救，否则此后的局面，真是不堪设想了！故乡的父老兄弟啊！起来！起来！不要再以为国事是和你们不相干的了！各尽各的力量，来抵御外侮罢！

抵御外侮的办法怎样呢？在必要时，当然就是去从军。至于眼前呢？在我想来，我们上虞人急于应做的事情有三种：

（一）宣传

我们中国老是受着列强的压迫，翻不起身来。这是什么缘故呢？最大的原因就是大多数人民一点也没有觉悟，而少数的洋奴还帮着外人，来欺侮来剥削同胞。现在时势已经紧急了！较有智识的人们，应该抛了一切的私事，去到民间去。把外国人历来欺侮我国，残杀同胞的情形，讲给一般无识的农民工人知道，务使人人激起了爱国的思想。

（二）筹款

自从五卅事件发生以后，上海香港以及各处英日工厂和船舶的工人，就相继罢工。到现在罢工人数已经有数十万了！这种大罢工给与英日两国一个很大的打击。现在英日人已经感到极大的痛苦了。如若再支持下去，则他们一定要到讨饶为止哩。可是罢工期内的工人，生活是很为难的，所以大家必须拿钱救济他才行。现在各处捐集拢来救济工人的款子，已经不少了，不过工人实在多，总是时常感觉不继。我们上虞人应该把平日专门盘算着几分几厘的进出这种性质改换了，涌起些爱国思想来，节衣缩食地凑集些银钱，去救济为国罢工的工人。须知他们并非难民，实在是为国牺牲的"战士"，国家对外有了战事时，筹饷是国民的天职哩。

（三）抵货

外国人在商业上侵略我们，这在上面已经说过了。我们要抵御外侮，最好的办法，莫过于抵货。须知英日等国人之所以富强，完全由于我们中国人买他们的货物。所以只要我们能够全国一致的抵制起来，他们的工商业一定衰颓下去，甚至于因此酿成本国的革命。同时我国的工商业一定可以发展起来，国民的生计也就可以充裕了。抵制洋货须从提倡国货入手，我们是中国人，应该知道用中国货，是我们的天职，此后无论吃的用的穿的，凡有本国货，可买，都应该买中国货，如不得已时，要用洋货，则千万不可买侵略我们最厉害的英日两国的货物。大家应该养成一种习惯，把用国货当作光荣，用洋货当作耻辱。凡是洋货尤其是英日货，有两种诱人的地方，一就是便宜，二就是好看。我们应该养成一种坚强的爱国心，看到任何洋货，不论他怎么便宜，怎历好看，千万不要眼羡起来，就拿钱去买。我们宁可用粗拙质朴的土布本厂布，不要用花花色色的洋布洋纱。宁可买价贵的本国绸缎，不要学外码头人的坏样，买并不十分便宜的哔叽呢绒。我们应该牢牢的记住，我们生计的困难，都是我们爱买便宜时髦的洋货，这种恶习惯造成的！

《上虞声》第 12 期，1925 年 7 月

吾乡的救贫法

——对于上虞资本家的一点希望

上虞人的生计，真是一年不如一年了。不论大小的人家子弟一长成，"饭碗问题"的恐慌，就跟看到来。有些力量的，那就转转弯弯觅了荐，挽了保，把子弟送到外码头去学生意，家里有口饭吃的，只好"嘉兴府实授"，没有家当的，便连怎样苦恼的事情，像是出息不及上海娘姨十分之一的乡下店铺的伙计也只得去做。每年从大学校中学校各色各样的专门学校毕业出来的学生因为找不到好的位置，便都向有限的几个公共机关和学校谋位置。可是"饭碗"究竟是不够分配的，于是把持倾轧，匿名传单等等的把戏便时时在教育界发生了，当一个小学教员，每年的出息，少的不满五十元，多的也不出二百元，总算够清苦的了，然而要谋得一个位置，却已经千难万难。于此可见上虞人的生计实在困难之极了。

以上不过就一般情形而言，至于讲到占上虞居民大多数的农民，那也是十分伤心的。近年来因为常常有天灾，种租田的农民十个里总有九个过着极悲惨的生活。他们因为老是负担重利的债，一到收获的时期，不得不把新谷来贱价卖掉，等到第二年春天再籴贵价的米吃。他们种田之外，又斫柴，打短，抬轿，挑脚，一年辛辛苦苦的做活，还是买不起必需的农具和肥料。于是只好借"印子钱"了，只好忍着痛把新谷籴掉来还债了，如此循环不已，那里翻得起呢？农民中虽然也有少数称为殷实者，然而他们之所谓殷实，委实也是十分可怜的，因为他们十二分的刻苦熬省，到了年底，勉强攒下几地钱，够作下年的种田本钱，那就大家都要羡慕起来，称之为殷实了。这等勤苦的"殷实"农民，有一种共同的忧虑，就是愁着有气力没田种。因为农民的人口年年增加起来，而田他是不会多的，于是他们稍微多些钱的，就抬了价去挖人家种的田来稍。有时稍价抬到了极点，竟连白种了还要折本。可是他们头脑很简单，只要有田种就好，不管所出的代价值得值不得的。总之，我们上虞目下已经有了农民过剩的现象，长此下去，不数年后，农民中间一定免不了发生极大的恐慌。

记者近年来离了家乡在外边糊口，每年回到家乡去几次，总觉得家乡的景象年年衰败下去。鳞次栉比的又阴暗又湫隘的那些远年老屋，从不见有一天翻造。甚至临河几间倾斜得时刻可倒的破屋，也还妥妥逸逸地满住着人。学校里的小学生，衣服鞋袜，完整的十个里面还不到一个，那些没有

160

力量进学校的农家孩子们，那种褴褛的情状更不消说了。至于家乡人们的内部生活，考察起来也真真伤心！普通的人家（除了抽头聚赌者之外）大抵吃用是很熬省的。每餐下饭的总是几样腌的霉的东西，不是做祭祀或遇着什么节期，往往不肯轻易买新鲜食物吃的。其最熬省者，甚至连烂的臭的也吞进肚里，舍不得弃掉。听说里山的农民往往一年里六个月吃着麦面饭，豆腐还得拣日子买的。这种耐苦的精神，也许有人说是上虞人还过着这么粗陋的生活，实在是很可伤心的！

上虞为什么竟至于这样的贫乏呢？这理由是很简单的，无非因为人口只是增加，而生利的人太少罢了。然而这是有法子可以补救的。造物对于我们乡人可并不亏待哩。他赐与我们的土地，是肥沃的土地，赋与我们的资质，是聪慧的资质。在各方面，我们上虞人之获得成功者不是也多得很么？即使就财富而言，全县中家产在十万以上者，如果仔细调查起来，恐怕还在百家以上，而号称绍兴七邑首富之横山陈氏，也出在我们上虞。握上海金融界之枢纽者为钱业，而钱业中上虞人却占大部分的势力。试问全中国有这许多的财主，这许多有权威的商人的州县、能有几个呢？然而上虞一般的情形却还只是穷下去穷下去。

这是不能不怪我们那些财主和那些有权威的商人的！别地方的大财主大商人，比较开通一些的多少总要在本乡兴办起几种事业来。就远一点说，无锡、南通不是工厂林立，已经成了模范县么？就近一点说，我们的邻县余姚不是年年也有工厂创立起来，那边的工商业不是也有蒸蒸日上之势么？然而我们上虞呢，稍微像样的工厂简直一个也没有。与其说是上虞地方不宜于设立工厂么？则也不对的。北乡铁道横贯，全境水道四达，将来杭绍接轨，也许一日之间就可以直达上海，交通不可谓不便了。至于原料呢，则棉呀，丝呀，茶呀，竹呀，各种各样都有。所以至少也不会比余姚更不适宜的。然则在上虞为什么竟没有人投资兴办工厂呢？这是因为我们的"大财主"、我们的"大商人"有一种保守的根性；换句话说，就是因为他们对于企业太缺乏兴味，对于本乡的感情实在太淡漠了。

我们的"大财主""大商人"对于本乡的关系，只有从败落人家买几亩田地，或者荐几个乡下亲眷至外码头去混饭吃。热心些的就挖几个腰包比来修修桥，铺铺路。此外便什么关系都没有了。他们把钱在都会的市场上平空地送掉是不悔惜的。每年上海的各个交易所里，我们上虞人做金子做棉纱等等蚀掉的金钱，不知道有几千几万。而这班上虞人始终热狂地在交易所买进卖出地喊着。此外做别种生意折本的也常常听到。最可惊的例子，像是前几年横山陈氏的成德丰洋货号，竟蚀了二百万而终于倒闭。从这种种的情形看来，在都会里做生意，是多么不安全呵！然而我们的"大财主""大商人"却情愿把有用的钱做那种不安全的生意，却从不肯分些出来，在本乡兴办比较安稳的实业。

我现在敢奉劝那些拥有大宗资产的同乡诸公，今后且把眼光变换一下罢！那些不大安全的生意，固然也不妨做的，但请诸公为了自己，也为了家乡，也分出一部分资本来在上虞办几个工厂。上虞的原料和劳工，比外码头要低廉。地价也非常之便宜。赚钱是拿得稳的。何况还可以救济无数失业的乡人呢？如果要创办的话，丝厂、纺织厂、纸厂、制茶厂都可办，起初规模不妨略小些，随后可以逐步发展的。

除了兴办工厂之外，我对于诸公还有一点小小的希望。就是为救济一般贫苦的农民计，设立一个农民银行。至于设立银行的计划，说来话长，且待日后有机会再说罢。总之，设立这种银行，并不像春泽公司等之专事盘剥，却完全为救济农民的疾苦着想。农民的经济如果充裕，那就有力量去备农具，买肥料，田亩的收成自然丰盛起来，而财主们也受着益处了（因为财主们大都有着田地，而收租也大抵以收获的丰歉为进退的）。

临末，我希望诸公有一种觉悟：就是让家乡一般情形只是贫乏下去，那么自己的财产，乃于生命也不会安全的。年来南北二邻时常有绑票的事情发生，不是最好的例证么？

《上虞声》第 14 期，1925 年 9 月

酒和瓶

　　我在上次把语文的形式和内容比作你的衣袋和其中的东西，这是叫你在读书求解的时候，做一番必要的摸索功夫。现在我想把形式对内容的关系解说得更详尽些，觉得一种惯常的比喻，"酒和瓶"，还须在这里重提一下。

　　新年快到了，报纸上天天看得见新年礼物的洋酒广告。威士忌呀，白兰地呀，香槟呀，各式各样的洋酒，从外国轮船装运进来。价格比国产酒高不了多少，装的都是漂亮轻便的外国瓶子。爱摆阔的喜欢用洋酒请客不消说，就是要喝酒的也觉得喝那些酒一样的可以过瘾。单看广告多，就可以知道洋酒的销路是不错的。可是中国土产的酒就倒霉了。听说贵州的茅潭酒在抗战期间原是大家抢着买的，最近大批的运到广州，不容易推销出去。

　　我的故乡也产酒。所谓绍兴酒是全国出名而且销行海外的。但是现在因为人工高、捐税重、运费大的缘故，甚至在香港也不容易喝到真正的绍兴酒了。

洋酒支配了大都市的酒市场，正同洋商通讯社的消息支配了大都市里中国报纸的版面一样。你每天要领略一些国内外的时事消息，可不是常常倚赖着报上所登载的美联、合众、路透各通讯社的消息么？洋商通讯社有着大量的资本和普遍的电讯网，是我们自办的通讯社无法竞争的，同样，外国的大酒厂有着浩大的资本和大量生产的机械设备，是中国手工业的酒厂无法竞争的。

就我们所看的报纸来说，虽然表面都是中国特有的方块字，但是内容却有许多是外国人的大脑的产物，好比中国瓶子装洋酒。这种洋酒是够使我们暂时过一下求知的瘾的。但是仔细检验检验质地罢，顶好的不过是走味的威士忌、白兰地，最坏的简直是混充国产烧酒的掺水的酒精了。

我不是国粹主义者。如果洋酒的确有益于我们的健康，我不反对喝洋酒。只是主张照烟台张裕酿酒公司的办法，在国内开辟葡萄园，办厂来仿造，为的是免得利源外溢。现在的问题是就是要问那些在耶诞节前大登广告的各种牌子的洋酒是不是喝来真比国产的佳酿够味。我是不喝酒的。但我翻译过美国作家斯坦培克的《愤怒的葡萄》，知道那些大登广告出名的洋酒是怎样制造出来的；又知道虽是外国的爱酒家也对那些洋酒在叹气。

《愤怒的葡萄》里说到现在美国托拉斯资本所控制的制酒工业的情形。葡萄收获季到了。摘下来的葡萄，有好的也有腐的。可是拣剔烂葡萄的机器没有发明的可能。用人工来拣剔又极不合于大量生产的经济原则。于是酒厂工程师把好的烂的全都放在一只大桶子里，加进化学的防腐剂去，再用科学方法来发酵来制酒。你想这样制造出来的酒会有真正好的醇味么？但是酒厂的老板们只知道要成本低、销路广、赚钱多，那里管顾得到爱酒家的要求呢？好在酒的销路主要还是在虚伪的应酬场中的消耗方面。

外国的爱酒家叹气了。因为在这独占资本得势的社会，酿造美酒的手工业站不住脚，酒排间只卖拗味的劣酒了。中国的爱酒家也叹气了。因为掺水的酒精和各种牌子的洋酒一步步驱逐了国产的佳酿，出高价买不到好酒喝。

酒的文明正同艺术的文明一样，是丰衣足食的社会所产生的。现在一般资本主义国家中间，真正的好酒，和真正出色的艺术作品，都不容易找寻得到，因为多数财富集中到极少数人的手里去，一般的人民大众越来越贫穷了。

我知道现代的农民在小康的农业社会里，是能够赏识酒味的。但是现今从农村流向都市的一般劳动者，要省下几毫子买掺水的酒精，来过酒瘾也不很容易了。

语文是装酒的瓶子，其中的思想内容同酒一样，如果专靠大资本大广告和科学的机械方法是一定没有醇粹的真味的。我不知道法国名酒的老酿酒匠怎么样，但我很知道本乡一些老酿酒匠的本领。他们在酒发酵的时候，是照例用手指来测验温度，用舌苔来辨别化学变化的。这手指这舌苔，任何精密的科学仪器都不能代替。他们就靠这天生的仪器造得出好酒来。我想语文所包含的意思内容，就生产的过程来说，约略也如此，那温度，那变化是凭自然的灵感来决定，不是用数字可以表现的。只有侵略过我国的日本人才狂妄地说过中国爱国分子的什么言论的热度是五分钟或十分钟的。

时代在前进。语文的构成也在日新月异。在"五四"以前，文言占着绝对的优势。近二十年来，除却衙门文书和报纸以外，国语到处通行了。我们时常听到"旧瓶装新酒"或是"新瓶装旧酒"这一类的话。旧瓶指的是文言以及所属的各种文学形式，如旧诗、古文、骈体文等等，但有时也指着过去语体文的文学定型，如章回小说、弹词、大鼓书之类。新瓶指的是国语与及所属的各种文学形式，如新小说、话剧、新诗等等。至于酒的新旧，大抵和思想的新旧相对比，属于专制封建范畴的思想算是旧的，属于民主科学范畴的思想算是新的。

新瓶装旧酒的例子是太多了。凡是内容具有反民主亲法西斯倾向而用新形式写出的作品都是。现在我只举个"旧瓶装新酒"的例子来谈谈。

我们知道，孙中山形先生是提倡民主科学，求谋祖国独立解放的大革命家。但他的时代，是文言的时代，他用旧瓶装新酒是十分自然的。我们惯常听到的国民党所颁定的国歌，就是他对军校同学的演讲词的记录。那简直是同"周诰殷盘"

一样古老的旧形式，现今的孩子们恐怕很少能够了解得清楚。譬如，其中两句：

"咨尔多士，为民先锋！"

翻译出来，就是：

"同志们！你们应当为了中国人民的解放事业站在最前线战斗！"

那可不是同"马赛歌"一样，有着鼓舞革命情绪的意味么？

我想这只装新酒的旧瓶的确是一只古色古香的华贵的中国瓷瓶。但是参加过革命而没有受过文言教育的李福林将军，都就用几乎相同的意境装在十分粗陋的泥烧的酒瓶里了。他有一次对部下的丘八们演讲道：

"契弟，契弟！东边食饭，东边痾屎！不要东边食饭，西边痾屎！"

这几句话里所包含的意味显然就是《国歌》里的"一心一德，贯澈始终"，叫大家不要三心二意，存投机取巧的念头。

你要知道，在这里，契弟的称呼，一点没有轻蔑的意味。李将军部下全是没有受过近代教育的农家子弟。在他们听来，这称呼正是十分亲热恳切的，犹如政党里的人们听到称呼"同志们"一样。

《青年知识》第 15 期，1947 年 1 月 1 日

适当的容器

　　国歌里的"咨尔多士"是一句文言。这种语文的表现形式，考证起来，应当追溯到近三千年前书经的写作时代。手头没有《书经》，但我仿佛记得《书经》里有着类似或是相同的句子，那意思就是："告诉你们这许多人。"《书经》是周代开国元勋们的讲演和文告的记录。我们可以想像得到那时候的革命领袖们，对所领导的大众讲话，是十分亲切朴素，一点没有空架子的。而且他们实际上也都出身于从事渔猎耕畜之类实际生产的人民大众。譬如后世通称姜太公——当时的宰相吕望就是一个渔夫，不会比我们今天在香港仔看到的赤脚捞捉鱼虾的粗汉们显得更文雅些。那些领袖们的心情和愿望当然是和大众密切地相呼应的。所以他们的演讲和文告往往有生命有力量，在历史上发生过不小的影响。但是语文的表现形式是随着时代变迁的。本来通行的形式过多少年代就不通行了。因此今天就是第一流的考据家要充分体会得到古文献内容的过去的生命和力量是十分困难的。往往一种连无知的粗汉或是三岁小孩子也都容易了解的意义会被穿凿误解到离奇奥妙的程度。"咨尔多士"这句话显然是袭用古文献上的表现形式的。我不知道当初孙中山先生对军校同学讲演的时候，用的是怎样的口语。也许他不过说"诸位同学"或是"同志们"罢，但是记录下来，却就变成古里古气的"咨尔多士"了。这好比国画家画一座山一棵树，并不要求画得像真的一样，却只想依照传统的轨范，表现几分山和树的神韵。孙中山先生或是他的演讲稿编订者所以容许他的演讲词那样地记录下来，理由大约也是如此。

不过我想，如果你在高中或大学，即使在练习文言文的时候，把"多士"两个字用进你的作文里去，来表达"许多人"的意义，你的老师也会在旁打一条竖，说不通不通的。你决不能举国歌里的例子来给你辩解。因为有些字眼，在甲的地方用得，在乙的地方就不一定用得。把"多士"颠倒一下，就是香港通行的 store 的译语。你在香港九龙的街头常常看得到甚么士多的商店招牌。你到广州去，就找不出挂有"士多"招牌的商店来。上海人初到香港也不会知道"巴士"就是公共汽车。

一般的学校教育和书报杂志供给我们的语文知识大抵限于所谓国语和浅显的文言。我们接触到自己所不熟习的古旧的或是地方性的语文形式，要究明其中真实的内容，还得依靠我们自己的生活体验和想象能力。"士多""巴士"之类以及李福林将军对部下所讲的话，都是地方性的，只有在香港或是在广东军队里有过生活体验的，才弄得清楚，否则运用想象能力从英字的译音，从李将军部队的构成素质来推敲一下，也可以懂得意义。

四言韵文体的国歌所采取的是我们并不熟习的一种旧时代的语文形式。因此我们听到"咨尔多士，为民先锋"的句子，只能唤起一些似懂非懂模模糊糊的意境。我想像到中国伟大的革命领袖在军校演讲时候应有的那么一种民族解放的切望和那么一种淬厉士气的激情，觉得有把记录上的古旧形式至少还原到今天我们较易理解的形式的必要。因此我在上次作了一番翻译的尝试。

你也许会觉得我那一种翻译太大胆罢，但我相信我是多少抓住了要点的。而且这一种凭想象力来补充的方法，也并不从我开始。前几天走过香港大学，看见生理学馆的门面上，高高地用浮雕映现着"天生蒸民，有物有则"八个大字，旁边就是如下的译文：

Heaven in Producing Mankind Gave. Them Various Faculties and Relations With Their Specific Laws——Book of Code.

我想这样的翻译也许会给国故学者胡适、顾颉刚之流骂翻的罢。但是我们要知几千年前的古文献考证的官司是永远打不清的。为了要使中国古代的语文形式给近代科学的学府做装饰，我觉得那位英译者也还要得。

我举出这一个例子来，附带地还要你明白瓶子除了盛酒以外，只有装饰的意义。主要的是在瓶子里的酒的品质。语文上的问题不过是用什么瓶子来装酒的问题。

在近代教育太不普及的中国，大多数的人们实际上是用乡下土窑里烧出来的泥瓶作为装酒的容器的。每一乡区所出产的泥瓶都有各自特殊的式样。而且乡下的泥瓶不容易洗涤，那种粗陋的式样也不受城里人的欢迎。富贵的士大夫世家有的还喜欢用仿古的中国瓷瓶装酒，表示几分阔气和体面。但是那种仿古的瓷瓶，价值往往比瓶里的酒大到十倍百倍。单是为了虚荣为了装饰，出过多的代价是非必要的，而且酒装在那种瓶里，眼看不清是红酒呢，黄酒呢，还是白酒。

近代的科学文明已经使廉价的玻璃成为通行的容器了。中国各地的玻璃厂也建立不少。玻璃瓶是透明的，洗涤也省时间，所以大家认为这是最适当的盛酒的容器。可惜玻璃瓶在内地农村还嫌比泥瓶贵得多，只有在都市里才显得十分适用。

我们在学校里所学习的国语可以用玻璃瓶来作比。从普及和实用来考虑，国语正是装纳我们思想情感的适当的容器。我们应当发展玻璃工业，使广大的农民能够享用玻璃瓶。我们应当推广国语教育，使国语文学深入农村。

但是，为了一时一地的需要，你当然尽可以利用手头的现成的容器。如果你的酒是专给某一乡区的人们喝的，你还是该用当地土窑的泥瓶来装。如果你的酒专给极少数人喝的，那么你用古色古香的仿古瓷瓶也无妨。

《青年知识》第 16 期，1947 年 1 月 10 日

"唯有饮者留其名"

我们的生活天天接触到语文，天天要从语文的形式中间，提出内容来灌输到头脑里去。这就是求解。你想，求解好比喝酒，那么，只要从酒瓶里倒出酒来喝，岂不很容易么？不错，说容易的确是很容易的。你听到你的老朋友讲故事，或是接到你的老爸爸或是你的爱人写给你的信，那么，一种惯熟的酒瓶装着那么一种喝惯了的酒，一喝就辨出味道来了。我从小喝的是家乡的绍兴老酒，看着那酒从黄泥封口的老酒坛里倒出来，喝一口就断得定这是家乡出产的老酒，这是我拿得稳的。我听对面的老朋友谈天，或是接到家信，当然也一听就懂，一看就明白。但说句老实话，我对于饮酒实在是外行的。绍兴老酒有几十种名目，我只报得出状元红、竹根青等等三五种来。旧历年在朋友家里吃年夜饭，杯子里的白兰地，我喝下去疑心是青梅酒。回想起来，这两种酒我都喝过不少次了。你道我惭愧不惭愧？我学广东话也学了好几年，但是一直没有用心学。现在我对于广东话还是半哑巴半聋。

要从撇画竖捺堆成的或是 ABCD 排成的文字以及所代表的声音来辨别来认识其中的意味，正同辨别认识酒味一样难。只有忘掉了酒瓶（也就是说语文形式）的人才谈得上对酒（也就是说语文内容）的辨别能力和认识能力。你已经明白，求解好比饮酒，那么我告诉你，要做到一个真正的"饮者"是有艰苦的过程的。唐代大诗人李白有两句诗道："古来圣贤皆寂寞，唯有饮者留其名。"如果你自以为是"饮者"，请你辨别一下这里"饮者"两字的意味！

你想，"饮者"就是"饮酒的人"，岂不很容易懂么？这是你看了酒瓶就下结论了，你还没有忘掉酒瓶，还不能辨到酒味呢！你再想一想，李白怎么做诗挖苦起满口"治国平天下"的圣贤来，倒反说"只有酒糊涂可以留名后世"呢？你把"饮者"这单语光是作为"大量喝酒的人们"来理解是不得当的。"大量喝酒"的乡下佬不是到处很多么？他们的名字会比圣贤还能够留传到后世么？你如果认为古代诗人在赋诗的时候饮酒是一种风气，因此这里的"饮者"两字可以作为"诗人"的隐喻来理解。那么，你也是摸不着那位大诗人的灵魂的。你应当知道，唐代诗人的习惯是在大自然的环境中间，喝好了酒，题诗石壁，留下自己和同伴们的名字。这是"饮者留其名"这句话的现实的根据。又应当知道，当时的统治者们尽管在形式上崇拜圣贤，逢时逢节，杀牛杀羊在太庙

175

里设祭。但在实际上还是自私自利，把圣贤的遗教抛在九霄云外。圣贤们地下有知，当然在精神上是感到无限的寂寞的。这是"古来圣贤皆寂寞"这句话的现实的根据。这两句诗充分地放射了作者当时的情怀，发泄了他的精神的苦闷。李白当时做着玄宗皇帝的清客进出于宫廷，他的才气又受着皇帝贵族的赏识。似乎他不应该再有精神的苦闷了罢。但是你要知道，李白时代的专制政府也同今日一样，为了"家天下"到处征实拉丁，弄得民不聊生。在民不聊生的时代，这位大诗人越是过着颓废生活，越是感觉着苦闷。因为他心里明白，那些使他名满天下的诗文是无益于世无济于时的。他不由得要给古来的真圣贤叫一声屈，把当代的假圣贤挖苦一下，情愿自己作为酒鬼，捱受天下后世的唾骂了。

你明白了以上所说的背景，再和当今自命为"好人"（圣贤的同义语）而急于表现"益世济时"的抱负的新诗《尝试集》作者胡适博士那样的风度来对照一下，你这才算得真正体会了"饮者"这一单语的真味了。

不会喝酒或是初学喝酒的人喝了酒就往往脸红。有许多人是因为怕要脸红的缘故，不能成为真正的"饮者"的。如果你抱着《尝试集》作者那样的风度，那么，你领略了李白诗里"饮者"两字的真味，就会觉得自己的浅薄，而红起脸来。但也就是这样，你取得了"饮者"的资格，完成求解的过程了。

"求解"不是一件容易的事。《论语》或是《诗经》上面的一句话的真意义，往往够使考据家们打几百年的笔墨官司。就是当代通行的许多单语，在每本词典里也解释得多少有着差异。英美出版的各种有权威的词典，你翻查一下看。一个极平常的单语，在韦勃斯忒词典里的释义比在牛津词典里的不是多一些就是少一些。因此，你可以知道读书求解，太过相信辞典，依赖辞典，不是好办法。主要还是凭你的生活经验，用头脑来想一想。

太过信赖辞典是要不得的，太过信赖有些著名的教授或是作家对于某一单语的用法也是要不得的。最近从《文汇报》看到一篇文章，说起冯友兰教授对于"干城"这个单语的用法。冯教授是全国闻名的哲学者。他用英语翻译过庄子，他搬弄了古圣贤"治国平天下"的大道理，写过一些中国哲学的著作。他又在国立大学教过那么多年的中国哲学。他对于这个在文言里常用的《诗经》出典的单语，难道还会用错么？但是他所引用的地方就在他所撰作的《先姚事略》里，"孙 × 为国家之干城"。冯教授的儿子不过响应了前方吃紧时期所发动的"知识青年从军"的号召，在军队里挂上了一个名字。他爸爸就说他是"国家之干城"了，那么，国府的秘书老爷要写一篇古文，来颂扬身负国防重任的白崇禧将军陈诚将军他们，还有什么更庄重的辞藻可以动用呢？怪不得那位从军的小孩子的同学们看到了冯教授的"先姚事略"里那么一句，大家笑歪下巴了。我的邻居有一个小孩子在游击队里当过小鬼，那是真正拼了命打过国家的敌人的。假如我信赖了冯教授的那种用法，在我写给乡下老伯的信里把那个十几岁的小孩子形容为"国家之干城"，那么，你可以想像得到，不是弄得他莫明其妙，就会惹得他大吃一惊的。

《青年知识》第 17 期，1947 年 2 月 1 日

通呢？还是不通？

每一个人在讲话或是写文章的时候，用什么话来表达什么意思？这似乎是他的神圣不可侵犯的自由。好比他用什么瓶来装什么酒，随他的便是了。但是你上一家酒楼去，向伙计要一杯白兰地，那伙计拿了一只标明白兰地的瓶子来倒给你一杯青梅酒。假如你同我一样是不喝惯酒的，也许会糊里糊涂喝下去，照白兰地来会账罢。否则你一定对他闹起来，因为他明明白白是欺骗你了。

讲的或是写的甲方面对于听的或是读的乙方面是有相当的默契的。违反了这默契就出毛病了。如果这种违反，在甲方面是有意的，就叫欺骗。"港币"这两个字，写得潦草些，是可以看成"法币"的。如果写的人存心在商业契约上混用，他就有坐监牢的资格。如果甲方面的违反是无意的，这叫做不通。你在学校里缴作文卷子的时候，你最害怕的就是国文老师的批语："不通""狗屁不通"。为什么这是最可怕的批语呢？因为他早就警告过你：作文的最起码的条件是避免不通。

你想，你自己读书已经八年九年了。写出来的东西老师还骂"不通"，给同学们听到，岂不要脸红么？但是你得当心：这个世界这个社会实在太复杂了。存在于现实中间的各种各样的矛盾往往会叫你书读得越多，写出东西来越是不通。你想，你的小小的房间里，从外边搬进来的瓶装罐头越多，你要把那个小小的房间收拾得整齐些，一定是越不容易的。你应当随时把不要用的瓶装罐头抛到垃圾桶去，或是卖给收旧货的，尤其是不要丝毫爱惜那些破烂的发朽的。

　　你要明白我们这个伟大民族的过去，不得不读些自古以来的老书。于是你的脑壳的小房间里，破烂的发朽的容器多起来了。你必须用心来处理那些容器才好。否则你的小房间一定是弄不妥贴的。

　　国歌里的"多士"，虽然有着古义的根据，但是你不好照那个古意用在你的作文里，免得跑过香港西餐馆的人们错当作"烤面包"来解释。冯友兰教授用"干城"来抬高他的少爷的身份，你也学不得样。总之，那些字眼已经是不中用的容器了，你如果太过爱惜了，要在作文时候来动用，那么你的作文一定会"狗屁不通"的。

　　你现在要问："多士"和"干城"的那些用法，既然一学样就会变得不通，那么，在《国歌》和冯友兰教授的文章里，究竟算得通呢？还是不通？

　　我告诉你：通和不通是依据于写作者对阅读者的一种默

契的。上面说过，默契的违反出于有意的叫做欺骗，出于无意的叫做不通。国歌是国民党政府在提倡先安内而后攘外的时期所颁布的。用意只要四字一句，念来好听，对于中山先生训话里的革命意义，与其说要求表现得显豁，不如说要求表现得朦胧，这是合于有些人所谓美学的条件。你的作文不能写得同国歌一样美，怎么可以随便学样呢？至于冯友兰教授，则他的上面再没有教国文的老师。他的文章不是给老师看，却要给京城里的衙门老爷看。他用"干城"来衬托从军的"智识青年"，那是和老爷们的意识再对劲也没有的。我们可以说他不通么？

在这个矛盾复杂的中国社会里，只有看风使舵模棱两可的人们最吃得开兜得转。经过了几千年几百年封建专制时代文人们的滥用的珠圆玉润的古典词藻，是适应于那一些人的心情的。因此，那些词藻，尽管显得时代错误而且意义模糊了，有许多人还是喜爱着。你看各电影院的广告，那一张影片的片名，不是属于那一种辞藻的。在电影说明书里，往往有着"樱唇""秋波"之类的字眼，其实你看到那位女明星却是一张"西瓜润嘴"，而所卖弄的风情也一点没有"秋天的水波"的情味。

你在学校里练习作文，为的是要把真正你自己的思想和情感表达出来，并不是准备日后写八行书向衙门老爷谋一件差使，或是准备在今天的电影院老板手下做一名广告员。因此你的国文教师如果说你学冯友兰或是学电影广告学得不通了，他的话是对的。

古书可以读，但你要读得当心，千万不要受古书的累。"干城"的出典是在《诗经》，我就《诗经》来谈谈。这是二千余年以前中国民间歌谣的选集。其中诗篇的大部分，从近代的科学眼光来研究，是和珠江渔民所唱的渔歌，瑶山瑶人所唱的山歌，有着类似的性质的。譬如头一篇："关关雎鸠，在河之洲，窈窕淑女，君子好逑，"就是古代氏族社会里的歌人在结婚典礼中间对新郎和新娘歌唱的《结婚进行曲》。那大意是容易弄得明白的，"沙洲上的什么鸟清脆的声音引得男的想起女的来了"。同样意境的情歌在今天的瑶族社会里也找得出来。但是封建专制时代的"读书人"（儒）为了要向宫廷献媚，却有意把这篇真率朴素的情歌曲解一番给它下了注解，说这是歌颂"后妃之德"的。于是《关雎》这首诗蒙上了神秘的迷雾，便在朦胧中间显得比其他一切民间情歌，远更崇高了。

直到这一世纪，中国五四运动所带来的民主和科学的思想才逐渐把那种迷雾剥除了。一九三四年鲁迅就在《门外文谈》里模仿了当时上海一般新诗人的笔调，把三四两句翻译出来，"漂亮的好小姐呀，是少爷的好一对儿"，他说，"用这意思做一首白话诗，到无论什么副刊上去投稿试试罢，我看十分之九是要被编辑者塞进字纸篓去的。"

世界已经进到民主战胜法西斯的新时代了。氏族社会所遗留下来的民间创作无论就内容就形式来说，如果有着价值，总都是属于文学史方面的。研究那一种价值是专门家的任务。你要表达你自己真切的思想和情感，如果向早已死灭的中国古代社会学习，学得顶好也不过是字纸篓里的材料。你倒还是向活生生的今日的渔民和瑶族学习也许会更得益些。因为渔民和瑶族的生活是和你我自己的生活有着相互的关系。他们的语言和作品有时也可以引出我们宝贵的灵感来。我们要挽救当前中国的灾难，向科学和民主的大道走去，宁可忘却了不科学不民主的古代祖先，切勿忘记今日构成中国民族的每一成份。

《青年知识》第 18 期，1947 年 2 月 10 日

代谢和流变

　　我们可以说，凡是有着活生生的人的地方，就有着语文的新生力量。人体的细胞，靠着循环的血液，不住地新陈代谢。人类社会的精神细胞，靠着流通的语文，也不住地新陈代谢。

　　人从猴子进化出来，除了备有双手和大脑这两个宝，还带着其他哺乳有椎动物所没有的第三个宝，就是弹性的声带。从个别的人的声带创造出来的语文里所含蓄的情感和经验的微粒子就是人类社会的精神细胞。这等精神细胞的新陈代谢，使人类社会有着急剧的进化。于是人类不但超越了，而且征服了其他一切动物，做了世界的主人。

　　从物理学上"物质不灭"的公理的探究，我们知道今天桌上杯子里的水过多少天也许就会变成天空的乌云的一部分。我们又知道水是氢二氧，普遍地存在于空气中间。如果一间屋子的空气里，把水分排除得一点也没有，人住进去一定立刻要死掉。因为人的身体里的水分完全烘干了，那就不但是僵尸，简直是化石了。语文之于人类社会，正像水分之于人体一样。在分不出人和狗黑和白的语文真空里的那一种人类适合，想象起来也是十分可怕的。事实上，语文到处存在着，人类社会的语文总和的流好比地球上的江河和海洋。一个人肉体的生长每天只不过需要着喝几杯水。一个人精神的生长当然也需要着对于语文的吸收。但那吸收的分量同样是十分有限的。

我们学过一些自然科学的，已经知道，空气中的氢二氧怎样凝结成水，又知道人体必须经常摄取着这两者才能够维持血液的循环，生命的继续。但是到处弥漫着的语文因素——也可以说，情感和经验——却比空气里的水分更抽象得难以捉摸。我们首先要问：那些因素是怎样凝结而成社会所承认的语文的？

关于这个问题，我觉得英国十九世纪的历史学家托马斯·喀莱尔（Thomas Carlyle 1795—1881）所作的推想是近情的。他凭着想象，编造过一个关于史前期原始人创造语文的故事。他说："从前有两个原始人一同到旷野去散步。其中一个算是部落中间最聪明的。他注意到一株春天的树的鲜明的色彩，情不自禁地发出了一种特殊的小声音，叫唤他的同伴来看那株树。他们后来走过又一株树，那聪明的原始人记起刚才的小声音，便再发出同样的声音来。后来经过了第三株树，那人发出的小声音也还是一样。另一个原始人这才领悟到：那一种特殊的声音意味着那么一类生在地上的绿油油的东西了。这种发音的习惯，一传两，两传三，渐渐变成了全社会的习惯。关于树的最早的单语就是这样产生的。"

从视觉所获得的关于树的经验这样地凝结成"树"的原始单语了。这虽然不过是一个假定。可是自从苏联生理学家巴甫洛夫所作著名的生理学实验确立了生理学上"条件反应"的习惯以后，这一种假定也就显得比较地可信了。

我们的民主有着几千年的历史。我们的语文中间，有很多字似乎流传了几千年了。依照古代的传说，这些字都是"仓颉"所创造的。我们仔细来思索一番，即便古代真正有过"仓颉"这个人，他也不过是一个把民间口语用象形文字记录下来的有名的写手或是刻字匠。（因为古代的文字往往是用刀刻的）最古的象形文字随着时代的变迁，渐渐的转变为大篆小篆，隶书，楷书。在转变和流传的过程中间，文字所附丽的音和义无可避免地新陈代谢着。研究文字的学者们从过去某一时代遗留下来的文献，考证出那一时代的音和义来，他们给一部部古书做了注疏，是可能读通古书的。我们从过去的文字学者的注疏，可以发见我们民族的思想中间各种各样的传统波纹，有的是光辉的，有的是暗淡的。譬如，"人"这个字，我们要弄明白中国从前的知识分子对它的认识水平怎么样，我们不妨查查中国较古的一部词典—汉朝许慎所作的《说文解字》。看《说文解字》对于"人"字的解释是"天地之性最贵者也"。这个释义似乎太过富于形而上学的意味了。我想许慎不是不知道，给"人"下个定义说，"一种没有尾巴却有着两只手的竖着走路的动物"是更通俗的。他也许受到了孟轲老夫子的"人之异于禽兽者几希"这句话的影响，觉得光是从形态来辨别人和其他动物的差别是不够的，因为这显不出人性的可贵来。人类从大自然承受了最可贵的特性，《说文解字》里所谓"天地之性"，这才具有可以用语文来凝结的情感和经验，从而能够建立一种高出于弱肉强食的动物社会的，和平的生产合作的人类社会。这么一想，他给"人"下了"天地之性最贵者也"这一定义实在是得当的。近代世界各大社会学者所阐扬的"人性""人格""人道""人权"的精神，在本质上其实何尝超过了中国千余年前许慎所下的这一定义呢？

在中国民间社会里，"人"这个单语其实一向也是被特别看重的。我的故乡中的老年人常常骂犯有过错的小孩子："小畜生"；骂干着坏事的人："不是人"。做父兄的告诫子弟"学好"，往往说"你要学做人"。中国的老百姓已经普遍地明白在仅仅表面形态之外，来辨别"人"了。因此最近李济深将军在民盟港九支部周年纪念大会演讲中间说"我们争取民主就是我们要做人不要做狗"博得了全场的拍掌。假如光是没有尾巴竖着走路就算人那么李将军的话岂不是说错了，还会有人拍掌么？

两千年前的中国是没有纸的。最早发明的文字就用刀子刻在乌龟壳上。因为文字是人的情感和经验的凝结，而人有着最可贵的"天地之性"，——照现在我们最通常的说法，就是"灵性"，所以虽是一张死乌龟的甲壳，只要一刻上文字，就在古代的先民看来，似乎也有了灵性。不但如此，乌龟是比较长寿的动物。古代帝王手下一些喜欢吹牛拍马的臣子，摸准了帝王心里只想长生不老的愿望，也就十分自然地吹乌龟的牛，拍王上的马，于是死乌龟的甲壳渐渐变成了连"天子"也要鞠躬敬重的东西。它委实给天子记录了"世系"和"法令"，做着维持"正统"的工具，是有助于"天子"的统治的。

那些商代的龟版，自从近几十年在河南殷墟故址大批出土以后，我们通过影印本的书本，约略看得到几分面目。什么"天命"呀"占卜"呀之类，古代吹牛家们附会到乌龟壳的一些神秘的心理的迷雾是容易清除的。在我们看来，那些龟版只不过是商代一家政府的档案卷宗罢了。

事实上，那些龟版也正同今天中国的官文书一样，是编号的。从出土的龟版上，找得到"册六""册七"的字样。册字的古文显然就是用皮条子串成一叠的几块龟版的象形。你在学校课本的封面常常看到第 × 册的册字。现在你可以明白，最古的册字中间的横书所象征的不是线或铁丝钉，却是皮条子；它所串过的也不是许多张印有黑字的白纸，却是一块块乌龟壳。

从《说文解字》上，我们可以领略到"册"字在汉朝许慎时代的意义。许慎在《说文解字》里这样地解释着"册"字："符命也。诸侯进受于王者也。像其札一长一短，中有二编之形"。显然，这不再指着成串的乌龟壳。从周末到汉朝的"册"，就功用来说，约略相当于今天的中央政府送交省政府主席的重要文书。就形式来说，那似乎是长长短短的几块薄薄的木片，用绳穿起来的。这同一的"册"字到了近代，可就有书本的意义了。

每一个字或是单语所含蓄的意义的演变，在读古书的时候值得我们的关心。至于有些文字的写法怎样演变到现在所流行的定型，间或注意一下，也不是没有兴味的。现在是大家要用国语代替文言的时代。我从国语里找个最常用的字来谈谈罢。"我们""他们"的语尾"们"在中国口语中间是宋朝以前就存在的。但是历来中国士大夫阶级认为正统的书籍，经书和史书中间找不出这个字来。宋朝诗人黄山谷遗留下来的一通家信里写着："孩子门莫作炒。"显然他是用现成的"门"字来记录口语里这一复数语尾的。在后来一些流行的唱本和小说中间，我们常常找得到"我每""他每"。不知哪一位无名的"仓颉"觉得这常用的语尾，用"门"或"每"来替代，容易发生混淆的印象，便在门旁加人，创造了"们"字，在民间通行了。士大夫们爱好用口语填"词"的，很自然地采用起来。于是清初编纂的《康熙字典》也不得不收罗进去。这部字典里对于"们"字的解释是："今填词家，我们、俺们。"

文字的流变，除了形和义之外还有音的方面也同样的重要。但是方块字的音往往随时随地都有着多少的差异。中国历来研究音韵的学者们惯于用方块字来记录音，也就更不易使初学者摸得着头脑了。但是音的流变却也跟形和义的流变往往有着不可分的关系，我们不能压根儿抹煞它，且等以后慢慢来谈罢。

《青年知识》第 21 期，1947 年 4 月 14 日

不要再做孔乙己

　　小时候，我在故乡，常常听到一句挖苦读书人出乖露丑的俗语："他读书读到摸牛屁眼了。"

　　自古以来，中国读书人是以识字明理向一般不读书的劳苦大众自夸的。在封建专制的政体之下，为了维持自身的小康生活，往往不得不帮着统治者来压迫和榨取老百姓。唯其压迫和榨取，老百姓对于读书人的识字明理是怀疑的。一碰到有些读书人出乖露丑的机会，少不得要奚落一句：他摸牛屁眼了。

　　牛屁眼摸不得，这道理连八九岁的看牛小孩子也明白，然而有些读坏了书的读书人，偏偏不明白，一摸就摸到牛屁眼，于是落得满身牛屎臭了。

　　要形容一个人的愚蠢，"摸牛屁眼"这句话是再尖刻也没有的。这是从受尽了读书人的欺压的乡下佬嘴里迸发出来的"反唇相讥"。

　　读书读得不好，越读越糊涂，越读越愚蠢是可能的。英国哲学家霍布士说过，"如果我书读得像一般人那么多，我就要像他们一样糊涂了"。这是一句批评读书不得当的名言。

鲁迅先生所创造的孔乙己可以说是一个读书不得当的中国读书人的典型。他写得一手好字，认得回字的四种写法，而且经书读得烂熟，甚至在咸亨酒店里，看到小孩子们抓茴香豆的时候，也说什么"多乎哉，不多也！"你觉得他可笑又可怜么？其实他的读书跟过去和现在一般的读书人是没有多大的差别的。譬如学校里的老师可不是教过你，字要写得好，认得准，书要读得熟么？你如果说，回字的"四种写法"和"多乎哉，不多也！"那样的博学没有多大的意义，那么试问：花费了高价的美金从国外留学所学到的一些七零八落的知识究竟有着多大的意义呢？你要了解要批判孔乙己，应当从全篇的气氛来考察。这才会渐渐明白：孔乙己的可笑可怜的原因只在于他的脑子里没有现实的世界，现实的社会，只有书和酒。他就在书本和酒中间陶醉着。

根据这样的认识，你就到处看得到孔乙己。但是什么都不能单从表面来看的，与其说乡村中间给白事人家写"宝婺西沈"之类的对联的什么穷秀才，是孔乙己，不如说有些在党报上写着逃避现实卖弄才学的学术文章的名家是孔乙己。与其说看不到都市报纸的什么乡村小学教员是孔乙己，不如说，在围城里叫学生们不问国事专读死书的大学校长是孔乙己。因为前者在脑子里不见得完全没有世界观社会观，后者呢，已经有意地忘掉了现实，要单用书本知识来自我陶醉自我标榜了。

孔乙己是可以出洋留学，得到博士学位的。你也许觉得大名鼎鼎像胡适博士总不应该和孔乙己相提并论罢。但是他自己早就在一首小诗里老实承认，只是一枚被有力者搬弄的"过河小卒"了。正在大家睁着眼睛看他对于自己的女弟子所遭受的冤屈，来一下怎样的申雪，对于自己的同事们和同学们所遭受的迫害来一下怎样的抗争，他偏偏避开了这些切身的现实问题，悬空大谈其不着边际的什么研究院计划。这可不是正同咸亨酒店里炫耀着"回字的多种写法"的孔乙己一样的迂腐可笑么？再说，他在报纸副刊上所发表的一些灰尘堆里的考据文章，在一般读者看来，会有怎样的印象呢？至少我个人所感觉的，实在只是一种莫明其妙的钦佩，正同咸亨酒店里的小孩子听到"多乎哉，不多也"一样。

当然，做过大使的胡适博士是摆脱了孔乙己的寒酸气的。但穷却正是中国历来有骨气的读书人的本色。因此在大家叫穷的时候，他也叹过气，说是一个大学校长的收入还及不上一个国家银行的工役。孔乙己似乎是干过一些不名誉的勾当的，就是把雇主们的书顺手牵羊似地拖走。但是这样的不名誉比起公然充当破坏民主和平的猪仔剧的要角来，究竟怎样呢？你说一句罢。

以上不过是随便举出的一个例子，用以说明孔乙己精神在中国的知识分子中间何等普遍地作着怪！这种精神其实生根于四千年来中国封建专制的文化传统，不但支配过历代帝王统治下的教育和文化，至今还支配着国民党统治下教育和文化。因为在专制独裁的统治当局看来，只有不明白今日的世界，今日的社会，迂腐地读着死书孔乙己式的读书人，才是最合适的统治者的工具，最可靠的不会造反的安分良民。无怪乎到处看得到孔乙己了。

然而随着民族的新生，中国的知识分子就全面来说终究已经觉醒过来了。大家知道孔乙己精神是要不得的。全国各地学潮的澎湃就是这种觉醒的表现。宪警特务尽管用手枪刺刀逼着青年学生关在校门里读死书，那些可爱的青年学生还是冲出街头来，宣传游行。因为他们已经明白，不懂得世界的变化和国家社会的变化，关在屋子里死读书是会愈读愈胡涂，愈读愈愚蠢，到头还会弄得满身"牛屎臭"的。他们已经知道，在今日的大动乱期间，到街头学习比在书本上学习，还重要得多。他们又已经明白书本的学习只有和现实社会的学习联系起来，才显得有效用，有价值。他们是不要再做孔乙己了。

《青年知识》第 27 期，1947 年 11 月 1 日

又大一岁了

恭贺新禧！中华民国是卅七年了。世界公历是一九四八年了。我们大家的年纪都又大一岁了。这两个年代标记的数字是值得玩味的。"又大一岁了"的感觉，这一次也真正值得高兴。

年岁的概念是人类文明中间最可宝贵的发明。它使人类在认识上产生了动的世界观，因而知道利用历史的经验来改造世界，使这地球变成全人类的乐园。自古以来一切伟大的思想家、宗教家和革命家，所以有这一种共同的终极目标，可以说主要是得益于历的发明的。

古代的科学家积集了历史的经验，从天文现象的变迁规律，发明出各种历的制度来。于是人们对于时间有了进一步的明确的概念，利用气候的季节性来从事生产的农业社会建立了。这是社会生活的计划性的开始。但是历的制度连同所附丽的一切风俗习惯支配了农业社会以后，一般靠战争发迹的封建贵族，却垄断着控制着土地的主权，在实际上奴役着真正的农业生产者，勤力的吃苦，懒惰的享福。勤力的给懒惰的见笑，你想生产技术还会进步么？非但不会进步，而且想到不平就要造反的。于是统治者们，正同当今美国的反动大亨们对于原子能一样，要把"历"这一种本来进步的知识用于反动的方向，搞出一套命运的形形式式的迷信来，附会在"历"的上面。结婚呀，安葬呀，造屋呀，开土呀，都非捡黄道吉日不可。甚而至于出门呀，裁衣呀也有日子的大吉和小利。害传染病或是破伤风突然死了，那一定不是死者的八字和年月日有什么冲克，就是一件什么事情做在十恶大败日冲犯了天神地煞的缘故。总之，统治者们为了要蒙蔽劳苦大众，使他们俯首帖耳地过度牛马似的奴隶生活，故意把"历"的知识神秘化起来，使大家摸不着头脑。在直觉着天圆地方的一般劳苦大众看来，历本实在等于一种天书，仿佛具有支配人间生活的魔力似的。直到近代为止，掌管历本的在东洋一向是"钦天监"，在西洋一向是少数的僧侣阶级，两者都是给君主或是封建贵族服务的。他们一来要维持统治者的"天下"，二来要把自己的三分知识卖弄到十分，从而维持自己的饭碗，当然也就把本来简单明了的科学的"历"，歪曲而成为自欺欺人的迷信的杂拌儿了。这杂拌儿对于统治者有什么好处呢？大家相信着"历"是根据于天文的自然法则的，又相信着"钦天监"或是僧侣阶级的专门权威，也就生吞活剥地接受了他们所调制的那一种有害的非科学的杂拌儿。结果是听天由命的落后意识养成了。孙行者尚且逃不出如来佛的掌心，人怎么逃得出一种不可思议的天命呢？皇帝是天的儿子，封建贵族是天之骄子，趋奉势利的天会赐福，反抗的活该受罪。这一种错误观念，逐渐地发展到奴隶根性。于是本来追求着不断的进化的人们变得像安于现状的家畜一般驯良了。这样的人们可不正是皇帝和封建贵族的理想的臣民么？

世界的工业革命连同伴随着的自然科学常识的普及，自然而然地剥光了"历"的神秘的外壳。每一个"小先生"会告诉山乡的乡下佬，"历"只不过是一种计算时间的进行的制度。地球自转一次是一日，绕太阳一次是一年。一个人不注意生理卫生害病死了，和"历"是没有关系的。于是大家逐渐打破了传统的种种迷信，尤其是不再相信什么人是天的儿子了。他们不管你名位怎样高，你冤枉杀人，就觉得你是凶手，是恶汉，你假公济私，就觉得你是骗子。一到这样的人民大众觉醒的时代，"只许州官放火，不许百姓点灯"的封建专制统治是无法维持下去的，自然而然，人民大众起来反抗了。这就是革命。

中国的革命从戊戌政变萌了芽，经过了这么多年，现在可以说瓜熟蒂落了。在这悠长的革命过程中间，封建贵族的金字塔尽管在顶尖改换了一些"革命"镀金的新贵，在底部一向不曾发生过根本的动摇。因为"历"的迷信所造成的"听

197

天由命"以至于"正统""法统"一类种种落后的意识还是镇压着人民大众的革命冲动。然而不住的受骗和上当，连同日、美帝国主义的飞机大炮所代表的战争文明，终于逐渐教乖了广大的落后的人民大众。现在看罢，革命的烈焰火山一般从地底爆发起来！决要把那座古老的金字塔压根儿粉碎了。

民国三十七年，公历一九四八年恰正在这震天动地的时代到来，当然，这个年代标记的数字是特别值得记忆的。生活在金字塔的高压之下，人们过着窒息苦闷的日子，"又大一岁了"这一个感觉，也许是一种哀愁罢。因为一线光明也看不到，走前一步总是有些心寒的。但是现在呢，人民大众的威力正从地底爆发着，要把地面的金字塔冲得粉碎，自己来做世界的真正主人，把这世界根本改造一番了。作为人民大众一分子的我们，在这样的情绪之下，又大一岁了，就有走向光明的意味，岂不是真正值得恭喜的么？

《青年知识》第 29 期，1948 年 1 月 1 日

新女性的路

今日的香港是可以骄傲的。它并不像中国各大都市那样，受到内战的直接影响，在市面繁荣的竞赛上，已经追上了上海和广州。今日香港的妇女是可以骄傲的。街头巷尾那么多堂皇华丽的百货店，服装店，珠宝店，糖果店等等，主要是迎候着妇女的光顾。无论那一个妇女，要是手提夹里装了大叠的银纸，走过皇后大道，就会觉得自己仿佛是皇后一般。街头柜窗上陈列着形形式式灿烂夺目的从全球各地运到的贡品，都是奉献给她的，那些当差的商业"奴隶"们单只指望着她打开手提夹，赏一些叫做"货价"的恩赐。报纸上，什么"丽莲洁花"唇膏呀，巴黎香水呀，尼龙丝袜呀，貂皮大楼呀，以及什么什么呀，各色商品的广告往往占着一等重要的地位，对于喜爱那些商品的女性奉承得好比个个都有伊利莎伯公主的身份。尖沙嘴码头经常挂着一幅外国化妆品的广告，在一个动人的女性面相的上边，一句警语是："Beauty Is Your Heritage."（美是你的天性），那简直是对每一个候渡的识英文的名媛，谄媚得一直到她的先代了。

一个消费性的商业都市用了一切诱惑，奉承和谄媚的手段来提高一般消费者妇女的虚荣心，引导她们向皇后和公主学习，看齐，这是十分自然的事。要知道商人们对购买力的追求，正同求爱者们对爱情一样的狂热。

这一种西洋骑士风度的商业社会的确使香港的妇女不知不觉地养成了一种新的意识习惯。有些抱负的尽量追随着英美妇女的风气，向往着现代的物质文明。于是体面的一群浮现在社会上面。她们不同于旧时代的妇女，她们谈论着女权，要求着男女平等。旧中国社会一面是讥刺怕老婆的，她们对这一种社会习惯的报复就是来针砭一下怕丈夫的旧习惯。当然，在一般小市民看来，她们就是今日中国值得注意的典型的"新女性"。然而，仔细来检讨一下，这样的"新"还只不过是风头主义形式主义的"新"罢了。

现在较有近代进步思想的修养的知识妇女已经从心底明白：这样的"新女性"，放大眼光来看，实在非常可怜。尽管嚷着女权，女权还是落空。尽管争着男女平等，妇女在实际上还是到处受气。主要的原因是自身不能跟广大的劳苦人民大众，在心灵上密切地结合起来。而且本身在社会上又局限于消费者的地位，活动的领域太过狭仄，也就觉得本身的力量异常脆弱了。

从这样的认识出发，事实就十分明白，今日香港的妇女，运动是应当把注集于上层社会的小圈子的眼光，转移到一般被忘却了的下层的劳动妇女去的。成千成万的女工群，关在厂房里或是守在机器边，为了每天三两元的工资，整日整夜胼手胝足地做着工，且不说此外无数的做一天愁一天的自由劳动妇女。她们在香港社会经济的生产基础上有着绝对重要的意义。但是她们吃不饱穿不暖，当然谈不到对于高级消费品的购买力，她们是简直没有机会常到热闹街市闲逛的。她们尽管被大家忘却了，可是她们真真实实是这社会的主要的骨干。倘说她们的现实生活的问题应当放在今日妇女运动的课题的第一位，是不算过分的。你想，上海申新纱厂三女工的殉难，有着何等重大的政治意义？我们能够轻易忘却么？

从集体性的女工群想到无数孤立地生活着的农村妇女，那是更容易被忘却的了。记得去年在符罗飞教授的画展，看到一幅画，题叫"被忘却的人"，画着一个似乎饿坏了的脸孔枯瘦得可怕的乡下老婆子，在树林里拾着柴。这样的可怜人的存在，当然是大家不会关心的。但她实在也和你的生活有着相当的关系。你今天烧饭必不可缺的柴，就是像她那样的可怜人的劳动，通过了五六重中间商人的手才变成你府上的燃料的。

在中国人民的翻身斗争中间，那些一向被忘却了的本来孤立地生活着的广大农村的劳动妇女渐渐地把政治上一种宝贵的潜在力量表现出来。她们怎样顺应了时代的要求，把这伟大的力量贡献于中国人民的解放运动？邓颖超给我们说得非常明白：

"她们在土地改革运动的各种反封建的斗争中，在生产战线上，在支援前线和负担后方勤务工作上，以及在农村里代替男子的各种工作岗位上，都表现了前所未有的规模与英雄的姿态。在斗争地主时，她们的诉苦往往起了带头作用。在追索地主浮财时，她们往往在一般人易于疏忽的地方仔细入微地揭破了敌人的诡计。……有些地区广大的妇女成为生产的主力军。有些地区劳动妇女在乡村中已站在当权的地位。有些地区妇女在支援前线工作如做鞋，缝衣，磨面，碾米，短距离担运，看护伤病员等工作上，也都有了重大的贡献。"

关于农村妇女在这方面的巨大贡献，他还举出几个具体的实例来说明："如有些地区为了供应部队作战时的给养，妇女们磨面碾米每天达数十万至百余万斤。为了解决野战军服装的需要，冀南的妇女于一个半月内提早完成了八十万匹布的供给，在山东太行某些地区，今年（一九四七）的春耕主要是依靠妇女完成的。"

一向被忘却了的中国广大农村的劳动妇女，翻了身而且组织起来，从划时代的历史意义的角度来看，真是值得骄傲啊！尽管从日常生活状态来看，她们没有新的形式，新的风头，但是她们的精神和意识却已经焕然一新，和时代的要求相呼应了。她们在人民解放运动中间尽力搬开了几千年来封建压迫的石头，也就很自然地走上妇女解放的大道。我们能够小觑她们么？

当然，远东财富集中的这一国际都市，和中国西北角穷苦朴素的农村是不能相提并论的。香港的社会很自然地要求着风头和形式，要求着"国际观瞻"，穿得漂亮些，生活得美化些是应当容许的。但是，如果自以为是前进的"新女性"要尽力于中国的妇女运动，而因偏狭的习癖的关系，一味向英美学习，把英美今日那样的女权认为中国妇女的斗争目标。那实在是一条歧路，是我要提醒的。大家知道美国的妇女生活比英国的还自由些，美国搞政治的妇女可怜到怎样的光景呢？我来引一段罗斯福夫人的话罢：

"美国妇女在政党中间是被冻结在核心势力圈的外边的……在礼貌的俗套和对妇女的关顾的外表底下，有着男性的敌对状态——也许是由来已久罢——反对着托付她们任何实际的管理权……在那些决定着本国政治事情的机关里，妇女无论如何是没有声音，没有权力的。"

在华盛顿的这样的政治妇女比起中国西北角的起着带头作用的乡村妇女来，难道还可以骄傲么？此路不通是明明白白的。

《青年知识》第 31 期，1948 年 3 月 1 日

救救孩子

　　在旧社会的金钱崇拜的人情世态中间沉浸着的世俗的人们，是容易给私有财产的价值观念陶冶成一种浅薄的现实主义的成见的。他们往往过高估计着自己过去的生活经验，却过低估计着别人们的创造力的新生和发展。于是年长的对年轻的往往不免有几分隔膜。听到了和自己不同的意见就心里想："你这小孩子，懂得什么呢？"他们照自己的主观的想法来教育，等到行不通，便叹口气道："孺子不可教也！"

　　其实，使负有教育责任的成年人这样地叹气的孩子决不会是不可教的。单从自己的过去经验着想，单从自己的主观成见着想的一般的所谓"教育家"倒有走向无可救药的顽固的危险。一到这样的顽固程度，那么所教育出来的孩子们，一定正如鲁迅先生所说，不是"妖形妖势"，就是"油腔滑调"了。

　　我来打一个比方罢。小孩子原不过是生在山野里的一株梅树苗或是柏树苗。如果要顺着天性，充分地长发起来，那么，他就必须自由自在地从太空来吸收日光和水分，又从大地来吸收各种各样的养料。但是这么长发起来的野生的梅树或是柏树，在金钱崇拜的旧社会里却一向不见得值钱。于是有些经验丰富的花匠们把梅树苗柏树苗掘了来，种在花盆里，随时把枝干修剪盘扎成稀奇古怪的形状。这样，身价就高了。阴历除夕香港市上有一盆玲珑剔透的古干梅花的盆栽，标价到港纸四千元，比一个中级公务员的年俸还高。万金油花园里有一套柏树扎出的八仙的盆栽，给游客们聚观着，代价一定也不小。

人是具有足以征服自然的头脑的，原不该和无知的花木有着同样的被斫伐被玩弄的命运。可是在这没落下去的金钱崇拜的旧社会中间那些失掉了自由发展的机运而变成"妖形妖势""油腔滑调"的畸形的人们的确往往有着较高的身价。因为几千年来封建剥削本质的旧礼教旧制度是一贯地对于人性发生着侵蚀的影响的。统治阶层为了要维持自身超越人民的地位，十分自然地喜爱着那些汩没了天性，柔驯地听受着摆布的人们。于是越是"妖形妖势""油腔滑调"的畸形的专家学者越是有着较高的"身价"。至于那些宁愿顺着天性自由发展的人们，那就只好学习颜渊，过"一箪食一瓢饮"的生活了。

一般世俗的人们看不透旧社会的罪恶的根源，单就自身所经历的经验教训来考虑现实的生活。于是十分自然的结论是：颜渊的确是圣人君子，但是与其学着他来过"一箪食一瓢饮"的生活，还是学着供奉朝廷的专家学者，将来赚取较多的钱罢。

这样的功利主义的观念应用到儿童教育，那么可想而知，所造成的出产品就是盆栽似的一大批"妖形妖势""油腔滑调"畸形的专家学者。鲁迅先生早就看到了这一种可悲可叹的儿童教育的现象，喊出一句警报道："救救孩子！"

自从这种喊救的声音发出以来，中国人民这解放的大道上已经迈进了很长的里程。凡是抱着供奉朝廷的目的的"妖形妖势""油腔滑调"的专家学者的身价已经一步步地下跌了。因为做着奖励者的大家族的显贵们连自身寿命也朝夕难保。好容易栽培出来的畸形的成就还有什么高价可标呢？报纸告诉着我们：好多曾经得宠的专家学者的生活已经十分接近颜渊了。

但是在另一方面，也有少数"古干梅花"或是"八仙盆栽"式的专家学者不甘于过度十分清苦的生活还是千方百计讨得美国老板和本国显贵的喜欢。他们摆着身价十倍的架势，化很大的资本来结社办杂志，提倡一种似中立而非中立的所谓"自由主义"的学风。那本质怎么样呢？我们只要从主张节制生育这一点，就可以揭穿真面目了。节制生育的强调就是对下一世代的人间爱的缺乏。缺乏了这种爱的学风，一定就是戕贼天性的学风，也就是"妖形妖势""油腔滑调"的旧学风。

206

我们为新中国的前途着想必须从这种戕贼天性的旧学风的毒害之下来拯救孩子们。首先要从人类爱的动机出发，承认世界上每一个孩子的存在都有空间的时间的和先天的特殊条件，决不是第二个人所可代替的。他们个个都有着对国家对世界的民主的一份权利，都应当是未来的专家学者。而且还须知道，人在孩子时代有着成年以后所不及的几种特点，就是天真的好奇心，丰富的想像力和锐敏的记忆力，这几点恰正是人类在征服自然的过程中间求进步的努力的基本条件。科学上任何一种伟大的发明，第一步需要好奇心来引起命题，第二步需要充分的记忆力和想像力来作多种多样的假定。

因此，成年人一方面教育孩子们，一方面也应当虚心接受孩子们的教育。郭沫若先生给我们讲过一个故事："陶行知先生有一首诗，是接受了一个小学生的意见，改了一个字，才觉更满意了。"要救救孩子，陶先生的方法显然是正确的。

《青年知识》第 32 期，1948 年 4 月 1 日

五四运动三十年

　　我在学生时代经历过五四运动的高潮。回想当年那一种轰轰烈烈的群众爱国情绪真使每一个天真纯洁的青年陡然涌上了"天不怕地不怕"的非常的勇气。这一股勇气实际上对于中国现代革命有着极其重要的贡献。我们这个老大贫弱的国家好比一个生着重病的病人。那病根是什么呢？就是一重重衙门和旧礼教经典所象征的封建主义，以及外国兵舰和洋行所象征的帝国主义。衙门有枪杆子守卫着，是不好惹的。旧礼教根于全社会的风俗习惯，是难以动摇的。至于外国的兵舰和洋行，大都代表着一等强大的工业国家的力量，更是何等的威风呵！没有什么准备，敢于向这些权威挑战是无可想像的。然而赤手空拳不识世故的孩子们居然向它们挑战起来！结果衙门烧了，洋行里的东洋货烧了！卖国的二十一条失效了！四书五经里的旧礼教思想被清算了！外国兵舰的威风减退了！中国独立解放的民主革命变成全民族内心的要求了！

此后的内忧外患虽也还有增无减，但病根终究摸清楚了。学生青年的爱国精神已经发生了反帝反封建的抗毒作用。这个"东亚病夫"已经有了起色。最明显的证据是民族工业渐渐儿抬头了。

五四时代念书的孩子们有着比现今不知好几多倍的学校环境。通行的主要是白晃晃的银圆，藏在箱底里不会无形损失的。包饭是三五元一个月，餐餐有鱼有肉了。学校的设备总是年年好起来，不够格的老师不容易站住脚。特务是绝对没有的。孩子们在那儿不管外边的事情，专心多读一些书，在知识方面是可以多得些进益的。然而在北洋军阀的反动统治之下，他们的爱国精神本能地激发起来，却不耐烦读书了。他们隐约地感觉到，读书中什么用呢？卖国政府再统治下去，日后即使毕了业，除了做亡国奴还有什么出路么？他们这才丢开了书本，跑到街头去做政治宣传了。

当然，就局部的细节来说，五四学生运动不是没有幼稚可笑的地方。而且当时的学生领袖有几个后来转变为新汉奸和反动分子，参加卖国的新阴谋了。然而就全体来说，这么一个全国规模的学生运动，实在是完尽了反帝反封建的最初步的历史任务，发放着无限的光辉的。

在近三十年中间，中国学生青年的爱国运动一贯地继承着五四的传统，每逢帝国主义和封建主义的势力勾结起来造成一个新的危机的时候，总有一次壮烈的学潮起来，在表现上和五四时代不同的一点，就是更多的流血，更艰苦的斗争。在反动的新军阀统治之下，多少纯洁的青年为了爱国的呼号，一一的被抓去，被弄死了！谁做最残忍的凶手，谁就升官特别快！而且学校里的管制比专制家庭还要厉害些，学生的书籍和信件都受着检查，丝毫的自由空气都被窒息了。爱国的学生青年对于这么一种精神的桎梏和迫害是不能长久忍受下去的。自然而然，时机一到风潮就爆发了。

抗战时期，各地的青年尽管不满于政治的腐化和思想的钳制，但在一致对外的要求之下，把希望寄托于军事的胜利和世局的改观。一切忍受了再说罢。风潮的发生是比较少的。然而日本一投降，全面的内战接着爆发起来。美帝国主义接替了日帝国主义，和封建势力联合着，加紧来压迫中国人民。同时对付学生青年的手段也就变本加厉。全国人民痛恨着这种残民以逞的统治，从心底要求真正的民主了。于是学生运动重复涌起了高潮，成为全国民主斗争的重要的一环。

现在学生青年的处境是空前惨苦的。全面的经济破产使学生们走上了饥饿线。随着三征政策的厉行和国币实值的减跌，民族工商业受到了劫夺和摧残，一般老百姓只有瘦下去。孩子们从家里拿了预算够用半年的钱进学校，因为恶性的通货膨胀，不到三个月，钱就全光了。吃饭成了问题，家里寄不出钱来。教师们呢？定额的国币薪水，因为物价往上跳，也就渐渐不够买柴米了。教的和被教的，双方都饿着肚子，上得成课么？

最近全国学生运动提出了"反饥饿""反迫害"的口号，似乎和五四学生运动的那些爱国口号有着很大的分别罢。前者为的是切身的校内问题，后者为的是全国的政治问题。其实本质上是没有什么两样的。切身问题和全国政治问题密切地联系着。贪污腐化的统治继续下去，学生青年是不能免于饥饿和迫害的。唯一的解决就是民主力量的胜利。

从五四以来，这三十年间，中国人民对于民主的要求是愈来愈迫切的。过去的不民主不曾使学生饿过饭，现在的不但使他饿了饭，而且还要深夜飞弹打死睡在床上的他了！

在这样的形势之下，谁阻止得住当今学生运动的高潮呢？

《青年知识》第 33 期，1947 年 5 月 1

在世界和平的大旗之下

前一晌，我看过苏联的电影《青春之光》。那么一种新世代的十分雄壮的集体力量的表现，那么一种新世代的无限幸福的社会生活的表现，使我一时间忘掉了大战所遗留的世界的疮痍，使我从黯淡的旧社会生活观念中间醒悟起来。我看到世界和平的光明的前景了。

全世界的青年们从心底祷祝着世界和平。凡是有着一点人性的青年总是不愿意给战争贩子去当炮灰的。事实上，各国进步的青年们全都集合在世界和平的大旗下面，对挑拨战争的奴隶主们作坚决的斗争了。苏联的青年是担任着保卫世界和平的前卫的，在青年节所显示的精神力量就那样的不可战胜，那么世界和平的实现难道还会太远么？

然而，我们也不能忽略，我们这一个这么雄厚，而生产这么落后的国家现在正是世界和平的死敌勾心斗角的焦点。中国青年的斗争条件是无比地艰苦的。法西斯式的集中营和刑具已经摆在那儿，随时对付赤手空拳的青年们了。还有一些任意颁布的军事法令使军人们不但有权把壮丁们像蟹似的一串串绑去送死，而且有权随时随地格杀勿论。

广东深圳边界的军队，凭着格杀勿论的特权，甚至把新界上水华山村四个十来岁的小学生，在田野上捉蚱蜢玩的时候，当作"红小鬼"抓起来，屈打成招枪毙了。这一虐杀儿童的血腥行为，所造成的不仅是四个家庭的惨剧，而且是人民大众心头更普遍更坚决的反抗的意志。

在全国漫天遍地的战火中间，各地的学生青年风起云涌地作着无畏的求生斗争，"反饥饿""反迫害"的呼声喊得震天价响了。

什么使今日的中国青年涌起了这种无畏的精神呢？我想，不妨说，就是他们对于世界和平的愿望和信心。

中国的新世代经过了革命的锻炼，在世界观的思想意识上，比旧世代有着显著的突进了。旧世代承袭了几千年来封建专制的思想意识，往往具有一种根深蒂固的道德观念，叫做"修身"。古圣贤有一句教条是："身修而后家齐，家齐而后国治，国治而后天下平。"过去士大夫对于青年子弟的教育是把家庭的单位作为中心的，叫青年们首先做一个家庭里的好人，学习处世的礼貌，不要过问国家的大事，更其不要过问世界的局势，因为那些大的方面有当代的达官贵人负着责任，孩子们是没有资格来理解的。国治和天下平固然是人类社会有史以来一贯的理想，但是这要慢慢的来，依照古圣贤的逻辑，在青年时代只要做到"身修"的地步就尽够了。我记得自己在民初时代的小学校里就曾经念过"修身"一科，其中所学到的就是"孝悌也者其为人之本欤""有事弟子服其劳"之类的家庭教条，以及一般处世的社会道德。后来国民党所倡导的新生活运动，其实和民初时代修身教科书里的精神一脉相承，毫无新奇之处的。这一种以"修身齐家"为中心的青年道德教育，显然是完全落空，因为在"国不治"的前提之下，所谓"修身齐家"的提倡，走向荣华富贵的目标去，实在也就是贪污政治的张本。

"五四"以后，教育界人士感觉到"修身"这个名目的不妥了。我们既然是民国，每一个青年是应当首先认识作为公民的权利和义务的。小学课程上也就有了"公民"这一科。可是"好话说尽坏事做尽"的政治现实却使青年们对于公民的权利和义务，永远认识不清楚。"公民"这才成为每个小学生最头痛的一科了。

尽管如此，我想，从"修身"到"公民"，不能不说是思想意识上的一大进步。"公民"代替了"修身"这一件事说明着，近年的教育界人士已经公认，只有在"国治"的前提之下，才谈得到理想的"齐家"和"修身"了。

现在我要再追问一句："在今日的中国，'国治'的前提是什么呢？"我想，帝国主义的战争危机存在一天，任何一国是一天不能免于动乱的。在中国尤其是如此。为了"国治"，首先应当尽力于这种战争危机的消灭，也就是说尽力于世界和平。

古圣贤的教条颠倒过来的时候是到了。我们尽可以说，"天下平而后国治，国治而后家齐，家齐而后身修"。从《青年之光》，我们不是看到了身修的极致了么？

秋季始业

　　一般求学的青年们是在这一收获的季节开始了学业或是学年的。他们在现在是社会的消费者，在未来应当做新社会的建设者。

　　作为消费者，每一求学的青年必须感恩于这一季节。如果父兄是农民，是地主，求学的费用直接依赖于秋收不消说。即使父兄是工商业者，求学的费用也间接有关于秋收。要知道工商业的存在寄托于社会的购买力。这购买力九九归原可不是出于秋收的么？

　　然而在今日的世界，我国的工业和农业还是幼稚落后到可怜的程度。如果我们不努力来摆脱半封建半殖民地的双重桎梏，这也就是说，我们不努力使这社会发生根本的澈底变化，那么，我国老百姓只有在天灾人祸的交织中间穷下去，苦下去。秋收的数量固然只会减，不会增。而且在对外贸易中间，运出去的是廉价的农产品，换进来的是高价的工业品。由于这样的社会经济条件青年们的求学显然也愈来愈难了。

因此，作为未来的新社会的建设者，每一求学的青年必须认识清楚中国社会的现实，和中国人民争取民主独立的斗争密切地联系起来。

在学校里求学，如果缺少了以上的两项认识，一味为的是文凭，那么，混完了毕业，一定是一个糊涂虫，在未来不配做新社会的建设者。

世界动着变着。中国的社会也动着变着。每个求学的青年都是这动着变着的社会的一份子。如果在意识上自以为无关于这动和变，把社会看得老是这么样的，那么，他对于一切学问一定不会发生浓厚的兴趣。因为眼看多少的学者专家过着潦倒的生活呵！只有用吹拍功夫替代了真学识的人们才是洋洋得意！从社会老是这么样来着想，在学校里骗到一张文凭岂不是尽够了么？把功课学得透钻得深还不是前途茫茫？

然而学校究竟不是为发给文凭而开设的。学校教育的真正目的是造就新社会的建设人才。要建设新社会，非把近代科学的知识技能学得透、钻得深不可，单靠资格的证件，和世故的应酬是无济于事的。在学校的短短的几年里，要把近代科学的知识技能，学得透，钻得深也许是不可能的事罢。但是常言道活到老，学到老，学问是无尽的；只要在学校里对于自己所选定的知识部门养成了深挚的兴趣和习惯，也就渐渐地可以学得透、钻得深了。

今日的中等学校有着太过繁重的课程。什么科目似乎都是不可偏废的。有的学生尽管特别喜爱其中的某几种，开始由于其他科目的牵制，腾不出时间来多下些功夫，终于对这种科目的兴趣也淡薄下去。有的学生顺着自己的兴趣，单只对于那几种特别喜爱的科目，起劲地用功，却把其他的科目丢在一边，于是落到考试不及格，甚而至于留级了。前一类的学生求博，后一类的学生则求精。当今的教育制度显然鼓励着前一类。

近代科学知识的各部门互相关联着。数学是理性的最基本的训练。社会科学和自然科学也必须相互参照，才可以融会贯通。普通中学所供给的是近代科学各部门的常识。要升入大学作专门的研究，非有各部门常识的根底不可。把中学作为升大学的阶梯来看，求博不求精的原则似乎也是合理的。

问题是中学毕业生，除了少数的例外，是没有机会升大学，必须进社会就业准备做新社会建设人才的。日后的职业所要求的可就是特长了。如果对于任何方面，都只不过一知半解，没有充分的把握，那么，踏进社会去当然不容易发展的。

当今的教育家应当对这个问题作一番透彻的考虑。要知道，在学的青年是纯粹的消费者。在这社会经济剧烈变动的时代，他往往是他的家庭的沉重的负担。因此大多数中学生是读不到毕业的。这毕业生中间，也只极少数才有升入大学的机缘。教育的实际负责者，必须给大多数学生的前途想一想，不要在教育方针上，单从能够读到毕业，能够升大学的少数幸运的学生着眼，严格地要求每个学生在一切科目上有平均的发展。因为平均的发展原则对于不升入大学或是中途辍学的学生是不利的。

比如一个学生在学校念完了一两年，因家庭经济的关系，不得不退学了。如果这个学校能够鼓励他的个性的发展，做老师的看出他在某种学科方面的兴趣和才智来，能够在课本的范围之外，给他多多地指示这一方面的学习门径，解答一些所提出的疑难问题，那么，他即使在学校里所接受的知识不够完整，出校以后，对于这特殊的方面，还是保持着兴趣，摸得通学习的门径；这一两年的在学时间并不是白费的。可是平均的发展原则，却使他不得不把有限的时间机械地分配于一切科目的学习。为了要争取考试的分数，他忙于应付日常的课本，没有机会在特别喜爱的方面，扩大学习的兴趣。辍学以后，他一定完全失望，因为什么科目都没有学到头，就都没有学习下去的勇气了。

在这种原则的暗示之下，在学的青年们往往以为这是一个两难的问题：依照自己的兴趣，是愿意多看一些课外的参考书的，但是学校里的课程这样的繁重，只有专心致志在课本范围内用功，才应付的了。其实，课本范围里的知识好比离开了水的鱼，总是死气沉沉的。单看厨房里的一条鱼，你不会懂得这鱼在水里怎样游？单只钻在课本范围里来用功，一定也不会明白其中的知识可以怎样活用。一般的课本列举着一连串的事实，学名，和定理之类。单把这些呆板枯燥的知识硬记在脑里，如果你不凭自己的生活经验来体验，用课外的知识来活用这些知识，你一定不会知道怎样来活用这些知识。过了多少时候，就连那些硬记住的也会忘记的。我想，在学习过程上，对于基本问题的探究的热忱，比记忆的努力，更显得重要。如果有了这样的热忱，那么，要记住一些相关的事实，学名定理之类，也就事半功倍了。譬如，光和热是物理学上的基本问题，随时随地和我们日常生活的经验有着接触。我们以日常生活的接触上引起对于光和热的问题探究到底的热忱来，那么，相关的一些学名和定理自然而然容易记住了。如果没有以日常生活的经验来体验，单只捧住书本来硬记文句，就是记熟了，日后又有什么大用处呢？

社会的现象和自然的现象都是非常复杂的。追求着现代知识的学生青年应当在这等复杂性中间提出问题来，凭自己从学校所得到的一点半点的知识来探究，从而求出满意的解答来。弄不明白的时候，问问老师，看看课外的参考书。要知道任何课本，由于篇幅的限制，对于任何问题，都是解释得不够详尽不够明白的，非用课外参考书来补充不可。

这是正确的求知的态度。每一个准备做新社会的建设者的青年首先应当培养这样的态度。

《青年知识》第 37 期，1948 年 9 月 1 日

对苦难搏斗

我们幸而生在全世界人民力量正在积极扩张的二十世纪，虽然身受了两次世界大战的惨祸，但也亲见到杀人不眨眼的穷凶极恶的法西斯巨魁希特勒和墨索里尼终于倒下去。而响应他们的日本法西斯军阀也终于垮台了。今日，在西班牙，在阿根廷，在好多国家的内部，固然还有法西斯党徒的实际势力明明暗暗残存着。但是，由于全世界人民力量空前的强大，我相信他们的挣扎无非是最后的挣扎罢了。

我们不幸而生长在半封建半殖民地性还没有完全消除的中国。在对日抗战胜利之后，我们还备尝着内战的辛酸滋味。在蒋主席宣布了四项诺言之后，我们还是得不到言论自由和人权的保障。在"五四"，在"六五"，广州的特务机关公然发动"白色恐怖"的暴行，要使一切民主性质的刊物，不能合法地存在。显然，全国的民主高潮所遭受的这种阻遏，正是中国根深蒂固的半封建半殖民地性的作怪。我们的前面还有种种的苦难等我们来克服。

我们对于中国和全世界的民主和平的光明的前途是具有充分的信心的，但是我们也不能不承认我们还须继续不懈地对当前的苦难搏斗。就近的来说，我们应当在战后普遍的经济恐慌中间，努力来求谋一身和一家的生活的维持。就远的来说，我们应当在全国和全世界政治经济军事社会各方面种种矛盾复杂的势力的激荡中间，认清中国和世界的永久和平的正确路线，为了我们后续的新世代的福利，尽我们的力量来开拓它。这两种努力不是相反却是相成的。因为今日工商业普遍的萧条造成了饥饿失业和社会的不安定状态，这是使我们每一个人，无论有产者和无产者都无法就一身一家的生活作孤立的考虑的。但是我们应当明白：作为国家和社会的个别单位的每一个自我都是天赋着创造世界的能力的"人"，而每一个自我都是互相依赖的。任何一件物品，都出于许多人的集体制造。譬如说，这本小小的杂志罢，从造纸造油墨起，到装订好拿到书店发卖为止，不知包含着多少万人的劳动力呵！我们认清楚了"人"的创造性和互相倚赖性，便知道尊重作为一个"人"的自己，也知道尊重作为一个"人"的别人。当前的现象是工商业普遍的萧条。萧条的意义就是绝大多数人民贫穷到没有钱来买他们所想望的商品，而绝大多数人民所以那么贫穷，则是因为绝少数的特权阶级不尊重作为国家主人的人民而把国家认为私有。这一阶级掌握了军事政治经济的命脉，好比三位一体的万能上帝。但它究竟不过是半封建半殖民地性的偶像，它一贯地压榨人民，造成满目萧条的今日的景象。真正的上帝却与我们人民同在。他用苦难启迪着我们：只有用全力来排除这苦难，才能生活下去。我们已经在对外战争中间，联合了盟国人民的力量，把德义日帝国主义所造成的世界的苦难，排除了大部分了。但是现在，苦难分明还有不少残存着，我们要搏斗下去。

那么我们怎来搏斗呢？前面说过，我们首先应当尊重自己，认定自己是国家主人的一分子，世界创造者的一分子，同时又必须尊重任何别人，认定他们也如此，而世界创造事业是依赖于全人类的相互合作的。这一点认识所以十分重要，因为我们必须具有自尊心理和相互尊重的心理，才能够摆脱五千年来中国专制政治所养成的臣妾习癖，发生摧毁半封建半殖民性的残垒的力量。其次，我们应当以建设为荣，以破坏为耻；以生产为荣，以寄生为耻。在这里我得来一个说明，这所谓建设指的是真正福国利民的有计划性的建设，也就是为和平的建设，并不指一味装璜门面给少数人夸功的劳民伤财的建设。这所谓破坏指的是损人不利己的一切破坏，并不是革命性的破坏。这所谓生产是为和平的生产不是为战争的生产；这所谓寄生是从全社会的意义来判定的，指的是不事生产而一味享乐的人们并不指一般在现社会制度压迫之下得不到生产机会的失业职工和家庭妇女。我们有了这样的荣辱之辨，才能够打破"劳心者治人，劳力者治于人"这一种最要不得的传统观念。知识分子下乡种田，穿西装的赤膊做工，也就不是耻辱而是光荣的事了。就个人来说，这一来可以扩展生活的境界，就社会来说，工农业也可以有改善的生机。第三，我们应当用冷静的头脑来研究现社会中间各种矛盾复杂的势力的变化，随时随地采取适合时宜的方法，坚韧的精神一点一滴地来争取人民大众的福利。要知道在当前战争与和平的过渡期间，我们一身一家的福利是寄托于人民大众的福利的。为人民大众争到了多少福利，也就是为一身一家争到了多少福利。

我相信当前的全国和平和世界和平一定会从全国人民和全世界人民的不断努力而得救。人民一定不能容许自身所创造的世界给希特勒第二或墨索里尼第二再来毁灭一次。法西斯主义的罪恶在全世界人民的脑海里是够深刻了。死灰复燃而蔓延为第三次世界大战，也许是有些黩武主义者的企图罢。但是我想，全世界人民的力量已经使这种可能性缩得很小很小了。当然，苦难在我们眼前，我们不能一味乐观，还得小心警戒着才好。我们知道墨索里尼和希特勒和日本军阀是驾着世界经济恐慌的战车上台的。他们用战争手段克服不了这恐慌已经明明白白了。现在同样的恐慌威胁着我们，在半封建半殖民地的中国，这威胁尤其是显得严重。为了一身一家的生活，同时也为了中国和世界的永久和平，我们必须提高自己对于个人创造性和人与人间相互倚赖性的信心，坚定不懈地对当前的苦难搏斗。我们相信胜利一定是属于我们人民的。

《青年知识》新二号

黄金、武力和正义感

在第一次世界大战的直后，我还是小孩子，从老辈的谈论上听得，黄金的价格跌到空前的低了，十八个袁头（铸有袁世凯头部像的一圆国币）兑得到一两重的金饰。进口的外国货愈来愈便宜，我的一些在上海做洋货生意的亲戚们大都破产了，据说这是和黄金跌价有关的。

后来，我从新闻杂志及新书的阅读上——并不是从学校的功课上——渐渐地体会到那一次黄金暴跌的主要原因是在俄国退出了帝国主义战争。俄国的社会主义革命成功了，作为国际自由贸易的筹码的黄金的势力打不进俄国去，于是黄金在国际市场的价格大大地减低了。

其后是德意日的法西斯势力抬头的时期。在那些国家，金本位废止了，军需工业发展起来。法西斯统治者们充实了组织了武力，而用统制经济的手段把黄金集中起来，向国外吸收军需的原料。于是自然而然地从局部的侵略行动爆发了第二次世界大战。全世界遭受了空前惨酷的灾难，那些法西斯国家的坚强的武力终于在全世界人民的愤怒之下解体了。

第一次世界大战的特点是黄金的幻灭。第二次世界大战的特点是武力的幻灭。现在全世界的有识者们都不得不承认：只有正义感才能够保卫世界和平。

自从人类有历史以来，人们是一贯地追求着自身的生活所寄托的国家社会的富强的。黄金和武力就是富强的象征。但是世界经过了近代的工业革命，在一方面，人们对于自身的生产能力的信心大大地提高起来。一个工人管理十来部纺纱机，几千个工人在一天中间使一堆破铜烂铁变出簇新的汽车来。这些过去的理想现今已经实现了。在另一方面，机械力代替人力的科学文明使生产落后的国家的经济生活迅速地恶化下去。于是任何国家任何民族的有识者们渐渐明白，本国和本民族的人们如果不加紧团结，力求科学文明的进步，那就要在世界上失掉了本身存在的地步。这一种团结的力量分成了两个范畴。第一个是孙中山、列宁和罗斯福所代表的新的民主的范畴，以正义感为团结的中心，而以世界和平作奋斗的目标。第二个是墨索里尼、希特勒和日本军阀所代表的旧的专制的范畴，以武力为团结的中心，而以世界侵略作奋斗的目标。现在德意日三大强国的人民领受到战败的教训了。他们的武力不能说不坚强，他们所以战败，就因为他们离开了正义感。

正义感似乎是比黄金和武力远更抽象，远更不容易捉摸的东西罢。其实，我把这三者对比起来，是有充分的理由的。黄金是财富的尺度，它的价格的上下依赖于人心。在老百姓吃草根树皮的乡村，黄金的价格就低到极度。武力是用以维持那些保障社会经济生活的法律秩序的。它那对于法律秩序的维持的程度也因社会的人心而发生变化。在社会经济生活极度不安的时候，武力的功效就极薄弱了。至于正义感则永久地存在于人心中间。只有它才最有效地保障着社会的经济生活的安定。譬如说，抢劫和偷盗的行为是违反正义感的。绝大多数的穷人除非到了生活的绝境，不肯抢劫或是偷盗富人的财物。这就是正义感的力量。黄金、武力和正义感对于社会经济生活的关系，就好的方面来看，有着类似的性质，而且这三者都是通过了社会的人心显出功效来的。

因为社会经济生活是政治的基础，所以无论国内和国际的政治问题上一切纠纷和争执都发生于通过人心的上述三种力量的激荡。但是，毫无疑问，正义感的力量经过了两次世界大战，是愈来愈强大了。黄金和武力必须绝对地服从于正义感，社会的经济生活才会安定起来，政治才会走上轨道，而全世界所渴望的世界和平才会真正实现。要不然，黄金和武力只有助长经济和政治的混乱罢了。

我们应当指出：在今日的中国，黄金和武力还是没有和正义感结合在一起。掌握政权的人们，与其说信任正义感，不如说信任黄金和武力，我们的国家银行施行了黄金政策，使穷乡僻壤仅存的民间黄金源源不绝流到都市来。在全国第一都市的上海，地主们变成黄金迷了，出租房屋动辄要索大小金条的顶费。那些黄金一转眼变成了从英美进口的大量消费品，供给富人们尽情的享用。但是内地愈来愈穷困，也就使全国工商业萧条到不堪设想了。这是黄金在中国所造成的祸害。在武力方面，我们的政府不但没有切实地进行战后复员，而且在各地继续征粮募兵，向国外继续购买军用物资，显得正在作武力统一的打算。但是单单这一种打算就尽够嚷坏人民了，人民经受了八年抗战的苦难，怎么再经得起内战的流血呢？中国的人民，在故孙中山先生英明的领导之下，早已认清楚政治统一的大路了。没有这一种认识，我们的抗战会得到胜利么？中国政治统一的大路就是用和平方式来完成民主宪政；而全民抗战的胜利就显得中国民主政治的时机已经成熟了。诉于武力只有使中国重陷于分裂罢了。

国民党和共产党两大对峙的武力，虽然经过了历次的协议，还是没有真正休战。这显然由于两大武力的敌对的惯性，使正义感和武力脱离了。但我相信在全国和全世界的人心上永久存在着的正义感力量终究是高于一切的。这力量已经迫使国共两党的代表们在和平民主团结作为目标的几种历史的文件上签了字，这同样的力量一定会使双方的武力严格地遵守那些文字，从而把中国政治引导到孙中山先生所昭示的民主的正轨的。

无可否认，在中国在世界；当前的时期正是从战争转到和平的一个混乱而暧昧的过渡期。黄金和武力的传统的威势似乎还到处发挥着威胁的作用。凡是正义感丰富的人们在生活上都遭受着明明暗暗的迫害。但是从战后世界局势的演变看来，黄金和武力在政治上所起的作用，比起正义感来，终究愈来愈减弱下去。落后的伊朗没有接受石油老板的命令，使英美代表在联合国会议碰了一鼻子灰，而且和平地解决了国内的纠纷，请列强此后无须再照顾它的国事。法意两国的选举结果也都显示了民主势力的强盛，国内财阀军人势力的相对的削弱。在最近巴黎外长会议席上，各国道义的调子高起来，而原子弹外交的调子却下低去了。这说明着：在战后的世界，离开了正义感，就是代表着划时代的原子弹武力的话也是喊不响亮的。

　　但是作为生在今日的中国的一个小国民，我和你怎样来过渡这一个又混乱又暧昧的过渡期间呢？有些深通世故的自命稳健的聪明人士几次三番劝告过我们：糊里糊涂把日子混过去算了罢；不要把你的正义感暴露出来，免得遭忌受苦罢。简括起来就是一句话，避开政治。作为处世的方法来看，避开政治就是对政治现状的容忍，在有些场合，容忍是必要的。但我们要知道，人是政治的动物，远在两千三百年前，希腊大哲学家亚里士多德就说过这句话了。人的生活决不能离开政治。衣食住行每一项都是和政治密切相关的。我们对于政治的现状固然可以有若干时期的容忍。但是当政治完全离开了正义感，听受黄金和武力的盲目的支配的时候，我们就无法容忍下去了。否则我们的命运就会同被带到屠场去的猪羊差不了多少的。"人之异于禽兽者几希"，我们和猪羊不同之点就在我们先天地具有政治意识，我们都要自己来决定自己的命运。

《青年知识》新三号

知识分子的生活问题

　　我们受过一些近代教育的所谓知识分子今日面对着一个无情的事实，就是：生活的无能，有名的大学教授为了要养活家小，只得摆地摊把箱箧里的旧衣服卖掉。有名的作家到了上海找不着一个甚至小小的房间来居住。有名的工程师得不到工作机会，流浪在异乡做贩卖香烟水果的小贩。这些都是我所亲眼看见亲耳听到的事实。中国是胜利了。在建国大业中间，知识分子应当是国家最需要的基干。然而知识分子的处境却十分可怜。因为今日贪官污吏的势力到处横行。那些凭借巧取豪夺的手段获得高位的官僚不但包办了一切公共事业，而且明明暗暗控制了民间的一些大企业。他们以自私为目的，也就不喜欢用人才而只喜欢用奴才。他们所包办的事业大都是搅不好的。但是搅不好也不要紧，官官相护不会受处分，反正损失的是公家的民脂民膏。善良的知识分子当然也有在他们手上做过工作的。但是往往他们只不过凭天良出了些曲突徙薪的主意，就有横祸飞到身上来了。他们是不可能和那些贪污分子合作下去的。再则，今日中国的执政当局显然一意要用武力来维护一党政权，有限的国库无限地供应着军事的消耗。谁限制得住国家银行所发放的信用的数额呢？因此，胜利之后，人人日常必需的米的价格比战前涨到至少一万倍了。其他的生活必需品当然也跟着高涨。现在，直接生产的工人和农民，因为政府征购征实的缘故，弄得多数挨饿了。知识分子是间接帮助生产的，在这通货恶性膨胀的时代，如果没有工作，当然也很容易碰到挨饿的命运。

靠着派系的势力，靠着祖上的遗产，有些知识分子固然在今日也还不至于为生活发愁。但是知识分子在社会上却都具有着共同的特征，就是：他们的精神生活比物质生活更重要。如果环境不能容许他自由自在地发展其天赋的才智，不能容许他做那些有益于社会的工作，那么，就是袋里有了很多的钱，他也会觉得生活十分空虚的。

因此，不论有钱和无钱，中国的知识分子在这内战阴云密布的今日，总都不能不发出一声长叹：这一脑袋的近代知识中什么用呢？

近代知识果真不中用么？住在这个繁华的都市上的我们日常所接触到的新颖物品，那一种不是靠近代的知识技术制造出来的呢？我们不能不承认：近代知识是有用的，甚至对于生活手段也如此。你想想林林总总胼手胝足的穷苦老百姓看，他们的生活无疑的比我们更苦。所以更苦，就因为他们缺乏近代知识。但是他们胼手胝足，给商店推板车，提筐子做小贩，用劳动力换来的钱维持一人一家的苦生活，却都觉得心安理得。至于知识分子呢，教书，写作，研究科学技术，干艺术事业，一向觉得理想和现实生活的苦闷。他们的精神生活的要求是永远得不到满足的。在物质生活安定的时期，这一种不满足的心情是促进文化进步的刺戟素。但在空前的经济恐慌的今日，这只足以加深知识分子本身的不幸。

如果知识分子放弃本身的抱负，仅仅为维持生活而去做商人或是劳动者，那么凭着一点儿近代知识，他还是可以在劳动力和商品的可怜的市场竞争上占些优势，来弥补经验和体力的欠缺的。但这显然是穷途末路。他误用他生平所接受的近代知识了。他应当尽可能地不放弃本身的天职，在文化圈内奋斗下去。

奋斗下去是一个空洞的原则。旧知识分子的生理要求是必须解决本身衣食住行的问题。这基本的生活问题，在今日洁身自好的知识分子是不容易解决的。于是他们痛感到生活的无能了。

然而我们仔细来检查一下。这生活的无能是有一些内在和外在的原因的。第一，知识分子在落后的中国，原只占有极小的百分比。他们娇生惯养，讲求物质文明的享受。他们有着一个通病，就是太过看重自身对社会的贡献，从而觉得从社会多得到些享受是十分应该的。在全社会中间，他们传统地形成了特殊阶级。当前中国的专政当局显然企图控制这一阶级。凡是具有自由意志明白事理的知识分子，当局一律不管你承认不承认，给你归入反对派系的门类，用枪杆子的威力来胁迫你。胜利以来，文化圈内的一切事业，大部分落到官僚的掌握了。剩留下来和战后新办的民间事业，为了安全也不敢引用那些给官方着了色的知识分子。当然你的生活就不容易有办法了。第二，知识分子的任务，原在促进社会的进步，但是战后的中国，发生了内战的危机，和平建国纲领刚定下来就被搁置了。人民经过八年的抗战，还是得不到喘息的机会。全国的生产事业，因为经济不稳定的缘故，一个个垮下去。饥饿与失业的恐慌愈来愈普遍了。都市的工商业的特征是萧条，乡村的农业的特征是生产减少。一切显然在退步。知识分子的生活，依赖于进步的建设，而进步的建设的首要条件是国内和平。国内一天没有和平，知识分子就一天没有生活的保障。

就此看来，知识分子的生活无能，不是知识分子本身的问题，实在是全社会的问题。如果就个别来考虑。他穷，"文不像誊录手，武不像救火兵"，似乎可以说生活无能。但是知识分子如果大家在和平民主的共同目标之下，密切地团结起来，利用各人宝贵的时间和精力，有计划地来干切实有效的工作，就各人的生活作集团的考虑和安排，那么，我相信知识分子对社会所发生的力量，还是十分强大。而知识分子的生活也就可以迎刃而解了。

我们一向受过一盘散沙的讥诮的知识分子在这经济普遍恐慌的今日，为国家社会的利益，为自身的生活，都有加紧团结，加紧互助合作的必要。这理由上面已经说得很明白。其次，我们知识分子还应当极力戒除一切浮夸的气习，一面诚恳地把自己的近代知识传达给社会大众，一面虚心地向社会大众学习生活的经验，这才可以扩大社会的关系，避免本身在社会中间的孤立。我们对于一些落后的劳苦大众，怜悯是不够的，必须接近到痛痒相关的地步。事实上，今日有的大学教授的月薪及不到都市上有工会势力的一个码头工人每月的收入了。知识分子本人已经成了被怜悯的对象。但这种现象是不合理的一时一地的现象。就一般来说，大学教授的生活享受终究高出了码头工人，而且码头工人的辛苦和大学教授的舒泰显然也有着天壤之别。知识分子实在是从近代知识沾了光的。

世界的丰富的近代知识和中国伟大的劳动力结合起来，才可把落后的中国改造成真正幸福的近代强国。中国的知识分子就负荷着这一使命，但是中国政治没有走上和平民主的道路，这一使命就无法贯澈。明白了这一点，我们可以知道中国的知识分子的生活问题的解决，还是跟和平民主斗争分不开的。

《青年知识》新四号

知识分子当前的责任

　　这一次空前壮烈的对侵略国的抗战，不但为的是求中华民族真正的解放，还为的是求全世界的永久和平。在这样重大的意义之下，我们的抗战必然是长期的，全民的。而最后的胜利也必须用最大的血的代价来换得。现在我国在抗战中所遭受的生命上物质上的牺牲已经十分可惊了，此后当然还不免遭受巨大的牺牲。这一切的牺牲是光明灿烂的新时代诞生以前无可避免的阵痛，我全国国民必须以极大的勇气来熬受才是。

　　我们知识分子不消说是谁都明白这一层浅显的道理的，可是我们知识分子平时过惯了文绉绉的安静的生活，临到这血腥气的大时代，既然深憾着不会肩着枪上前线去杀敌，而且因为对于现代战争的惨酷性比较敏感的缘故，又不由得要顾虑一家的生计和安全，于是迷惘和怯弱的心理状态自然而然地流露出来，这似乎也是难怪的。然而我们却不能不猛省到这一种要不得的心理状态。倘不努力加以克复那是会落到一种非常有害的倾向的。

这就是忘掉了自己在这大时代所负的重大的使命，以为抗战只是政府和军人的责任跟自己没有干系。于是或则是隔岸观火的态度对抗战的局面作种种悲观的推测，不知不觉地养成汉奸的胚子，或则妄作不切时宜的政治主张徒然紊乱全国团结的阵线。

我们须知目前的抗战所需要的民众力量比军事力量还大，而在一般民众的文化水准低下的中国，知识分子就有着发动民众力量的极大的责任。现在有许多的知识分子似乎还抱着一种成见，以为虽在这严峻的抗战期间，各地的民众组织还是国民党一手包办着，党外的知识分子无从来积极参加。其实在这民族存亡的关头，党政当局同民众一样，显然只有唯一的目标，就是求抗战的最后胜利。而任何知识分子为抗战来担当民众工作，只要方法妥善，总可得到党政方面的赞许。

我们知识分子明白了自己在抗战中所负的重大责任。那么，要找适合看自己才力的工作做，实在并不是一件难事。关于战区方面可做的工作，说过的人已经很多了，我现在单就知识分子在内地可以担任的民众工作，来提示两点具体的办法：

第一，关于民众组织者。在抗战期间，各地基本的、民众组织必须在军政当局统一领导之下，才能发挥充分的力量。因此各地有才识的知识分子，只须积极参加现成的民众组织，协助原有主持人员来推动民众的抗战力量，不必存争取领导权的心理。现在各县的保甲制度，我认为是于抗战最有效益的民众组织的基础。只是因为乡镇长大都学识浅陋而国家观念缺乏的缘故，组织还不够健全。每县政治水准较高的知识分子应该集合起来，约同各乡镇长，就时势的需要，随时商讨充实保甲效能的办法，在本乡本镇分头推行。有许多于抗战有利于政令无背的事情，不必等政府的命令，就自动来做。如防空的设施、粮食的调剂、治安的维持、救国公债的募集、贫民的救济、户口的清查等等关系抗战前途的事情，乡镇所可做的很多。如果各地知识分子能够在这方面贡献才力，我想保甲制度一定会成为抗战的极大助力的。

第二，关于宣传工作者。现在全面抗战的局面展开以后各地交通机关异常阻滞，内地民众所关心的多半是在战争的祸害方面。而对于暴敌的侵略事实和抗战的意义却是没有明白了解的居多，这就需要着各地的知识分子来做广泛的宣传工作。或则组织讲演队，或则举办民众学校，或则分发宣传品，务使到处的民众涌起了痛恨暴敌的情绪，而下"宁死不做亡国奴"的决心。

以上两项工作看来十分平凡，可是对于抗战的前途却有着切实的效益，是值得各地一般的知识分子来埋头苦干的。至于受过高等的军事训练的参加训练壮丁义明队，有着特殊的科学技能的设计创立小规模的国防工业，那当然是于抗战更有直接的意义的工作了。

我以为当前迷惘的知识分子只要积极地投到全民抗战的阵营里去，原有的弱点是不难克服的。因为知识分子澈底体认了自己跟在前线冲锋陷阵的英勇的健儿是一体，就会觉得在这大时代中就是吃流弹而死也未尝不是值得骄傲的事情，每当看到战区难民流离失所的惨况就会觉得在这时代以一碗冷饭一撮咸菜来当一餐，以一件破棉袄来过冬，都未尝不可以满意的。

《抗战半月刊》第一二号

不死的凤凰

鲁迅先生的十一年祭又到了。如果关于舍利的神话是有几分可信的，那么，埋在上海虹桥公墓的他的骨，一定是已经变成舍利了罢。因为他的智慧，他的精神正是大中国的深重的苦难的救星。我们尽可以说他没有死。他一径活着。活在一切为天下后世的人类福利奋斗着的中国知识分子的心头，活着一切为民族解放事业奋斗着的中国知识分子的心头。他活着，活着，要永远地活下去。

中国知识分子是有悠久的历史的。几千年来，一贯地钻在古圣贤的经典和贵族化的文学中间兜着圈子，也就进步得比牛步还慢。到本世纪，中国革命十分自然地变成了世界革命的一环，中国知识分子，就全体来说，被命定着走上一条新的光明的道路去。是谁开拓了这条道路呢？也许想得出好多的名字来罢。但是最切实，最正确，因而也最伟大的先驱者是谁呢？众口一辞，那就是鲁迅先生。

我们可以说鲁迅先生是使中国文化起了空前的蜕变的第

一人；是使中国文化跳上了近代世界文化的高度水准的第一人；是唤起了中国知识分子对人民大众对后一世代的热爱的第一人；是在空前黑暗空前艰苦的时代给中国知识分子指示了正确的努力方向的第一人。

鲁迅先生的创作，翻译，文艺批评，社会批评和历史，见解，毫无疑问，都是四十年来中国知识分子的文学工作和思想工作的至高的模范。

鲁迅先生是受了完全的科学医术的教育的。他把医术发挥到了最高点。他不像一般名医生那样一辈子仅仅救治了几万个智愚贤不肖的肉体的疾病。他用语言文字制成了中国民族的精神抗毒素，救治了全民族普遍的麻痹症，使每一个受治者发生了无限的信心无限的勇气。比起细菌发明者巴士德来，鲁迅先生的伟大并不差些。

鲁迅先生是有最深刻的思想的，在一般人简直全不关心的平凡细小到极点的社会现象和自然现象中间，他往往发掘出一种通达到宇宙的永久真理的法则来。比一比从苹果坠地悟道的大科学家牛顿，鲁迅先生的伟大也并不差些。

鲁迅先生是做着又精深又博大的治学功夫的。在相当艰苦的似乎十分孤寂的生活环境中间，他不断地研究着，写作着。他的几十年前的每篇作品虽在今日看来，也还珠玉似的放着光芒。我们根据了自身的生活体验，有时简直不得不从心底叹服他真正是一个新时代的先知。比一比从图书馆里的研究功夫培养出来的大思想家马克思，鲁迅先生是有几分相似的。

在八年的对日抗战中间，在当前全国反独裁的民主斗争中间，鲁迅先生的智慧、精神始终居着领导的地位。谁能否认：在过去，在现在，广大的中国战场上浑身充满了信心和勇气使敌人吓得发抖的那么众多的游击战士正是鲁迅先生笔下仅仅靠着一支原始的投枪的"这样的战士"的化身呢？

毫无疑问，美帝国主义在中国大地上的运命，一定要和日帝国主义相同。

因为在漫天遍野的战争的烈火中间，停着一只不死的凤凰。这就是鲁迅先生的精灵。

《文艺生活（桂林）》光复版第 17 期，1947 年

一九三六年的世界文化

在这杀气弥漫的世界，所谓文化似乎远不及政治和经济惹得起人们的关心来。然而这究竟是人类活动的最可宝贵的一面，对于政治经济也未始没有很大的影响。无论如何，我们对于文化还是不能忽视的。现在一九三六年过去了，我们得就这一年中间世界文化的动态，简略地来检讨一番。

一九三六年文化界最大的损失，就是高尔基的死。虽然在这一年死去的文学上学术上的重要人物还有不少，但是高尔基对于全世界文化的影响却最大。他是当代最伟大的文学家，是社会主义文化的象征，又是维护世界和平、反抗法西斯主义的最英勇的斗士。他死后有七十余万人送葬，全世界的杂志报章又都刊载着纪念文字，表示深切的哀悼，可见他在文化界的地位的崇高了。

和高尔基成着显著的对照的是同年死去的英国诗人吉卜林和意国小说家皮蓝得娄。这两人也都是具有出色的文学天才的。可是吉卜林一味宣扬着大英帝国主义，皮蓝得娄则把用兵非洲的墨索里尼恭维得甚至跟解放黑奴的林肯相比拟，因此他们两人虽是诺贝尔奖金的获得者，但在国境以外就没有多大的影响。

在一九三六年的世界文学界，较之吉卜林和皮蓝得娄的死，也许还是另外两位著名文学家的七十寿辰更值得我们注意罢。法国的罗曼·罗兰是国际反战运动的主要角色。他在春初的生辰受过各国——尤其是苏联文学界盛大的祝贺。当时他发表了一封公开信，对后进的作家们忠告道："……不要以目前的胜利为满足，不要停留于已经获得的成功。停着不进是不行的，必须每天有新胜利才是。人类的生活永不停止，一停止就落在后面了。我们必须前进，永远前进。我们必须永远努力来克服错误、不公正、死。"英国的 H.G. 威尔士是著名的自由主义作家。他在七十生辰过后，忽发奇想，自拟了一通预言式的讣告，说是"他于一九六三年死于帕定顿疗养院中，享年九十七岁。一九三八年，他跟法西斯党暴徒争吵了一场，受到重伤；在一九四二年短促的共产党统治下，他入了监狱，从此他的健康大大地损伤了。他渐渐地被世人忘掉，依赖着'一点公民养老金'苦度了晚年"。威尔士的作品很多是有着预言的风格的，而这一篇关于他自身的预言尤其值得玩味。

一九三六年去世的我国作家章太炎和鲁迅，至少在东方是有很大的影响的。章太炎是造诣最深的经史学者，一向被称为"硕学大儒"。鲁迅则倡导着中国的新文学，还用伟大的文学天才尽力于民族解放运动，这两人虽在日本也受着钦仰，他们的死，无疑的是我国文化界很大的损失。

关于文学界的情形，在这里本该再说些新出作品的大概比较的周到，然而作品的价值如何，很不容易断定，而且简短的篇幅也不容许这么办。除此以外，我可以补充一些的，就是美国戏剧家奥尼尔在这一年，获得了诺贝尔文学奖金。

诺贝尔各项奖金的给奖是国际文化界的一件盛事。一九三六年的给奖典礼于十二月在瑞典及挪威首都同时举行。文学奖金的得奖者奥尼尔因病未出席，由美国公使代表领奖。和平奖金的得奖者是受过国社党的迫害的，德国作家奥西哀兹基。他的得奖惹起了希特勒的反感和抗议，因此他在给奖时候也不能到场。化学奖金的得奖者是德国化学家达比。物理奖金的得奖者是奥国希斯教授。生理学奖金的得奖者是美国安德生教授，英国医学家达尔和奥国生理学家罗维。他们都是亲自到场领奖的。

一九三六年世界科学的进步，可以提出几点来说。第一，天文学方面，美国帕落马山的天文台装置了两百英寸的涂镍镜头，正在试验中，据说不久就可以观测以前未能看到的天象。哈佛气象台主任莎普来（Shapley）在银河中间发现了一百四十七颗新星。而苏联科学家，在格拉西莫夫教授领导之下，观测六月十七日日蚀的结果，则已经从他们所摄制的影片上获得不少关于太阳外层详细构造和同温层电带性质的新材料。第二，化学方面，柏林凯撒·维尔海谟学院把一切化学元素中间最重最复杂的铀的原子，设法炸裂的结果，发现了至少五种更重要更复杂的别的元素。第三，应用科学方面，无线电传影已经改进到可以实际应用的程度，伦敦无线电传影播音台也在十一月间成立了。至于飞机的构造在这一年中尤其有着很大的进步，在制造飞机的国家都有出色的新式样创制出来。

说到我国对于世界科学上的贡献，则最近北平医科大学教授叶鼎彝在北平附近燕郊店所发现的五十万年以前的人骨，在人类学上很是有意义的。这次所发现的是骨片，是头盖骨四片，下颚骨十二片，齿牙约百枚。一九二九年北平附近虽然也发现过类似的骨片（所谓北京人），可是这一次的发见，却使人类学的研究增添了极有价值的新材料。

苏联生理学家巴务洛夫（Povlov）教授的死是一九三六年世界科学上很大的损失。他是诺贝尔生理学奖金的得奖者。他那关于消化腺和"替镜反射作用"（Conditioned reflex）这两种原理的发明，是给生理学和心理学开辟了广大的园地的。

科学的效能的发扬光大，不但靠着少数科学家在实验室里埋头研究，还须靠着有些英勇的人们的冒险精神。世界文化上很多的伟绩都是因冒险而成就的。一九三六年美苏和泛太平洋两大航空线的开通，便是显著的例子。这两条航空线对于未来的世界交通都有着极大的意义。美苏航空线长一万八千公里，横越着北冰洋。开辟这条路线的英雄是苏联飞行家勒望尼夫斯基（Levanevsky）。他驾着寻常的旅客机，八月五日从美国洛杉矶起飞，经过了加拿大，雅库茨克，北极圈，克拉诺佛斯克，九月十日才飞到莫斯科。飞行的时候，他常跟浓雾，暴雨，旋风苦斗着，沿路还停留了几次。可是他终究获得了空前的成功。泛太平洋航空线，横断太平洋，长一万三千一百九十四公里，中间共计设航空站七十八，是十月二十三日试飞完成的。试飞的斐列宾飞剪号巨型机十月十二日从美国加州阿拉美达出发，经过檀香山、中途岛、威克岛、关岛、菲律宾，二十三日便安抵香港。这十一天的中美航程，在世界交通史上是开新纪元的。

美国泛太平洋航空线，可以在香港跟英国的远东航空线，以及中国的航空线取得联络。这在当今战争危机深刻的世界，还有着文化关系以上的意义，对于日本的刺激当然是非同小可的。现在日本也急起直追，扩充着航空事业了。

从当今的世界局势看来，航空事业的竞争，正是军备竞争的一环，对于人类的前途不一定是有利的。原来文化上的成就，都很容易助长战争的残酷性。从机械文明之父瓦德的诞生到1936年，刚满两百年。这两百年中间世界的科学不消说是大有进步的，可是因着科学的进步，非洲和西班牙的战争也就呈现着空前未有的残酷光景了。

　　1936年秋间美国哈佛大学举行着三百年纪念大会的时候，有几个学者发表过这样的意见："科学家和发明家创造了大量生产和大量破坏的有力的工具，却使这些工具仅仅落到了无知和凶暴的独裁者们的手里。为要避免这种现象，世界的科学家必须设立'国际知识最高法院'来制裁破坏性的恶势力才好。"这虽然不过是一种威尔斯式的空想，然而我们看到希特勒那样一面把科学技术滥用在战争上头，一面迫害着国内优秀的文化工作者（例如，最近对流亡国外的著名作家托马斯曼褫夺国籍没收财产）的情形，却觉得这的确是世界的文化工作者应当考虑的问题。

《世界知识》第五卷第八号

论五大国一致原则

当第二次（世界）大战结束的时候，世界各国人民有着一种普遍的要求，就是曾经联合起来击败法西斯主义的各个国家应当在战后继续合作，维持国际的和平，防止新战争的爆发，联合国就是顺应这样的要求而建立的。

联合国宪章把维护和平的执行责任授予安全理事会，这是美、苏、英、法、中五个常任理事国连同六个非常任理事国所组成的。任何关于实质和行动而非程序的问题的决议需要着五个常任理事国和两个非常任理事国的一致同意。

五大国一致的原则。这一种被称为联合国组织的灵魂的原则是怎样产生的呢？

早在一九四四年顿巴敦橡园会议以后，斯大林就说道：

"能够期望这种国际组织的行动会是充分有效力的么？如果曾在对希特勒德国作战中首当其冲的各大国，今后也表现一致而和谐的精神，那么，那些行动就会有效力的。如果违背了这种必要的条件，那些行动就不会有效力了。"

这一番话所包含的不可磨灭的真理，是深入于全世界爱好和平的人们的心坎的。因为国际联盟失败的经验教训活生生地证明了这一真理。

一九四四年十二月十四日，罗斯福在写给斯大林的信中，第一次简明地陈述了五大国一致的原则。他把安理会的常任理事国形容为"守护和平的主要卫士"。他指出五大国必须掌握道义上的领导权，在安理会的一切决议方面必须一致行动，才不至于损害到各国生存攸关的利益。他又在信上写道：

"鉴于常任理事国责任重大，在目前世界一般情况中，不能预期它们依照它们所不同意的决议案而履行义务，对于像维护国际和平与安全之类的严重事情采取行动。所以使安理会能够由多数票通过决议的唯一实际可行的方式，便是规定——关于非程序问题——应获得常任理事国的一致票，再加上至少两个非常任理事国的一致票。

"为了这一切理由，四个发起国政府同意如此规定的方式，并提交会议审议，认为这是设置一个国际组织所必需的，经由那个国际组织，所有一切爱好和平的国家都能够最有效率地负起它们的共同责任，以维护和平与安全。"

由此可知美国的总统罗斯福，当时也是完全同意并且赞助这大国一致的原则的。

宪章第二十七条写道："（一）安理会每一理事国应有

一个投票权；（二）安理会关于程序事项之决议，应以七理事国之可决票表决之；（三）安理会对于其他一切事项之决议，应以七理事国之可决票，包括全体常任理事国之同意票表决之。

依照这一条文，在安理会中是有两种否决权的。因为在表决非程序问题时必须取得所有常任理事国的一致票和两个非常任理事国的一致票。如果要通过决议案必须获得七票才行。安理会中的一些非常任理事国实际上可以拒绝附议五大国关于某些非程序问题的一致决议，由此迫使五大国商得一致的决议案被否决掉。因此在否决权方面，并不能说，五大国享有什么特权。而且与其说是特权，不如说是义务，这是根据五大国对于国际和平与安全所负的最高的特殊责任而产生的义务。

联合国宪章把执行权力赋予安理会，这在宪章——第二十四条上写得十分明确："为保证联合国行动迅速有效起见，各会员国将维持国际和平及安全之主要责任，授予安全理事会，并同意安全理事会于履行此项责任下之职务时，即系代表各会员国。"

至于联合国大会的职能，则据联合国宪章所规定，仅仅是评议与协商。

宪章第十一条写道："（一）大会得考虑关于维持国际和平及安全之合作之普通原则，包括军需及军备管制之原则；

并得向会员国或安全理事会或兼向两者提出对于该项原则之建议。（二）大会得讨论联合国任何会员国或安全理事会或非联合国会员国家依第三十五条第二项之规定向大会所提关于维持国际和平与安全之任何问题。除第十二条所规定外，并得向会员国或安全理事会或兼向两者提出各项问题之建议。凡对于需要行动之各该项问题，应由大会于讨论前或讨论后提交安全理事会。

联合国大会不能侵犯安理会的权能，在宪章上也规定得十分清楚。甚至对于本属安理会责任范围的任何建议也不容许大会提出。

宪章第十二条写道："当安全理事会对于任何争端或情势，正在执行本宪章所授予该会之职务时，大会非经安全理事会请求，对于该项争端或情势不得提出任何建议。"

这样明确的措词是丝毫没有可以怀疑和曲解的余地的。

联合国宪章给安理会和大会这两个机构划分了权责，要求各大国不依战争的道路而依谈判的道路来解决各国间的争端，这就是说：在联合国宪章的保证之下，各个大国之间，要是没有谁公然破坏了宪章是不能发生战争的。只要宪章的条文被遵守着，走向新的战争的道路就被堵塞着。在这样的意义上，要求五大国一致性的联合国宪章正是世界和平的壁垒。

美英战争集团从联合国第一届大会的时期起，就对这五大国一致的原则发怒。他们是用"否决权"的名称来叱骂这一个原则的。他们认为"否决权"就是他们走向战争的道路上的阻碍。因此，他们尽着一切的努力要破坏它。

他们最初竭力想用提议修改宪章的方式来限制来削弱五大国一致的原则。例如杜勒斯之流在历届的联合国大会上所提出的一连串计划用意就如此。这些企图全都失败了。

于是英美战争集团的第二步，就是进而公开地破坏宪章。

这第二步是从大西洋公约的成立开始的。大西洋公约就是公开的破坏宪章。宪章把采取军事行动的一切决议权授予安理会，禁止任何的区域性公约篡夺安理会的权力。大西洋公约把采取军事行动的决议权授予一个在联合国宪章中没有地位的区域性团体即大西洋公约理事会，这个团体是美国所支配的某些国家的集体组织，对联合国安理会独立地行动着。

接着，美国索性公开地破坏了联合国宪章向战争前进。这一步骤是通过了没有中苏两常任理事国参加的非法的"安理会"的非法决议来进行的。那非法决议赞助美国在朝鲜的军事行动，并认许着美国对朝鲜人民的侵略。

到了这次，美英战争集团对联合国宪章的攻势达到了最高峰。这就是美国务卿艾奇逊在第五届联合国大会上提出破坏联合国基础的四点建议。

美英战争集团要进一步破坏联合国基础的意图在本届联大开幕的一天，就由菲律宾外交部长罗慕洛的开幕词中透露出来。他说："在发生危机时，如果负有处理这种危机的主要责任的机构被瘫痪得不能执行任务，大会的实际的无限制的评议权力，便可以转变成有效的行动。虽然大会的权力以前也有过这样发展的先例，可是大会的真正面临的这类问题却以目前这次为严重。"

九月二十日艾奇逊便在联合国大会上提出了破坏性的四点建议。美国、加拿大、英国、土耳其、菲律宾、法国、乌拉圭等七国代表团根据了这四点建议，制成所谓"保障和平的联合行动"案。这一提案的主要关键就是要用偷天换日的手段，使联合国大会在美国包办之下篡夺安理会的一切职权，从而便于美国用作扩大侵略的工具。因此字面上说是保障和平，骨子里就是破坏和平，埋葬国际和平组织联合国的灵魂——五大国一致的原则。

维辛斯基在十月十三日演说上，针对了提案人对五大国一致原则的进攻，英明地指出这一提案的虚妄的出发点和奸诈的动机。他说七国提案的起草人使从这样的前提出发的：就是说安理会可能陷入一种不能行使其职权的境地，因为安理会受到了某种特权的考验。按照这种意见的逻辑，他们不得不承认在旧金山会议上赋予安理会的权利和特权本身就阻碍它执行它的职能。如果承认这一点，那么他们就不是"从国联的经验中取得教训的严肃的政治领袖，而是一些在政治上完全天真与没有经验的人们"（他沉痛地引述了一九三八和一九三九年国际联盟的经验教训，唤起大会代表们的警惕）。

维辛斯基强调指出：安理会是联合国组织的基础，大国一致的原则是联合国赖以为基础的最重要原则之一。他说：没有五强的一致，和平常常是不稳固的。所以，问题不在于一致的原则不好，而在于这五个大国的政策如何，以及这种政策是否保证了五强一致行动的可能性。

我们可以引证几十件几百件事实证明：在安理会和联合国内发生这些情况的原因是：在杜勒斯以及罗斯福以后和杜勒斯相类的其他的美国领袖帮助下通过了一种方针，这种方针形成美国外交政策的基础——这种所谓"新的"方针是一种对于在战时与它并肩作战的战友们采取强硬态度的方针，是一种不合作而且发号施令的方针。

美国统治集团公开地说："必须使用强力更为严厉地对待苏联，等到美国有了与苏联同样强大的武力，等到苏联发抖的时候，才能与苏联获致某种协议。但是这是多么狂妄粗俗的幻想啊，因为苏联决不会有发抖的一天！人们如果去翻一翻俄国历史和苏联历史就会相信这一点。因此，联合国中种种政治纠纷的原因，并不是大会权力太小，也不是安理会滥用了职权。不是的，原因不在这里。造成目前不正常的情势的原因，在于美国的'强硬路线'，在于一种政策，使用压力，不讲道理地提出各种各样的要求，而以无穷无尽的各种各样的军事设施和战争措施为后盾，以一系列的各种基地——空军基地、海军基地、陆军基地、这种基地那种基地——为后盾。"

他接着指出七国提案的奸诈性来。他向提案人说："我们不支持你的动机，因为那是奸诈的；我们不支持你所提的建立联合国组织武装部队这类的提案，因为这种部队的目标恰恰和你们在你们的提案的名称中所宣扬的相反。这一点终会被人知道的。"

我们把七国提案内容考察一下，就可以看出这一提案的本质怎样破坏了联合国宪章，完全为美国的战争政策服务。提案中所列举的四项如下：

（一）联合国大会经安理会任何七理事国的决定，即可在通知发出后二十四小时内召开特别会议，讨论国际局势，以便向会员国提出适当的建议，采取集体措施，包括在必要时使用武装力量，"以维持和恢复国际和平与安全"。

（二）成立由九至十四个联合国会员国组成"和平观察团"，考察任何存在紧张国际局势地区的情况并提出报告，"和平观察团"由联合国大会或大会"临时委员会"（即非法的"小型联大"）使用；大会"临时委员会"有权任命所谓"观察员小组"（大会前在美国操纵下非法成立的）协助和平观察团工作。

（三）联合国与各会员国应划出一部分军队，随时准备应大会的"建议"而组成联合国军队，并由联合国秘书长任命"军事专家小组"，对组织、武装与训练这种军队的问题提供意见。

（四）设立由联合国十至十四个会员国组成的"集体行动委员会"，研究维持和加强国际安全的办法，包括使用军队的办法在内，并向大会提出报告。

第一项所建议的联合国大会可以在二十四小时以内召开的特别会议显然是和今年六月二十五日美国发动侵朝战争以来所一手包办的安理会非法会议（没有苏联和中华人民共和国参加）属于同一性质的。为什么需要特别会议呢，因为握有否决权的苏联回到安理会了。第二项所建议的"和平观察团"显然是和美国侵略者的特务间谍活动分不开的。第三项所建议的联合国军队则在美国侵朝战争中已经有了丑恶的榜样。第四项所建议的"集体行动委员会"则显然也是便于美国篡夺安理会职权，扩大侵略的一种组织。

这个充满了罪恶的血腥气的七国提案，竟于十月十九日在美英集团所操纵的联合国政治委员会上获得通过了。在美英战争集团公然扩大战火的今天，这并不是出乎我们意外的。但是我们相信：战争贩子们这一种大胆破坏联合国组织的严重罪行，最后，一定会受到世界人民无情的裁判。

《世界知识》第廿二卷第十七期

本縣開設「聚成」南貨鋪，靠經商的利潤置了田地一百多

故。飽死後，這家老店就一直不賺錢，我的父親醉心于讀

書，不肯學生意，于是把老店盤給三祖父的學生，老店的

老掌櫃了。

老店出盤以後，我的父親獻身于本縣的教育事業。他

約集了地主階級的一些開明分子，把本縣第一個課間完備

的新式小學——碧小小學創辦起來，他自任校長，接着又創

立了蘿葦女校，開本縣女子教育的先声。這都是辛亥革命

辑四　纪事

暑假生活的回忆

　　在我个人的回忆中间，暑假这两个字的意义是十分动人的。学期考试期间开夜车抢分数的磨难日子结束了。我的一颗小小的心真是轻得像羽毛一般，会给大风吹到天空去的。要知道我做"斯戈尔琶孩"（Schoolboy）的时代，还是北洋军阀统治的时代，所受到的学校教育，正同当今党办的一些正统学校一样，承袭着德日军国主义思想的传统，是保守的，严格的。学生好比北京馆子里养着的鸭子。在短期间能够把鸭子养肥到卖得好价钱的喂鸭专家就算呱呱叫的教育家了。我读过的几个学校都是呱呱叫的。春天带了铺盖衣服和家制土点心，如糖拌的炒米粉之类进学校去。一方寸的脑壳里原是空空洞洞渺渺茫茫的。经过了四五个月的听讲，念书，小考，大考，这脑子里仿佛装满了无数的圆形、三角形、符号、数目字、固有名词、定理和方程式等等。一到学期考试完毕，得了七八十分，这只填鸭的确养的胖胖的很有卖相，连填鸭本身也不由得要洋洋自得。但是暑假一到，鸭子从喂养专家解放出来，重过自由自在的生活，那些装填在脑子里的形形式式的捞什子却渐渐地消隐下去。照我学生时代的流行语，也可以说，"还给先生"了。

暑假使好容易喂肥的鸭子又复瘦下去，这似乎是可惜的。但我现在仔细一想，这非但毫不可惜，而且简直可以说是一种救星。假如一个青年从年初一到大除夕，一直关在学校里读死书，和世俗社会全不发生什么接触，那是可以给"教育家"喂养成顶肥顶肥的呆头呆脑的书呆子的，但是他的命运一定也就是北京馆子里的填鸭的命运。

我的"斯戈尔琶孩"时代所受的填鸭式的教育和今日的党化教育，专就保守和严格这两点来说，是没有多大的分别的。但当时的环境显然和今日不同。当时的"教育家"没有像今日法西斯中毒的"党化教育家"那样用暴力来做教育的后盾，把教育拖进独裁政治的泥淖去。而且当时通用的货币是亮晃晃的白的银元。物价很稳定。四元五元一月的膳费，每餐有鱼有肉吃得饱，不像今日国内学校里，几个月的副食费，三五天就可以"吃光"。这是比起今日的"斯戈尔琶孩"来，当时的我算得幸福的地方。但也有一点是当时的我应当羡慕今日的"斯戈尔琶孩"的。就是我在学校念书的时代，中国男女同学的风气还没开。因此我从没有享受过男女同学的风味。我和我的同学们比今日的学校青年更像和尚寺院里的小沙弥。天天不是撞钟，就是摇铃做功课，可以接连几个月看不到一个异性的脸孔。偶然从学校的窗口望出去，看到远远的小户人家的窗口有一个女孩子的影子，大家就聚集拢来，说长道短了。

暑假对于我，是从北京馆子的鸭栏的解放，也是从和尚寺院的隔离生活的脱逃。再没有比这一种解放和脱逃更愉快的心情了。一放假当然回老家。故乡的明媚的青山绿水，仿佛笑嘻嘻欢迎着游子的归来。踏进家门是人生最大的欢喜。好久没见面的爹妈呀，年老的庶祖母呀，婶母呀，嫂子呀，弟弟们呀，重新相会，真是有说不尽的话要说的。从外埠学校回家的孩子所受到的待遇照例总是第一等。在学校里巴望不到的一些中意的家乡食品一一放到了眼前。生活的享受简直同第一家长我的爹一样了。或者也可以说，年纪似乎小了好多岁，撒娇的幼稚时代重复到来，觉得茶饭脸水都靠年长的动手照顾，是十分自然的事了。但我知道妈和庶祖母她们也真爱我。因为我的老家当时还算小康，雇有男女工人，随时可以使唤。生来就是"小店主"（小店主是故乡俗语，那意义略似"少爷"或"小开"）身份的我的生活细节，是大可不必劳动老人家的。我的暑假生活不再受钟声或是铃声的管制了。早上喜欢睡到怎么迟就怎么迟，热腾腾的早餐总是给我单独准备好的。因此，说到生活的锻炼，家庭不如学校。我从小就在老家不知不觉地养成了一种小店主的坏习癖，直到现在还在自我诅咒着这一种习癖的遗留。

然而就教育的本义来说，我在学校里所经历的和尚受戒式的生活锻炼也并不是无可非议的。公平地来评判一番，生活的锻炼，在学校是失之过严，在家庭是失之过宽。过严的害处是忽略了青年的个性的自由发展。教育者凭着自己的主观，要把个个青年的头脑造成同一的式型，好比用模子把面浆印成一模一样的糕饼似的。看去也许整齐划一罢，但对于实际的现实社会的要求，却全不适应。至于过宽，则应当归因于我的家庭的环境，如果我当时的家庭是从事实际生产的艰苦的劳动者的家庭，那么，我想，我在家庭所可受到的生活锻炼，也许会比在学校里还切实得多吧。

然而在自由自在的暑假期间，虽是我的"小店主"的家庭环境也还使我从现实社会接受了多种多样的认识，这些认识对于我从学校所受到的书本知识，是绝对必要的补充。要是没有这一种补充，书本知识就会变得一无用处的。

无论如何，一放暑假，我终究归队到世俗的社会了。除了一家人，我接触到左邻右舍，宗族亲戚，以及市街上的，田野间的各式各样的男女老少，从无数的细小事情上体味到他们的喜怒哀乐。我这才逐渐明白了社会机构间多种多样的矛盾，以及社会经济动态的因果关系。我逐渐觉悟到在学校期间所怀抱的好多乌托邦思想是怎样地说得到做不到的。从世俗社会所发生的深沉的感慨就是学校教育中什么用呢？好多的中学大学毕业生可不是大家待在家里吃"老米饭"么？

（吃"老米饭"是故乡俗语，那意义就是"失业"）

暑假期间故乡社会的现实教训在思想上给予我的一种反拨使我对于学校里念过的一些使我受戒的书本再不发生兴趣了。但是为了要消磨时间，除却对相识的女孩子们攀谈攀谈，跟弟弟们玩耍玩耍，还得看看书才行。看什么书呢？上海来的新杂志看完了。就从爹的四口"元""亨""利""贞"大书橱里抽出一些杂七夹八的书来翻看一阵。好多是看不了几页就没耐心看下去的。只有小说一类，旧的也罢，新的也罢，非一本本看过不可。《三国演义》《水浒传》《红楼梦》这几本旧小说，在几个暑假中间，都不止看过一次。爹所藏的林纾译小说，我总是有一本看一本的。林译的某一本小说，和《天方夜谭》的某几篇，我记得都曾使我发生过极大的兴趣，我这张笨拙的嘴，转讲给一群小朋友听，居然引得他们入迷了，大家缠住我接连扮了几晚的说书先生。

我对爹的四口大书橱的兴味，爹看出来了，他便派我做一件苦差使，就是在大伏天的猛太阳下晒书，收书和编目。这是每年一度必须做的对白蚁的斗争。

在我的故乡，暑假时间的温度总在八〇度到一百度之间。太阳是可怕的。冒汗看书当然不是办法。我端一把小竹椅放在阳光照不到的两面有风吹来的长衖里，便坐着看手里的书。看到得神要想一想了，就吃一碗"石花豆腐"（一种冷点）或是吃个瓜。有的时候，不想坐着看，想睡着看了，就拿一条席子铺在老屋厅堂的石板地上，那也是太阳照不到的。这样的生活回想起来，实在并不比娱乐大戏院的冷气中间看电影，舒服得差些。

暑假期间的生活，除了在阴凉地坐着躺着看小说，当然也还有不少可以谈谈。晚饭过后，照例是一家人在小园乘凉。听长工讲民间故事，给弟弟们猜谜语。白天呢，怕太阳当然在家的时候多。但有时也约三朋四友，带些点心和茶水，下乡到"仙姑洞"瀑布边，冲冲凉玩一整天。太阳下山了，照例到河边走走，看白发的老伯伯钓起一条不大不小的鲗鱼来，回去下酒吃。我羡慕起来，常常想，钓鱼该比看书更有意思罢，这是寓生产于消遣，活生生的鱼钓得了，马上可以烧来吃，这不是十分现实的么？书本上的"黄金屋""颜如玉"之类飘飘然的幻想，中什么用呢？但是几次三番拿钓竿学钓鱼，总因为没有耐心的缘故，钓不起略略满意的鱼来。

我佩服那位老伯伯的手法了。但是一转眼秋季开学的日子到来，我又得进学校去受戒做填鸭，但心灵的深处却已经有书本知识的幻灭的暗影潜伏了。

《青年知识》第 24 期，1947 年 7 月 16 日

日本旅行记 *

　　不久以前，我们费了五十多天的工夫，到日本去旅行了一次。除了游览名胜之外，我们访问过不少行政上、产业上和文化上的公私机关，参观过几个盛大的博览会。我们又访问过我国驻日的大使馆领事馆，就侨胞的生活调查了一番。我们到处承受着日本友人的诚挚的招待，在几个大都市还蒙我国使领和留日友人关切得同一家人一般。这些身受着的热情是我们永远忘不掉的。

　　在这次旅行中，我们欣赏着明媚的岛国风景，灿烂的大和艺术，惊叹着壮丽的都市建设，发皇的产业文明；钦佩着勤勉的国民精神，整齐的政治秩序。同时我们也同情着农工生活的苦恼，悲叹着少数的野心家把战争的种子散播到爱好和平的民众心头。那些野心家一面鼓吹着战争思想，一面把全国大部分的生产力统制起来，大量制造着杀人的利器——

---

* 　与胡一臧合作，胡一臧为随行翻译。

坦克、大炮、兵舰、潜艇、枪械、子弹以至于化学兵器毒瓦斯之类，为的是要使他们的帝国独占东亚，称霸世界。

在今日国际的形势之下，这种企图显然是不能实现的迷梦。可是这个迷梦不但使他们国内多数的民众平白地牺牲着福利，还使我们民族受到了莫大的苦难。我们中国人为自己的民族着想，也为"友邦"多数的民众着想，非大家齐心一致，用团结的力量，来唤醒那些野心家的迷梦不可。首先第一，我们应该摆脱无谓的对于"强邻"的恐惧心理，激发起民族的自信力来。历史的事实教训着我们民族："我们不必害怕邻国，我们也不该害怕邻国。"我们经过了这次实际的观察，愈加觉得上述那一个信念是不可动摇的。

现在我们把这次旅行中所得到的种种印象，依照我们的行程写记下来，希望这么芜杂的材料多少可以帮助些国人对于日本的了解。

一、警探网和关税壁垒

早晨的太阳刚才照射到日本邮船会社的汇山码头上，我们携带着简单的行李，坐车到那里，要乘上午九点钟开的"长崎丸"。

一到码头，"红帽子"就把我们的几只皮箱搬上船，我们要跟着上去，却给站在步梯口的一个中国巡捕拦住了。他指着旁边木牌上的文字，对我们说："请等到八点半光景，在码头上掉换了船票再上去。"我们没奈何，只好站在那里呆等着。后来码头上已经挤满了人了，才有船公司的四个办事员在两张小桌边坐下来，给旅客一一的掉票。我们两人填好了项目繁多的旅客登记表，掉好了船票，上船，离开船时刻不到十五分钟了。我们在中国社会里，一向过的是从容的马虎的生活，初次接触到日本交通组织上那么一种讲求时间经济的整齐严密的精神，委时觉得有些不对劲。

上船以后，心头本该可以宽松些了吧。然而日本帝国政府密布到自国的商船上的警探网却使我们还舒畅不得。我们两人在船上先后经过了四个便衣警探严密的查问。他们不但问明了我们的年龄、籍贯、住所以及这次旅行的路线，还根究了我们何年何月在什么学校毕业，到日本那些地点去，有什么目的。他们在大叠的纸张上把我们所回答的话全部记下来。我们要证明自己的话拿出随带着的各种介绍信给他们看，那知他们竟不怕麻烦，把那些极平常的信也都抄了去。我们是中国新闻记者，要到日本全国去游历难怪他们特别的注意。可是同船上有许多普通的日本商人也个个都给他们仔细盘问过。我们亲见一个日本的制果商人，不但受了长时间的查问，甚至他拿出来证明他的正常职业的一本制果讲习会的听讲录也给警探从头到尾地抄在纸上，足足抄了大半个钟头。这样的澈底精神与其说是日本警探制度上一种值得赞佩的特色，不如说是日本内部潜在的不安状态的反映。的确，我们听得日本警探制度尽管那么周密，国内还是有很多的共产党秘密地活动着。东京有些公共机关里时常发现着赤色的宣传品，警探用尽了全力，还是查究不出那些宣传品的来源来。

　　长崎丸的头等舱有许多房间是留给查问旅客的公务员住的。这些公务员除了军警方面以外，还有日本海关的巡查员和检疫官。日本关税壁垒的森严，我们在船上也感觉得到。船上贴有"旅客注意"的通告，说是每一旅客上岸时，携带香烟过了一百枝，携带雪茄烟过了五十枝就得照漏税条例受罚办。船还未进日本，海船上的"给仕"（茶役）就拿两张表格来，叫我们填写，一张是旅客自用烟草报告表，还有一张是旅客携带物品报告表。我们带有新买的小照相机一架，因为听"给仕"说，到海关时难免惹麻烦，只得把照相机上的漆刮去了些，在外面的皮袋上写了名字，弄成用旧的相机一样。我们又带有橘子两小篓，是亲戚送给我们的。听说橘子之类的水果一只也不能带上岸去，我们终于只得把吃剩的大半篓橘子全都丢弃在船上。

　　长崎丸驶行了一昼夜，把我们带到了日本的国境。从甲板上望去，九州沿海星罗棋布的岛屿所构成的海景是非常美丽的。可是一看到船上贴着的长崎要塞司令部的公告，我们却起了另一种的感觉。那公告上画着要塞地带的略图，警告旅客不得在这地带以内摄影、构图或是记录。我们知道我们已经进到戒备森严的日本军事区域了。

进了长崎港，我们望见岸边种种的景物，最惹眼的是靠山的长崎造船所，有交错的钢骨构成的长长的造船台伸出到海面，旁边横着几只建造中的船壳。我们的船经过了那儿，就靠码头了。我们是到神户去的，因为船在长崎有着四个钟头的停留，我们便也上了岸。我们坐了人力车到我国的领事馆去，一转弯就远远的望见领事馆屋顶飘扬着的青天白日旗了。领事馆在出师桥附近，是一所二层的洋楼，前面有一个小院子栽种着少许的草木。门口传达室里一个年老的日本女仆把我们的名片递了进去，我们便在会客室和柳汝祥领事，郭建英主事会见，柳领事是广东人在长崎任职已经多年了。我们从他那谈话的神情里看得出他那爽直的性格来。他在长崎跟当地的行政长官感情很融洽。当地本要实行一种对华侨贸易商加税的法令，因了他的疏通，就暂时搁着。我们谈到日本的新闻事业，据他说，日本各大报都只能替军部和政府说话，算不得民意的代表。九州的福冈《日日新闻》比较的敢说话些，对于军部和政府的政策常有锐利的批评。他又说日本各报对于中国的内情，误载的地方很多。他碰到日本的新闻记者来访，往往当面批评他们对中国的认识不足。领事馆主事郭君精于绘画，数年前常给我们的报上投稿，那时顺便问到上海诸友的近况。我们跟柳郭两君谈了好久，因有他客进来，便告了别，约定旅行回来，再来访谈。

我们出了领事馆在街上游览了一会，便回到船上。这船向神户开去，在次日早上经过了濑户内海。这一带的海面风景很出色。映入眼帘的大小的岛屿，全是绿油油的。那些岛屿上大都是森林，间或也看得见阡陌整齐的农田。

下午两点钟，"长崎丸"到神户靠码头，离长崎开出的时刻差不多是二十四小时。我们把行李交给了日本旅行社，自己挈着手提篮上岸去，走了好一段路，才到得海关。关员把我们大小的箱篮每件都兜底翻检过，问了一番其中几件物品的价值，才在箱篮外面用粉红色的粉笔写上了 OK 这两个字母。森严的关税壁垒终于给我们通过了。我们这才放下了一颗心。

二、进了西日本的门户

从海关出来，我们远远地望见六甲山脉的翠绿的峰峦，尤其注意到诹访山上绿林所构成的两个圆形的标记，一个是神户的市徽，又一是铁锚的图案，大约象征着国际的船舶进出的这一个世界的大港湾。我们在海关前坐上了"太克希"（街头待雇的汽车），到预订的一家旅馆去。"太克希"最低的租费是日金五十钱，行程超过了一定的里数，租费便照里程增加上去。我们经过了几条宽阔整齐的市街，瞥到了许多壮丽的建筑物，觉得这被称为西日本的门户的神户市，在建设上很比得上我们的上海。

我们所住的旅馆离三之宫车站不多远，是一所纯日本式的建筑。门面虽不大，内部的设备倒很周全，布置也十分精雅。我们住在楼上临窗的一个房间。室内的装饰，富于艺术的趣味。窗格的图案，纸门的式样每面都不同，可是配合得很调和。室内充满着朴素的情调，无论地板或是木柱，都不加上一些油漆。壁间挂着一幅"天仙图"画有天竺和水仙。下面放着雅致的盆栽。对窗有匾额一块，题着"茶味与禅味"，书法很不俗，署名叫自在庵。这一切的布置使我们深深地感觉到日本人的普遍的艺术趣味。

和这种艺术趣味同样值得称道的是日本人的礼貌和人情。这在神户的旅馆里，我们就领略到了。我们是中国人，又初次住那样的旅馆，可是并不感到人地生疏的烦恼。旅馆主人固然很殷勤很客气，就是伺候我们的女中（使女），态度也十分可爱。她虽是贫苦的农家女，却没有一些粗俗的姿态。她又大方又伶俐。她对我们讲话满口是敬语。她起初端了茶具和盛着神户的名产"瓦煎饼"的果盒来，跪在旁边恭恭敬敬地给我们倒茶。后来吃饭的时候，她跪着给我们盛饭，把饭碗放在木盘里，像祭礼上献爵一般地端给我们。进门出门，她总行个礼。晚上她给我们铺好了棉被，问明没有什么使唤了，才道一声晚安走出去。

旅馆里的女中们属于日本被压迫的阶层。她们那样的恭敬有礼虽也可以说是职业的关系。然而根本的原因却还在日本传统的道德习惯。日本各阶级的人们无论男女素来是讲求礼貌的，鞠躬总是四十度。语言上敬语也特别多。这种谦逊的礼貌所代表的日本的固有道德，连同日本的固有艺术是小泉八云（已故的英国文学家，在日本侨居很久）曾经用了最高级的形容词赞赏过的。在今日的时代，这两者还值得我们来称道。这两者象征着古日本的，也就是和平的日本的精神；只有凭着这一种精神，中日两国的感情才有融洽起来的可能。

然而可惜的是这可爱的古日本的精神已经发生动摇了。因为自从西洋的——尤其是德国的——文明传到日本来以后，一种新的精神逐渐地膨胀起来，要排除那可爱的传统的精神了。我们在神户的旅馆生活就使我们发生了那么一种实际的感觉。我们正盘着腿坐在席子上，欣赏着纯日本式的室内装饰所表现的恬淡淳朴的美，以及伺候我们的使女的彬彬有礼的温文的体态，领略到匾额上的题字所表明的一种悠闲和平的情味，忽地一阵隆隆的巨响传送过来，使我们住着的整所房屋震动了，所有的窗户都咯咯作响。于是我们惊破了先前的美梦，醒觉到身在一个喧闹的国际都市了。我们推窗一望，对面的高架铁道上正驶过了一列急行的电车。神户的高架铁道完工还没有多久。铁轨铺在两丈光景高的钢骨水泥的架桥上，柱脚匀称地排列着，中间可以搭造楼屋或是开马路。现在这高架铁道已经直通到大阪。从神户三之宫车站坐特急电车去，只消二十八分钟就到了。

像高架铁道地下铁道之类，巨大的惊人的建设工程，最近几年来在日本发展得很厉害。这不一定由于工业发展上的需要。根本的原因第一是在日本帝国主义者的好胜心理。他们不但在军备上要跟其他的强国竞争。就是在都市建设上，一见到纽约伦敦那些大都市有什么惊人的建设，他们不管本国民众负担得怎样重，也非照样来一套不可。第二是在近年来世界经济恐慌的浪潮使日本各大财阀的资金没有适当的出路。他们只得利用巨大的公共建设工程来消纳过剩的资金，过剩的劳动力以及过剩的一切工业材料。

日本的物质文明从都市的表面上看来，的确到达很高的水准了。然而一般民众在衣食住上却还只能牢牢地保持着极简单的传统的生活。在神户的旅馆里，我们所享受的也还是那样的生活。

我们在旅馆的浴室，照日本人的习惯洗了澡，便换上了一套旅馆特备的和服，回到自己的房间，那个房间铺有十二条席子，中间放着一张炕几和一个炭钵。休息了一会，女中搬进晚饭来。于是我们各自就四只矮脚的一个漆盘吃着。漆盘里放有各色各样的碗碟，盛着生鱼、烤鱼、鱼汤以及两片黄萝卜，一撮半生不熟的青菜。这些日本菜都只经过了极简单的烹调，在吃惯了油腻的中国菜的我们，实在不大合胃口。暗红色的生鱼算是日本的美味，我们嫌着腥，给冲上了开水吃，才觉出一些滋味来。

三、在神户的同胞们

吃好了晚饭，我们到下山町中华民国驻神户总领事馆去。这总领事馆管辖着关西二十一府县（包括大阪名古屋京都神户四大都市在内）以及四国的侨务。馆屋是二层的洋楼，签证处和会客室都在楼下。我们进去的时候，总领事江华本没有在馆，副领事潘锦尧出来接见。潘副领事是一位英俊的青年，在会客室里，跟我们很亲切地谈了两小时。他给了我们许多关于旅行的指教。我们问起侨务，承他详细答覆如下："神户华侨，本来不多，自从民国十二年（1923年），关东发生地震以后，横滨大批华侨移住到这里来，于是人数大大的增加了。民国十九年（1930年），据神户市厅调查，计有六千六百余人，这是神户华侨的极盛时代。等到沈阳事变发生，此间华侨回国的很多，人数便大减了。依照最近总领事馆登记表，神户华侨共计一千七百户，约三千八百人，大都经营着商业，或是做着手艺。就商业方面说，当地有华侨贸易商商号七十余家，内中如马聘三所开设的复和裕（经营砂糖苎麻输出入），周起搏所开设的新瑞兴（经营棉布棉纱等输出）规模较大，各有日金五十万元资本。贸易商可分广闽和三江两大帮。做南洋方面生意的广闽帮居多，做海产生意的三江帮居多。此外神户还有华侨开设的杂货商店十五家，兑换钱庄九家，绸缎行商百余人。工艺方面以洋服工人，理发工人，厨子及油漆工人居多。神户有洋服铺五十六家，理发铺六十二家，料理店十三家，油漆作八家，都是华侨开设的。

"日本政府为救济本国的失业起见，对于我国劳动者的取缔，年复一年地严厉起来。现在，不但日本各地的工厂早已没有中国的工人，就是原在日本从事手艺的华侨，如理发工人、洋服工人及厨子等，也还随时受着日本警察很严的取缔。从明治三十二年以来，日本政府颁布了几项取缔外人劳动及外人入境的法令。凡是新来的中国人，要住在日本，非有保证人担保不在日本从事劳动，便不能上岸。现有的华侨理发工人和厨子，概须向官厅领取护照，每年掉换一次，如果官厅方面把护照停发，就非停业不可了。

"去年名古屋发生过一件取缔华工的纠纷，江总领事亲自到那里去调查了一次。那批华工不曾获得官厅的许可，是日本工头暗中招雇了去，专干运煤的苦工的。原来日本工头很喜欢雇用中国小工，他们比日本工人更吃得起苦，虽然受着苛酷的待遇，每天只赚到三四十钱，还是可以余下钱来，寄回本国去。可是自从那一次纠纷发生了以后，名古屋已经没有中国小工了。"

我们问到神户华侨的团体和学校，承潘副领事答覆道：

"神户有神阪中华会馆一所，历史很久，性质跟内地的善堂相似，办理着侨民的慈善事业。会馆房屋是华侨集资建造的。常年经费除由会馆出租的房地产的租金（每年约三千元）拨充外，随时向当地侨商募集着。前几年我国大水灾，中华会馆曾经有大批捐款汇到国内去，可见神户侨胞对于祖国的关切。现在会馆理事共二十三人，公推一人为理事长，照例由广东福建三江三帮轮流担任着。此外团体还有神户广业公所，神户三江商业会，神户福建商业会议所，神户华商南洋输出协会，神户华侨洋服组合，神户华侨理发业联合会，神户华侨涂业公会（即油漆工会），兵库县华商绸业公会，神户皖江联盟会，神户华厨义联会，神户中国慈善会等。至于华侨所办的学校，现在只有小学两所。神户华侨同文学校，因九一八事变停办过一年，内分小学及幼稚园，现有教职员十四人，学生四百余人，校长是郑翰光君。神阪中华小学，是归三江公所管理的，有教员七人，学生二百余人，校长是董公勗君。"

潘副领事又谈到神户方面对华输出的贸易："根据着领馆的签证货单，每月从神户输运到中国去的货物，在日金两百万元以上，其中输出到上海去的约有一百万，货物种类以棉纱海产品和纺织品居大宗。"当然，实际上神户的对华输出远不止这个数量，因为偷漏我国关税的所谓特殊贸易，正在一天发展一天呵。

四、神户市厅

次日早上，我们再到总领事馆去，会到总领事江华本。江总领事在外交界资格很老，曾经任过使馆代办，驻神户也有数年了。他那浮着微笑的老成的圆脸使我们一见就感到亲切。我们就旅行的日程跟他商谈了一番，打算在神户再住一天，去参观市役所（市厅）和几个报馆。江总领事便给我们预备好几封介绍信。我们拿了信，在领馆门外坐上一辆"太克希"，直到市役所去。

神户市役所在凑东区橘通，是一所口字形的宏壮的大厦。门面一列是三层楼，其他三列是二层楼，当中一个大院子种着几棵芭蕉。门前是水门汀筑成的隆起的大广场。我们的汽车从马路依着平坦的坡度开上去，便到了门口，抬起头来，看得见高高的门额上用水门汀砌成的交叉的两个弧形，这同诹访山上的一个标记一样，就是神户的市徽。一进大门，我们便见右边门内一张小桌边坐着一个穿警服的传达员。我们向他递了名片，要谒见市长胜田银次郎。他引了我们上楼，在市长室外的会客室里等了片刻，于是秘书甲斐军喜出来，代表着市长跟我们谈话。我们就神户市最近的发展情形问了一番，承他一一的答覆如下：

问：神户的对外贸易听说近年来有着很大的发展。不知道比起贵国其他的商港来究竟怎么样?

答：神户港的对外贸易，从前在输出方面不及横滨，在输入方面超过横滨，可是近年来输出和输入的贸易都超过横滨了。去年本港的对外贸易总额计有日金十三万万元光景，约占全国贸易总额的三分之一。在日本三大贸易港中，就输出入贸易的总额来说，神户居第一位，横滨居第二位，大阪居第三位。

问：贵国各大都市的行政当局对于工商业的奖励和保护，是我们素所佩服的。关于这方面，贵市采取着怎样的办法，请先生赐教。

答：本市凑川公园设有劝业馆。工商界要举行什么商品样子陈列会、展览会或是博览会，都可以借那个地方做会场。官厅方面当然尽力指导着。此外对于当地工商业的奖励和介绍也随时计画着实施着适当的办法。本市商工课派有专员常驻在满洲，办理介绍本市工商业的事宜。此外市役所还调查着本市工商界的状况，每年编印"神户市商工要览""神户市商工名鉴"等册子，以便一般工商业者的查考。

问：贵厅对于劳动阶级市民的福利，当然也很关心到。不知道可有什么特殊的设施，使他们在生活上得到实际的好处?

答：本市所举办的社会事业，同本国其他的都市差不多。没有什么特殊的可说。我们办着关于民众卫生的好些机关外，还为穷苦劳动者食住两项着想，设有公众食堂和共同宿泊所多所。公众食堂的性质是在把清洁滋养的食品，供给劳动者，取费极便宜。食券分五种，最低是三钱券，最高是十一钱的定食券。共同宿泊所设备很周全，每宿只收宿费十七钱。

接着，我们问甲斐秘书："贵市最近的财政状况怎么样？每一市民租税的平均负担额多少？"

他寻思了一会，便引导我们到财务课去。那是很大的一个房间。密排的旧写字台坐满着西装的课员们，埋头在杂乱的纸堆里。他跟一位课员谈了一会，回头对我们说："财务课长没有在这里。近一年来的财政状况，要问明了他才可以知道。不过你们要知道昭和九年度的，我可以去找些印刷品来。"

于是他们送给我们几种小书和印刷品，一种是昭和十年（1935 年）版的"神户市势要览"。此外便是观光课所编的印得很美丽的，"观光之神户""神户案内""源平的史迹""神户社寺探访""神户市绘叶书"等等。他指着"神户市势要览"对我们说，"昭和十一年版还没有印好。关于本市财政的材料，从这里也可以找到一点"。

据神户市势要览所载，昭和八年度的神户市岁出入预算，在岁入项下，属于普通经济的市费是一千七百六十八万余元（日金），属于特别经济的是日金二千五百四十七万余元。岁出项下，经常二千七百七十万余元，临时一千五百三十万余元。昭和八年度神户市民所负担的直接国税和市税都比七年度增加了。每人平均负担额是直接国税九元五十钱，市税十元六十五钱，合计二十元十五钱。

我们不想再问什么了，便向甲斐秘书道了谢，走出市役所来。

五、荣町和元町

午后，我们要参观当地的报馆，便到荣町去，这是神户的金融中心，接二连三地矗立着石造的和钢骨水泥的大厦，不是什么银行，就是什么会社。神户的两个地方报馆又新日报社和神户新闻社也都在那地方。

我们先到又新日报社。招待我们的是编辑局社会部记者近江要。随后又到神户新闻社，招待我们的也是编辑局社会部的一位记者。这两家报社规模都不大，前者的资本四十万元（日金），社长叫高木藏吉，后者的资本五十万元，社长叫进藤信义，内部的组织，大致相同。全社分编辑印刷营业三局。编辑局又分政治经济社会学艺四部。每天的政治新闻都须送县厅检查。印刷局里一切机械，连印报的卷筒机在内，都是国内制造的。排字的工人一律穿着玄色的工服，较轻易的工作如还铅字之类是女工担任的。

晚上，江总领事邀了我们在荣町银水西餐馆吃饭。这餐馆开设在一所银行大厦的地下层。从大理石的扶梯下去，是一个广大的餐厅，布置得富丽堂皇，四壁挂着名贵的油画，中间有着喷水池。我们先进别一间的休息室跟江总领事和潘副领事闲谈了一会，再到餐厅来进餐。主人的盛情，场所的幽雅，肴馔的丰盛，以及美貌的女给（女侍役）的殷勤的服役，使我们感觉到无限的感激和愉快。

从餐馆出来，我们向江潘两领事道了谢，便徒步到元町去游览。这是神户热闹的中心之一。柏油的街道并不见得怎么宽，也没有电车轨道经过。两旁整齐的铃兰式的电灯连成无数的辉煌的弧线。这种路灯的式样听说是日本一个工科教授所设计的。街道两旁开着日本风的各种小商店，间或也有宏壮的大百货店，和华丽的跳舞场咖啡店之类。有一段马路上成列的摊贩，在各自装着的瓦斯灯下做生意，使这市街更添了热闹。我们夹在各式各样服装的人群中间走，不时听到从两旁传送过来的无线电广播的日本歌曲的音调，看到青年们挽着舞女的手臂从跳舞场走出来，禁不住心头漾起了绮丽的异国的情味。

回到旅馆已经十点钟了。潘副领事知道我们明天早上就要到大阪去，深晚偕同领事馆主事陈德斋到旅馆来跟我们长谈了一番。幸亏他们两位的指点，我们在以后的旅行上得到了不少的便利。我们真忘不掉他们的厚意和教益。

六、从神户到大阪

次日早上，兵库县警署的一个巡查到旅馆里来，向我们噜噜苏苏地探问了一番。等他去后，我们匆匆地收拾好行李，便到丸之宫车站上阪神电车。不一会电车就开了。从车窗一路望去，满眼尽是朝天的大炮似的工厂的烟囱，以及密如蛛网的电线，在地平线上衬托着明媚的远山景色。车道两旁各个村落上，鳞次栉比地矗立着日本风和西洋风的各式的住宅。那些日本风的住宅有许多看去很精雅，连带着绿色的美丽的庭园。这一带真是日本可以夸耀的区域，我们很少见到破陋的农家。

到大阪车站已经是中午时分了。这车站是电车和火车都停的，虽还在扩充工程进行的期间，可是规模的宏大，从站台上就看得到了。出了车站，我们跟着大群的行人，穿过了满是电车汽车和公共汽车的极阔的马路，便在车立一条较狭马路上找到了一个旅馆，把行李安顿下来。于是我们踱进附近的酒家，吃了一顿牛肉的锅烧。饭后叫了"太克希"到本田町中华北帮公所去。大阪的"太克希"真多得可惊。有些马路上，只见空车连串地驶着兜生意。这种现代的交通利器已经使日本自国所发明的人力车渐渐儿归于淘汰了。现在大阪全市听说只剩这三百部人力车，是专给好奇的西洋旅客乘坐的。

"太克希"的租费，在大阪和东京都比神户便宜些，起码是三十钱（日金）。车厢前部装有租费自动指数计。过了三十钱的里程，指数计上就跳出四十钱的数字来。此后每逢驶过了一个什么单位的路程，就再加十钱。乘客叫车子用不着问价钱。我们的"太克希"从车站前到本田町中华北帮公所只要五十钱。

中华北帮公所是北帮华侨集资自建的一所大洋房，附设着我国驻大阪领事办事处。大阪是东亚最大的工业都市，欧美各国都设有领事馆，可是跟日本关系最密切的我国偏在大阪没有正式的领事馆，这委实是一种遗憾。我国政府早想在日本添设几个领事馆，可是一则因为领馆经费缺乏，二则因为要获得日外务省的同意，难免要有交换的条件。所以只在重要的都市添设几个领事办事处就算了。原来添设领事办事处照例是用不着征求日本政府的同意的。然而自从我国在日本添设了几个办事处以后，日本政府要在华北一带发展日侨的势力，也就在我国许多非通商口岸添设起领事出张所来了。

我国驻大阪领事办事处设在中华北帮公所的楼下，有一大间屋子是货单签证处。在这对面的领事办公室里，我们会见了任家丰领事。他是宜兴人，从小在日本读书，奉派到大阪任职已经三年余了。他一见如故地跟我们闲谈了许多时候，还给我们写了一封致大阪市长的介绍信。我们问到大阪的侨胞情形，承他答复如下："大阪华侨约有二千二百人，大部分是贸易商行商理发匠和厨子。贸易商的生活当然比较的好些，可是他们的营业状况也一年不如一年了。此外的侨胞就都只能苦苦地过着日子。侨胞的乡土观念很浓厚，商人方面分成南北两大帮，各设有公所。北帮公所势力较大，入会商号约有三百家光景，还附设着一个学校，叫振华小学。这是大阪华侨自办的唯一的学校。南北两帮共同组织的团体，叫华商商会，采用着委员制，有常务委员七人。此外大阪华侨的团体还有旅阪华商绸业公会，大阪华侨理发公会和大阪华侨料理业公会。"

回到旅馆，一个大阪警署派来的便衣巡查正等候在那里。他问明了一切，知道我们不是什么 SPY 便对我们说道，"在这次的长途旅行中，你们当然有稿子寄到贵报去。写的时候，请不要写到我们社会上坏的方面，只写写好的方面就是了"。我们不愿他缠下去，便顺口回答道，"不打算在贵国长住下去，恐怕要看出你们骨子里的坏处来，也不很容易吧。况且我们是到贵国来观光的，当然想在好的方面多多学得些"。

七、大阪市厅

次日早晨，我们到大阪市厅（市役所）去参观。市厅在

287

中之岛大江桥畔，是一所富丽堂皇的六层大厦。门额上的市徽好像"不"字，据说就是从前做着航海标识的浮标的简形。厅内组织分为一局（电气）九部（土木、保健、港湾、教育、产业、庶务、水道、社会、监查）二课，（秘书、会计），由三助役帮同市长统辖着。市长是市议会所选举，助役连同掌管财政出纳的收入役和副收入役是市长所推荐而由市议会通过的。现任大阪市长名叫加加英武夫。

上了宏丽的大理石的大楼梯，向一个十六七岁的学生装的给仕递了名片。于是大阪市长派了书记的场三郎，在一楼的应接室接见我们的场君答覆了许多问话，惠赠了几种印刷品，还陪了我们上五楼。在近百的男女职员坐着绘图，测算，打字抄写的广间里，他介绍了土木部庶务系长平河漾一跟我们谈话。从两君的谈话上，我们略知大阪市最近的建设状况如下：

"大阪市一九二〇年所决定的都市计书经过了几次的修正和补充，已经全部实施了。现在正进行着第二次都市计书的工程。都市计画所所括的地域，现在的大阪市及其附近十一个町村总计面积二百二十七方公里，其中住居地域约占三成，商业地域约占一成四，工业地域约占三成七分六，未指定地域约占一成八。全市街道现有九千五百条。最出色的林荫大道御堂筋今年可以全部完工了。这条大道从大阪车站直通到难波，阔四十四公尺，种有树木四列，划分走路，高速车路和低速车路下面还筑有地下铁道，行驶着高速电车。这真是现代都市的模范路。关于街道两旁的建筑物在都市计画上也有改善的办法。大概市内的枢要部分指定为防火地区，所有的建筑物，都须构造得有防火防震的作用。近郊的山林地带指定为风致地区，力求自然美的保存。商业繁盛的地带指定为美观地区，力求建筑物的整齐和美观。至于市内的桥梁，约计一千三百余座，防火防震的建筑居多。可是木造的也还不少，现正一一预备着拆造。"

"都市计画以外，最可注意的建设工程就是筑港。大阪的初期筑港工程，费了一万万圆日金，在一九二九年就大体完成了。第二期筑港工程正在进行着。防波堤共长九千四百公尺，港内面积六百五十五万方公尺，可以停泊一万吨以上的轮船。这几年大阪的港务发展得很快，因此大阪港的国外输出贸易已经超过横滨港了。"

八、大阪城

午后在旅馆里承任领事过访。他邀了我们去游大阪城。

大阪城是日本历史上无比的民族英雄丰臣秀吉所造的。他侵略过朝鲜战胜过明军。日本民族向大陆发展的雄心也许可以说是出于他的战功的启示的吧。自从一五八五年，他征发了成万的民夫筑起这个空前坚固的石城来以后，他的声威不但慑服了全体的岛民，甚至还使当时中国的朝廷也有些震惊。明朝的神宗皇帝怕他再来侵犯国境，想用怀柔政策来对付他，于是派遣了正使杨方亨副使沈惟毅渡海到日本去。这两个使臣便在大阪城里向丰臣献了金印，递了国书。国书上最重要的一句话就是："特封尔为国王"。殊不知丰臣根本瞧不起我们这一个泱泱大国，他听到受封的话竟大怒起来，对着中国使臣，把明朝皇帝辱骂了一番。等到方沈两使狼狈回来，明朝皇帝明知道丢了面子，也无可如何。这一个历史故事是日本人最所夸耀的，连小学教科书上也特别强调地记述着。然而在我们中国人看来，这可不是中国对日外交失败史的第一章么？

除了这么一种历史的意义以外，大阪城还有一种更重要的，地理的——也仍然可以说历史的——意义。我们须知今日那么繁盛的大阪在十六世纪原是一片荒烟蔓草。丰臣秀吉造好了这座城，大阪方才奠定了都市的基础。此后这都市逐渐地发展起来，终于变成了日本资本主义的重心。

今日的大阪到处都有富丽堂皇的建筑物表现着机械文明的威势了，但是三百五十年前完全用人力筑造的大阪城却还不能不使我们惊叹一番。这座城完全用大石头堆成。城门旁边嵌着的几块尤其大得惊人。当时丰臣秀吉手下的人们怎样把那么多的笨重的大石头，纯粹用着体力，从山上远远的搬过来，堆积得那么整齐，那么弥缝，委实是机械时代的我们所想不懂的。

大阪城的大部分连同城外的广场已经划作公园了。五年以前，大阪市民捐集了一百五十万圆的经费，把这个公园创立起来，作为昭和登极的纪念事业。因此，不但城内外到处有着赏心悦目的绿荫和草地，而且城内还巍然耸峙着一个新建的桃山时代式样的天守阁，使游城的人们更加增添了兴味。

这个供市民游览的古城，在历史上做过几次的战场，在今日似乎也还是杀气弥漫的军事地点。我们一进城，就看见左右两西式的房屋，招牌上写着陆军兵器支厂和兵器库。再进去又看见第四师团司令部。这所黄褐色的高大的四层洋楼，仿佛睥睨着斜对面的那一所纯日本风的尊贵的纪州御殿。殿前是日本式的庭园，略有假山和林泉的点缀。我们沿着园路直进，再上石阶数十步，便到天守阁了。

天守阁是一座巍峨的高楼，白的墙，黑的瓦，檐只五重楼，有八层，楼顶金光灿烂的闪耀着一对鱼头似的装饰物，名叫金鯱。这一种数百年前的建筑式样听说是借一幅古屏风上关于大阪城战事的绘景做蓝本的。可是也只有外表如此。一进里面，就觉得这是全用钢骨混凝土建造的非常坚固的现代建筑物了。我们在楼下买了观览券，乘了电梯上去。到顶楼凭着阑干向四边的风景眺望了一会。于是走下来参观各层的陈列品。那些陈列品都是大阪历史上的遗物，有先史时代的鬼板和古陶器，有建都时代的种种器物，有乡土先贤的许多遗像，有历代名人各种书画，又有最初从荷兰输入的天文镜之类。丰臣秀吉所遗留的东西在那里保存得很多，最引起注意的是他的旗标古兜古剑以及他的笔法优秀的墨迹。这些三四百年前的古物该使一般的观览者追怀到那位征略过大陆的英雄的勋业吧，然而我们却没有这样的怀想。我们看了建都时代的衣冠文物，只感觉到日本从中国文化上所承受的恩惠多么浩大罢了。

九、两个新闻王国

游过了古典的历史的大阪城，我们要到现代日本的两个新闻王国去。这个夸张的名称，是有些日本人给予"大阪朝日"和"大阪每日"的。就是资本的雄厚，声势的浩大来说，这两家报馆的确可以压倒全国其他的报馆，左右日本大多数国民的思想了。前者统辖着东京朝日，后者统辖着东京日日，在全国其他的大都市，还都遍设着规模不小的支社和支局。最近听说日本各地魄力较大的地方报也渐渐有着归附到这两大新闻系统的趋向了。如新爱知新闻之于朝日，名古屋新闻之于每日便是一个例子。近代日本资本主义的发展使全国的产业都有集体化的倾向。不仅新闻业是如此。大家知道当今日本最大的两个财阀三井和三菱，不但在全国工商业的重要部门都占有莫大的势力，就是都市上的大百货店和大戏馆也往往不出这两大财阀的系统。有人说：大阪朝日代表着三井系的舆论机关，大阪每日则代表着三菱的。从两报的态度上看来，这番话不无几分可信吧。

在中之岛的大阪朝日新闻社，和在堂岛的大阪每日新闻社是隔桥相望的。这两家报馆，上一天晚间我们都去访问过。因为他们主要的办公时间在午后不在晚上，我们所遇到的两报的职员都约我们到次日午后三点钟去正式参观。我们走出大阪城，时间还早，任领事便邀我们先到大阪朝日新闻夸称为艺术的殿堂的朝日会馆去吃些茶点。朝日会馆是一所黝黑色直线型的六层大厦（地下室除外）矗立在大阪朝日新闻社白色横线型的十层社屋的旁边，愈加显出近代建筑的壮丽来。四层以上的公演场，容得下一千七百的看客，通常映演着电影，或者举行着演讲，跳舞，戏剧音乐之类；三层的展览场时常开着各种艺术展览会。二层是事务室和吃茶店，一层的里面部分和社屋相通，做着《朝日新闻》的印刷厂和发送场，表面部分则开着百货店。从那里上了楼，在挤满着人们的广大的吃茶室里，我们同任领事围着一张小小的玻璃面的圆台，喝了些咖啡和红茶。于是快到三点钟了。我们别了任领事，走进所要参观的朝日新闻社正屋去。

一进门就是营业局的广大的办公厅。长列的黑色人造石柜台的后面坐着几十个忙忙碌碌的职员，其中五六个年青活泼的女性在进门的一端，担任着"受付"（收发）的职务。她们接了外面送来的什么稿件或是信件，先在一张表格上登记下来，接着把那收件放在真空运送机上革制的圆筒里，靠机械的作用送达到楼上的什么部分。我们访友的名片也用同样的手续送到了编辑局。于是一个学生装的童子走来，引导我们上楼去。

在编辑局的会客室里，我们跟东亚部部长神尾茂通信部记者本乡贺一飞机师新野会了面。神尾和新野两君是去年乘朝日访问机到上海的时候相识的。本乡君则是住在北平的记者，新近才返国。承这三位友邦同业者的指教，我们领略了朝日新闻社内部组织的大体。在闲谈中间，神尾君向我们提出了这样的一个疑问："为什么贵国人老指望着日俄战争呢？""怪呀！这是那儿来的话？我们相信至少敝国的一般知识分子是决不希望我们的两个邻国开战的。因为大家知道一开战我们就要做第二的比利时了。"这是我们的回答。

我们跟三位朝日记者谈了半个钟头。于是一位担任着"案内"（引导参观）职务的朝日职员陪了我们到社内各部分去参观。朝日社是日本可夸的文化机关，凡是到大阪观光的团体少不得上那里去参观一次。因此参观的人们，天天都有，在春夏之交所谓观光节，特别多。我们跟着一个从乡村来的观光团和一群小学生，依着规定的参观路线一步一步地走去，经过了好些靠墙的铁阑干的走廊。这些走廊约有半墙高，是专为参观者而设的。各部门又都高挂着木板，写有简单的说明，也是专给参观者看的。我们先在写真电送室看到了写真电送机。这据说是世界第一精巧的西门加罗路司，台雷芬根式的机件，装接在普通的电话线上，可以自由自在地收发着照片，从这机上收摄的照片差不多清晰得跟底片一样。接着我们经过了编辑的门口，依着报纸的制作程序参观过去。各部门的工作效率都很高，机械设备也都很新，而工场的整齐和清洁尤其值得我们的赞佩。广大的印刷间里，接连地排列着二十一架新式的印刷机器，前端有不住地转动着的钢片组成的极长的带子承受了各架机器上印出的报纸，搬送到发送课去。印刷机器中间，有四架叫朝日式电光轮转机，是根据了朝日社的技术经验，打了图样定造的，印刷能力特别大，每小时可印报十六万大张。此外就都是美国式的超高速度轮转机了。

经过了普通的参观程序，承本乡君的引导，我们还进编辑局去参观。成百的人们聚集在一个极宽敞的广厅里分头工作着。这正是编辑局最忙的时间，因为次日朝刊的初版一到下午八点钟就得印出来，赶夜车寄到远处去。此后随时要更改版子，把新到的消息插进去，大部分可不会变动（朝刊和夕刊每天都出许多次，报角上的英文字母标示着版次）在我们看来，他们办事机能的敏活，简直比得上现代战争中的大军司令部。他们时常派飞机到远地去探访消息，用传信鸽到穷乡僻壤去带信。他们随时从朝日专用的长途电话线跟东京福冈通话。对于社内其他的部门，尤其联络得十分紧密。编辑局里装有真空运送机通到社内的许多部门，送稿子到排字部去就应用着这机械。但是在编辑局那样的部门，比起物质的设备来，究竟还是工作的精神重要得多了。关于这一点，我们所得到的印象就是秩序的整齐和组织的严密。此外我们还见到装了玻璃框高揭在壁上的四条"编辑纲领,"给大家遵循着朝日编辑纲领：（译文）第一，以维护天壤无穷的皇基为目的，图谋国家的安泰与国民的幸福。第二，善导国民的思想，使文化日日新，资国运的隆昌，伴世界的进运。第三，不偏不党，不忘公平无私正义人道的观念。评论稳健妥当，报道确实敏捷。第四，纸面的记事常常清新，但也考虑到对于社会的影响。具忠实重厚的气风，决不陷于轻薄。

在编辑局参观的时候，工作中的神尾君放下了笔走过来对我们招呼。他陪了我们进编辑局长室。这一间和广厅相通，四角摆着几张办公台，中央一张椭圆形的大桌子，周围是许多椅子，朝日社的干部人员就常在那里讨论编辑的方针。

神尾君介绍了我们跟编辑局长原田让三会见，我们便在那张大桌旁边坐下来，一面吃着冰果子，一面跟原田局长谈话。这位浓眉短须的和蔼的长者，在他那恳挚的态度和博雅的谈吐上很引得起我们的敬佩来。我们就新闻的编辑技术向他请教了一番。在得到各种有益的指示以外还承他惠赠他所著的"新闻之话"。他也许因为我们姓胡的缘故吧，问起我国的胡适博士。我们很惭愧，在新闻界混了这么多年，至今还没有认识这一位新文学启蒙时代的大师。从原田这一问，我们不由得想到胡博士至少在外国人心目中，还是中国新时代智识阶级的代表人物。因此我们不能不要求他把他的政治主张发表得更慎重些。看到他近来所发表的文章，他似乎已经把他原来的不很妥当的政治思想修正了，这是比较地可以欣慰的。

我们和原田局长正在谈话的时候，朝日社长上野精一，董事会长村山善举和主笔高原操从边门走进编辑局长室来。神尾君一一的给我们介绍了一下。上野和村山这两位朝日社的大老板都穿着黑色的礼服，显出他们很高的身分来。上野社长现年五十一岁，因为发顶微秃的缘故，看去比他真实的年纪苍老些。他那笑嘻嘻的微红的枣型脸上的表情显得他不但是一位英明的事业家，还是出色的政治家。村山和高原都蓄着短须，看去比上野年青些。我们和几位朝日王国的要人寒暄了一番。在寒暄中间，村山和我们作了如下的问答。

"如果现在我到贵国去，贵国人可会真心地欢迎我？"

"先生到敝国去，我们新闻界一定是竭诚地欢迎先生的。但是如果先生的意思是要试探整个民族的感情吧。现在去似乎还早些。"

"那么说来，这样的时候是不会有的了。"

过后，我们向神尾问到朝日的历史，据他说，大阪朝日新闻是明治十二年（一八八九）村山龙平所创办的，起初日出一张，规模极小，明治十四年到得了上野理一经济上的帮助，在两人共同经营之下，篇幅加多销路也就大增，明治二十一年又收买了东京目醒新闻，改组为东京朝日新闻。于是营业愈加发展，终于有二百余万（大朝东朝合计）的销数了。上野理一和村山龙平就是现在社长和董事会长的父亲。他们两人的铜像竖在编辑局外面的楼梯上首。神尾君陪了我们到那里去瞻仰了一番。于是我们向聚在编辑局长室的各位主人告了辞，再次谢绝了神尾君的约宴，走出朝日王国来。

十、百货店

在参观大阪每日新闻社这一天，我们到过大阪的两家大百货店。

这天早上，雨下得很大。我们走出旅馆来，看到这一大都市的雨景，另有一种情味。街上的行人们，男的女的，大都踏着高高的木屐，戴着纸伞或是布伞，像我们这样穿雨衣的少得很。一切汽车的轮胎外边都挂着橡皮条，或是棕刷，免得行驶时候，使马路上的泥水溅到行人的身上去。

我们要到旅馆相近的阪急百货店去看看，必须穿过大阪车站前面那条车辆密集着的阔马路。大雨时候要过这样的马路该是一件难事吧，然而大阪市的完善的交通管理制度却使我们能够不慌不忙地走过去。大阪市街上的交通警察少得很，交通秩序全是用机械来维持的。马路上的信号灯有红绿黄三种，靠电气的自动装置，轮流地亮着。马路上还有连串的大铜钉划定着横断步道。行人们可以等绿灯亮的时候从横断步道穿过马路去。胆大一点的在黄灯亮的时候穿过去也不要紧。

一进坂急百货店的门就是一个极大的穿厅。很多的人们在那里来来去去的走着。从那里进去，就是阪神高架电车站。这电车站不久可以跟相隔几十公尺的大阪车站打通，现在两者之间的地下道工程正进行着。我们在穿厅上了电梯，在阪急百货店的各部门饱览了一切。这百货店的规模似乎比上海的先施永安大得多，只是没有附设先施永安那样的旅馆和游戏场。各部门的货物都有着很多的花色。看去百分之九十以上全是本国货。日本的产业发展到怎样的程度，从那里就可得到相当的认识了。这百货店里有绘画展览场有人形陈列室，有十钱均一五十钱均一的特卖场，有一小时内可以取件的摄影室，最可注意的是七楼的大食堂。

这大食堂估有七楼房屋的全部，用低廉的价格售卖着日本式中国式和西洋式的各种饮食物。非常宽敞的广厅里摆满着大大小小的食桌，容得下二三千的食客。门口两列玻璃柜里陈列着五颜六色的各种饮食品，一一标示着名目和定价。一客咖啡只卖五钱。一客西洋 Lunch（简易餐）只卖三十钱。

中国食品也有几种花样如蛋炒饭，支那面之类。支那 Lunch 这一种名目，最奇特。这是一大盘夹杂的小菜和一大碗白饭，定价三十钱。我们走进食堂去，正在中午的时候。食堂里挤满着人们。我们找了好一会，才在一张大桌子旁边找到了两个空座位。于是一个女给仕走过来，把我们所要叫的饮食品的价值算一下，给我们到门口柜上向一个女掌柜买来几张小小的食券，（这食券共分十来种，从五钱到五十钱）因为照那里的规矩是先付账后吃的。不几分钟我们所叫的饮食品就从厨房窗口搬到我们的面前了。

用过了午餐，我们走出阪急百货店。下午参观了每日新闻社以后，坐电车到南区难波新地去。

大阪电车的车费同日本其他各大都市一样，采取着均一制。不论远近，单程七钱，来回十四钱。车上的卖票员都是女子，对乘客服务十分周到，每到一站就高呼站名，请要下车的下车，等到车开了，又报告次站就是什么了，请要下车的准备着。乘客下车时，卖票员把车票收回去撕掉。如果要换车，她就另给一张画有电车路线的较大的车票，在目的地和换车地的站名上打了洞。乘客照着车票上的路线去换车是很方便的。

我们在难波新地看到了纯日本风的街景。这是大阪南区的热闹中心之一。街路不很宽阔，两旁日本式的房屋居多。我们在街路上闲踱了一会，顺便走进那方面最宏壮的一所大厦"南海高岛屋"去。这家大百货店内部的布置同阪急百货店相仿佛，不过高价的货物似乎没有阪急那样的齐备。

大阪全市的大百货店，除了阪急和南海高岛屋以外，还有五家，就是三越，大丸，十合，松坂屋和高岛屋。这些大百货店没有一家不是从吴服店（绸缎布匹商店）扩充的。营业年年的发达起来，使一般的小商店在营业上受到极大的打击。近年来小商店方面组织了公会，靠团结的力量来抵抗大百货店的势力。百货店业因此也组织了公会，造成百货店的联合阵线。在双方营业竞争到白热化程度的时候，大阪府厅、市厅和商工会议所是常常出面来调停的。

《申报》，1936 年 7 月 13 日—1936 年 8 月 16 日连载

本縣開設了聚成南貨舖，靠經商的利潤購置了田地一百多畝。飽死後，這家老店就一直不賺錢，我的父親醉心于讀書，不肯做生意，于是把老店盤給三祖父的學生，老店的老掌櫃了。

　　老店出盤以後，我的父親獻身于本縣的教育事業。他約集了地主階級的一些開明分子，把本縣第一個課目完備的新式小學——第一簡小小學創辦起來，他自任校長，接著又創立了蘿峯女校，開本縣女子教育的先声。這都是辛亥革命

附录
①

兄弟同心

——胡愈之与胡仲持合作共事的片断

胡序同[*]

他们俩是五兄弟中的老大和老二，相差四岁。

少年时代，大哥胡愈之在绍兴中学上学，与还在上小学的二弟胡仲持与堂弟伯垦合编了家庭杂志，出了两年，还得到他们父亲的鼓励。他写了一首打油诗《戏题家庭杂志》投到《申报》登了出来，开头两句是：自来家庭无杂志，家庭杂志我家始，主笔者谁家阿愚，阿志阿勤左右史，左史记言右记事……吁嗟乎！不饱书生饱蠹鱼。这本家庭杂志出了两年。

1922年，二弟胡仲持进入报社工作，担任记者与编辑，就住在大哥胡愈之家里。二弟胡仲持的英语比大哥胡愈之好些，业余时间两人面对面的坐着翻译外文小说，同时还都参

---

* 胡仲持长女，原南京机械专科学校党委副书记。

304

加了当时鲁迅、沈雁冰等发起的文学研究会。

1926年，俩兄弟协助章锡琛等人开办开明书店，这批文人以文稿作为股金入股，因此都积极的写作或翻译，书店兴旺，个人收入也增加了。

二弟胡仲持在县小的同学叶天底、王一飞是早年的共产党员，王去苏联，他们曾资助路费，叶天底在上虞农民运动中牺牲，是他们崇拜的英雄。后与上海的同乡青年集资创办《上虞声》（四开周报）上海编印后寄上虞分发，这刊物由他们兄弟所编，内容以反封建为主，针对上虞政治作相当的讨论还登载些民间故事。上虞开明士绅朱云楼富于正义感，决心捐助一些经费买铅字机器把《上虞声》改为三日刊，移到上虞去办，二弟胡仲持被邀去筹备，便请了半个月假帮朱把报办起来，把当地青年团结在周围，报纸暴露了地方土豪一些胡作非为的黑暗事实，一个土豪畏罪自杀。

1927年4月15日，大哥胡愈之等七人签名的抗议信通过二弟胡仲持在《商报》上发表。时年夏，二弟胡仲持把家属接来上海，就在宝山路鸿吉坊同一弄堂找了一幢楼，关系密切。不久在二弟胡仲持家客堂成立了上海世界语协会的办公室。

1930年，大哥胡愈之从法国经苏联回国仍住宝山路，因离商务近。1932年一·二八对日抗战，前夕因二弟胡仲持在报社消息灵通，把医院里的大哥胡愈之与全家从闸北撤到租界旅馆。家庭书籍全被战火所毁，最可惜的是兄弟二人有几

1967年，与四个女儿在永安里宿舍。左起：大女儿胡序同、三女儿胡令升、胡仲持、二女儿胡德华、小女儿胡明

部未出版的手稿毁在商务印书馆。不久大哥胡愈之与二弟胡仲持家属同时回家乡，二弟胡仲持留上海《申报》工作，大哥胡愈之伤寒病严重，到1932年夏大哥胡愈之与二弟胡仲持家属回上海住吕班路万里坊，不在一幢楼，就在附近。1933年仲持家搬到极斯菲尔路。1935年春，大哥胡愈之又希望两家合住在法租界巨籁达路大德村一幢四层楼房。

　　大哥胡愈之在晚年多次谈起新中国成立初《申报》不该改名，在抗战前《申报》是代表比较进步的民族资产阶级，1934年史量才被暗杀，但他的儿子脱难，以后国民党不敢公然干涉编辑部，容纳了相当数量的左派作家的稿件，和有关救国会的文章，其中不少是通过两兄弟见报的，常吃饭时谈稿子登报问题，有时没有及时登出，大哥胡愈之就会严厉批评二弟。

对生活书店出版的一些杂志有一些是大哥胡愈之创办的，如《世界知识》杂志等，二弟胡仲持总积极写稿，有的是每期连载，如介绍世界各国地理情况的。

1935年12月，大哥胡愈之因单线联系人被捕突然出走，住大德村房租太高，二弟胡仲持负担不了，搬迁到福煦路民德里。1936年夏，大哥胡愈之返沪，民德里挤不下，才搬到福煦路安乐村，前门是巨籁达路属法租界，后门属公共租界。原认为进退方便，这段时间他们忙于救国会的工作，二弟胡仲持还任文化界救国会的总务委员营救杜重远与"七君子"。并编大型文摘刊物《月报》，编辑部设在前面一条马路即蒲石路，二弟胡仲持做的具体工作多些，还有编辑王任叔、舒恬波。

"七君子"释放，大哥胡愈之办家宴欢迎。

上海沦陷，他们坚持在孤岛开展文化出版工作，就挤出会客室创办"复社"。以最快的速度出版《西行漫记》《续西行漫记》《鲁迅全集》等书。大哥胡愈之为推销《鲁迅全集》去香港到武汉，不久租界当局来逮捕大哥胡愈之，结果把二弟胡仲持及五弟胡霍与职员陈明抓去。过了几个月敌人又来抓"复社"经理张宗麟，张还没上班，又把他们三人抓去，都经地下党营救释放。

1940年夏二弟胡仲持遭汪精卫通缉逃亡到香港，住国新社翻译日文报纸，编发稿件。秋天大哥胡愈之从桂林到香港，兄弟俩短期会合，12月大哥胡愈之去新加坡。

1945年日本投降，大哥胡愈之来信要二弟胡仲持去香港住文化供应社（与国新社一起）先是给《华商报》《国新社》《自由世界》写稿。1947年11月，大哥胡愈之在新加坡创办《南侨日报》，二弟胡仲持任该报驻港特派员。

1949年，二弟胡仲持参与接管《申报》后，留在《解放日报》工作。

1950年《世界知识》复刊，大哥胡愈之建议二弟胡仲持调来北京工作并住大哥胡愈之家。夏天，二弟胡仲持调入人民日报社工作。

复社与胡仲持

胡德华 *

1937 年 11 月，上海沦陷。英法租界成为"孤岛"，没有武装的文化战士则坚守阵地，与敌人展开韧性的战斗。我父亲胡仲持那时还不是共产党员，党组织认为他不入党更便于工作；对他自己的同志一样关怀和要求，使他在"孤岛"时期能跟上形势，做了一些工作。

从一次"冒险"说起

1938 年初，伯父胡愈之还在上海。有一次，他在埃德加·斯诺家看到一本刚从英国航空寄来的斯诺新著《红星照

---

* 胡仲持二女儿。曾任《新少年报》总编辑、社长；中国少儿出版社总编辑、社长；团中央书记处书记；全国妇联党组副书记、书记处书记；全国人大常委会委员。

1958年，胡仲持与家人在人民日报社宿舍，左起：胡仲持、范玉蕴、胡德华

耀中国》。他借来一读，为这本书的内容所吸引。国民党蒋介石反共十年，封锁苏区并造谣污蔑说什么"共产共妻""杀人放火"，使人们无法正确理解共产党。抗日战争后，虽然共产党的坚持团结，坚持抗日的主张逐渐为人们所了解，但是对于共产党，对于红军，对于苏区究竟怎样，始终是个谜。这本书如能在上海及时出版，将对人们了解共产党有很大好处。他和朋友们商量后，决定立即翻译出版。翻译，这好办，他把这任务交给我父亲和他的朋友们。但是出版要有

个承担义务的出版社，在当时形势下，哪家敢公开出这样的书啊！那就自己办个出版社，取名"复社"！既是学习明末江南爱国志士的"复社"，又有复兴中华之意。由救国会张宗麟当经理，我父亲参加了筹备。复社就设在我们家。当时伯父和我们全家一起住在英法租界交界处，前门是巨籁达路一百七十四号（即现在的巨鹿路），后门是福煦路（即现在延安中路）安乐村，在特殊情况下，进退都较方便。这是一幢单间三层楼房子，我们把底层前后间和二楼亭子间让给复社，全家挤住二三楼。在复社办公的除了张宗麟、我五叔胡霍，还有一个叫陈明的青年，这个青年是共产党员，后来到新四军根据地牺牲了。经常来复社的有王任叔、郑振铎、梅益、冯宾符等同志。

出版要买纸，要印刷，没有钱就依靠广大读者解决困难。主要采取发预约券的办法筹集资金。当时地下党开辟各种阵地进行救亡宣传活动。在青年会有一个周二座谈会，参加的有文化界、教育界、工商界等各方面的知识分子。座谈会主要是宣传救亡抗日、交流思想的碰头会。我伯父在座谈会上对斯诺这本书作了一番介绍，大家都表示支持出版。预约券在会上就销售一空。这本书定价二元五角，预约一元，初版两千册，就有两千元资金。筹办复社的同志们也省下生活费用，拿出每人五十元银圆，这样就可以买纸付印了。我伯父熟悉商务印书馆的印刷工人，当时商务已内迁，不少工友留在上海，把一些小印刷机搬进租界，他们正想找点事做。于是伯父请他们排印。商务的印刷工人以最大热情承担了这本书的印刷任务，并事先声明不要预先付钱，待书籍出版以后再付。

为了抢时间翻译，这本书由我父亲和王厂青、吴景崧、邵宗汉、林淡秋、倪文宙、陈仲逸（即胡愈之）、梅益、章育武、傅东华、冯宾符等十一人把英文版新书拆开，一人一篇；不到一个月，全部译完。加上许达原来已译出的那部分，由我父亲对译稿作了校订。最后由我伯父对全书作了润色，并写了"附记"。为了适应当时的环境，书名改为《西行漫记》。在附记中，除了介绍作者简历及作者去陕北的"冒险"采访，写作的经过以外，着重说明：这是复社出的第一本书，这是由读者自己组织，自己编印，不以盈利为目的而出版的第一本书。这是一种"冒险"的试验。这种冒险的试验要是能够成功，固然依靠一切文化人的赞助，同时也依靠这一本书的内容，能够受到广大读者的欢迎。但是，我们相信，这冒险是一定成功的，也正像本书作者的"冒险"成功一样。

这是一次十分成功的"冒险"，一本三十万字的长篇报告文学，从翻译、发稿、付印到出书，前后不到两个月，这是出版史上的奇迹。1938年2月第一版两千册，很快又印了二版，三版。到次年1月，就印行了四版。不到一年四次重版，也是出版史上罕见的。这充分反映"孤岛"各界人士对新生革命力量的向往。

在出版过程中，曾发生一个小小的插曲。那时大家兴高采烈地看了样书，我伯父又把样书送给斯诺，斯诺为中国朋友翻译出版《西行漫记》的热忱所感动，事先声明不要版权，还提供了英文版所没有的珍贵图片作本书插页。此时他看到样书十分高兴。但是在他看样书后的第二天大清早，便匆匆跑到我家，敲开了我伯父的房门，沮丧地说："你们的书使我遭到了不幸，妻子和我吵了一夜。"弄清情况，原来是我伯父写的"附记"上把斯诺的夫人按苏区习惯，称作爱人，在西方，爱人与夫人是不同的概念，斯诺夫人看后大发脾气，斯诺再三解释也没有得到夫人的谅解，他只好跑来找我伯父。直到纸型挖改，重新印刷"附记"后才使误会冰释。

《西行漫记》是国内详细介绍红军长征的第一本书，而且是一个外国记者公正的，客观的，毫无党派之见的报道。叫人读后热血沸腾。红军神话般的长征多么令人神往，共产党领导人传奇式的革命经历多么令人崇敬；活跃在西北这一群红色人物，从高级将领到小红鬼，个个都是令人钦佩的英雄，因为他们有崇高的共产主义理想，他们才是真正为劳苦大众谋幸福的。这不是一般的报道，是诗一样的赞歌。广大读者读了这本书，仿佛从黑暗中看到了光亮，大批青年奔赴延安寻找共产党。《西行漫记》出版后，国外不少出版社纷纷翻印，在华侨中也引起强烈的反应。这本书所激起的巨大反

胡仲持与家人在人民日报社宿舍。左起：胡明、范玉蕴、胡舒立、胡仲持、胡德华

响，大大超出了复社同志们的预料。

　　这次"冒险"的成功，使上海文化界更有信心坚持战斗。有一天，许广平同志对我伯父说起鲁迅的文稿。她说鲁迅的手稿已全部整理完毕，堆放了一大屋子。她很担忧在战火纷飞的环境里，不知道怎么保存才好。伯父说："如果日本帝国主义一占领租界，文稿一定会给鬼子搞掉；如运到后方，交通困难，也不保险。最妥善的保存就是出版。"要想办法把鲁迅的文稿全部赶印出版。这项艰巨的任务就交给复社。显然是《西行漫记》的出版成功，鼓励复社的同志们。于是仍

然采用"冒险"的办法，印行预约券。但是《鲁迅全集》容量很大，六百万字的巨著不像出版《西行漫记》那么简单，无论从人力到资金都需要花更大力量。于是，由许广平、王任叔成立一个编辑全集的班子。复社的一些朋友们精心设计，准备出三种版本，一种是红色布面的普及本。以较低的价格，照顾广大读者。另外两种又分甲种本乙种本，甲种用精致木箱装的高价预约。为了设计木箱和装帧，复社办公室摆满了大大小小的木箱和设计图。先发纪念本预约券，每套分甲种本一百元和乙种本五十元。《鲁迅全集》原来拟请宋庆龄先生题字，为了使全集能够在国民党统治区发行，同时约请蔡元培先生题字。于是，在1938年4月，伯父带了预约券，立即专程赴香港找蔡元培，请他为精装本书箱题字。以后又到广州、武汉，沿途用茶话会形式，介绍《鲁迅全集》，当场销售书券。我伯父到武汉后，因周恩来同志和郭老留他在三厅工作，没有再回上海。筹集资金的成功激励了复社的同志们，编印《鲁迅全集》的工作以最快的速度进行。但编《鲁迅全集》有个专门班子，需要生活费，光靠预约券的收入是解决不了问题的。在经费极度困难的情况下，地下党组织拿出了一笔相当数目的钱，使《鲁迅全集》的编校工作能顺利进行。辉煌巨著从编校、抄写到排印、出版，用了不到四个月的时间，又一次体现上海文化界团结战斗的革命精神，为我国出版史上增添了光辉的一页，复社的名字更深地铭刻在广大群众的心里。

在出版《鲁迅全集》同时，我父亲还和他的朋友冯宾符、凌磨、席涤尘、蒯斯曛、梅益、林淡秋以及我五叔胡霍一起翻译了斯诺夫人宁漠·韦尔斯的《续西行漫记》，这本书在1939 年初出版。

复社的同志们还秘密翻印了《列宁选集》和毛泽东同志的《论持久战》与《论新阶段》。

在《申报》和《译报》社

父亲的职业在抗战前是《申报》的编辑。1937 年 11 月上海沦陷后，在英租界的《申报》和"孤岛"的其他报纸仍继续出版。12 月 5 日，敌人在英租界南京路哈同大楼成立新闻检查所，强迫各报送检。事前各日报的同业公会有一条决议：到敌人检查新闻时，各报一律停刊。我父亲所在的《申报》即与《大公报》遵照决议停刊。

在抗日报纸停刊后，汉奸报纸纷纷出笼，必须设法夺取阵地。1938 年初，利用帝国主义之间的矛盾，不少进步报刊挂起洋商招牌复刊，抵制敌人的新闻检查。洋商挂牌是报刊用一笔高薪雇一个洋商做发行人，其实只是买了一张招牌。这种办法在前清，在北洋军阀统治时期，上海的民办报纸都采用过，现在他们又把这面盾牌高高举起。《申报》也跟着挂起了英商招牌。在这年10月重又复刊。《申报》复刊后，不设总编辑。开始时设总务委员四人，我父亲是其中之一，他负责社论和副刊。不久，原《时事新报》总编辑潘公弼担任总务委员的首席委员，主持言论。潘公弼写社论专用文理不通的文言文，绕半天笔头，仍然不知所云。有时还发一些莫名其妙的谬论，说什么中国抗战必须依赖外力，说什么国军在武汉撤退时，要不是蒋介石发表告国民书，全国抗战早已动摇等等。我父亲写的社论（其中一些是恽逸群、梅益、郑振铎、冯宾符、柯灵等写了通过我父亲发表的）经常与潘公弼唱对台戏。所以《申报》在当时给人"政出多门"的印象。

《申报》复刊后，《自由谈》副刊也同时恢复。由我父亲向《申报》经理马荫良推荐，王任叔任主编。王任叔主编《自由谈》从10月10日到10月31日，不过22天，但与《申报》内外关系搞得十分紧张。王任叔的稿子除了经常要触痛那位奇谈怪论的潘公弼外，还挑起了与《译报》的《大家谈》副刊主编阿英的论战。两个进步的文艺副刊，自己人与自己人展开冷嘲热讽的论争，不利于团结。《申报》经理马荫良认为这样不妥，要我父亲劝说王任叔。王任叔同志哪里肯听，仍然继续打笔头官司，于是《申报》决定撤换《自由谈》主编，又要我父亲去说服王任叔自动辞职，来一个和和气气的下台，不料王任叔为此大发雷霆说："偏不辞职，要他下令开除。"在这种情况下，《申报》经理部写了一封辞退信。王

1967年，胡仲持在北京永安里寓所前与女儿、女婿及侄子合影

任叔虽离开《申报》，但仍对报社耿耿于怀，最后由我父亲、吴景崧、郑振铎、恽逸群等与王任叔、马荫良一起吃了一顿饭，互相说明情况。这件事，使我父亲在《申报》处于左右为难的境地。

我父亲在《申报》停刊期间就参加了《每日译报》的工作。《译报》于1937年12月9日创刊，是四开报纸。它一出版，就以鲜明的观点超过当时其他报纸，它专门译外国报刊的重要文章，有对战事的分析和报道，有暴露敌人弱点的消息，有分析国际形势的专文。十天之内销数高达三万多份，引起敌人注意，到 12 月 20 日就被迫停刊。但是到了 1938 年 1 月 21 日那天，《译报》挂起了英商中华大学图书馆孙特司·斐士及拿门鲍纳的牌子，重新出版。复刊后的《译报》内容与前大致相同，以后又逐渐增加文艺副刊，并经常刊登斯诺写的介绍红军将领的文章，以及介绍苏联人民幸福生活的通讯。我父亲在《译报》负责国际版，恽逸群同志负责国内版，王任叔同志负责副刊。这张《译报》深受上海群众的欢迎，而这张报纸的重要言论是各国驻华使馆每日必读的。可见，这张报纸的影响。但由于办这张报纸的都是像我父亲这样不会理财的文化人，不善经营，报纸一直亏损，完全靠广大读者支持。到 1939 年 5 月 16 日，因挂牌洋商被汪派收买，政治形势更加恶化，被迫停刊。

积极介绍苏联文学

在 1937—1938 年编《译报》时，我父亲还主编《集纳》和参加《译报周刊》的编辑和撰稿。

《集纳》在 1937 年 12 月 11 日创刊，父亲以"宜闲"的笔名为主编，发行人是金人。这是一份十六开二十四页的翻译杂志。这个杂志完全翻译介绍外国报刊上的重要政论性文章。每期用外国电讯社稿编成世界论坛，选用各国通讯社的报道，阐明一个个问题，生动活泼，有吸引力也有说服力。

《集纳》还刊有文艺作品，几乎每期都提供一篇苏联文学作品。我父亲虽然一直从事新闻工作，但他业余酷爱文学。早在1919年五四运动时，父亲受"新青年"影响，在宁波效实中学参加学生运动时，主编学生联合会的刊物《自助周刊》，在周刊上发表了他第一篇创作《密卡陀》，这是讽刺日本天皇的小说。在1922年以后，父亲开始翻译欧美文学作品，以后又对苏联和弱小民族文学发生兴趣，译作陆续发表在《东方杂志》和《妇女杂志》上。他加入文学研究会后把德·苏台德曼的《忧愁夫人》作为第一批文学研究丛书出版。所以在编《集纳》时也不例外，几乎每期都有他一篇文学译稿。

他在《集纳》上发表的绝大多数是苏联短篇小说，有反映苏联劳动人民热爱新生活的《玛莎姑妈的家属》，反映苏联人民崇高品质的《他要做英雄》和《女儿》等等。另外，他还译了不少知识性的短文及书评。经常为这个杂志写稿的有贝叶（冯定）、梅益、冯宾符等同志。

《译报周刊》从1938年10月创刊，发行人就是《译报》的挂名老板孙特司·斐士。这是一本二十四开本二十页的周刊。我父亲在这个刊物上除了翻译介绍政治性文章外，还译了一些人物介绍。

1939年政治形势逐渐恶化，为了准备二线的宣传阵地，地下党组织建议开办一个书店，出版的书籍可以稍灰色一些，我父亲很赞成，立即筹集资金。他拿出全部积蓄二百五十块银圆。同时由他出面说服一个钱庄的老乡，拿出一笔钱来开办书店，资金两千元。这个书店取名"珠林书店"，店址就在上海四马路。珠林书店为帮助"孤岛"青年学习，提供了不少知识性读物，通俗的社会科学、自然科学、名人传记、文学读物。我父亲为书店翻译出版的有蔡特金的《忆列宁》《苏联短篇小说集》等。这个书店在1941年遭日军搜捕倒闭。

在这个时期里，我父亲翻译的文学作品，主要是俄国十月革命以后的短篇小说。

热烈而紧张的战斗

在"孤岛"时期，我父亲和朋友们并肩战斗，生活是热烈而紧张的。在我印象里，我们小时候很少得到父亲的温暖。因为他从来没有休息的时候，没有节假日，星期日就是星期七。他的生活极有规律，每晚在《申报》发稿，直到看完大样，拂晓回家。上午几个小时的睡眠，午饭时起床，午后就弓背伏案写稿，他的工作量很大，每天写一万字左右的译稿是常事。我们孩子们的吵闹也打不断他的专注。

我父亲学习和工作十分勤奋。上厕所也手不释卷，不是看书看报，就是背外文单词。他学外文除了英文、日文，新中国成立后又自学俄文、法文，到晚年因研究印度史，还苦

1965年，胡仲持与儿子和三个女婿。左起：陆朱明、胡仲持、孙同科、胡序介、曹奇峰

学印度的梵文。为了搞好文学翻译，丰富词汇，他常用浙东家乡的形象性的土话，如"牵丝扳藤"。我第一次看到他那个记录家乡土话的笔记本时，感动了好一阵子。对于学习马列著作，他态度十分认真。他读过的马列著作，用毛笔铅笔圈圈点点，眉批旁注，五颜六色。一本书不知读了多少遍。从1938年起，他参加了一个极有意义的读书小组，先后参加的有周建人、孙冶方、冯宾符、赵静等。读的第一本书是恩格斯的《反杜林论》，阅读的办法是分头用英、日、俄译文本一起对校，探讨。他对这一段读书生活十分怀念，总觉得这样的集体阅读得益很大，可惜的是还没有读完《资本论》第一

卷，1940 年就被迫离开上海了。

在我们记忆里，印象最深刻的除了他的勤奋，就是他的沉默寡言。他对朋友热诚，厚道，是个典型的"热水瓶"性格。像有的同志回忆他时所形容的：这真是一个好人啊！对人好，好得说不出话来。他确实是经常与来访的朋友默然对坐，不停地抽烟，喝茶，互相坦诚地注视着，但却没有热烈的言辞，对朋友的深情厚意，都在那不言中。

在严寒的冬夜

从 1937 年冬到次年冬，上海报刊、书籍经常揭露敌人丑行，介绍我军胜利，报道游击队的活跃。这给全市人民极大鼓舞。报刊上还经常刊登各界爱国人士的抗日救亡活动。"孤岛"不孤，人民扬眉吐气，抗日意志坚定。这使敌人对"孤岛"的文化人恨之入骨，便伸出了魔爪。1938 年底，敌人写了各种恐吓信，有时还附上子弹。有一次敌人把恐吓信投到我家来，父亲一笑置之。

政治形势日趋恶化，经济生活也日益艰难。物价飞涨而我们家人口又多，加之父亲周围一些没有职业的亲友，经常在我家吃饭，几乎每天开饭两桌。沉重的生活担子、复杂的斗争形势，使我父亲每天睡眠极少，而神经又极度紧张。一度天天失眠，但仍不停止写作，直至昏厥到神志

胡仲持在人民日报社宿舍，左起：胡明、范玉蕴、胡仲持、胡舒立、胡德华

不清，甚至一变常态，跺着脚高喊："打倒日本帝国主义"，跪在《鲁迅全集》的书箱前痛哭并说："鲁迅先生，我要向你学习。"在这样的时候，又是地下党朋友们的深情关怀，给他以帮助。王任叔、刘少文等同志像哄孩子一样，教他打牌，故意让这个从来不会打牌的人取胜，以放松思想，解除烦恼。不久，身体就恢复健康，他又开始那紧张的战斗生活。

1939年夏，汪伪丁默邨的特工队已在秘密筹建暗杀队，以迫害进步文化人。虽然复社的公开地址定的是在香港，但是巨籁达路还是有不少人知道的。为了防止敌人的突然搜查，复社准备转移。我母亲连日烧毁复社和救国会的文件。那天上午，正当母亲烧毁了最后一部分材料，临巨籁达路的大铁门给敲得震天响，打开门涌进来几条彪形大汉，说是搜查复社。我母亲说："这里是住家，没有什么'社'"。他们冲到二楼把正在睡觉的父亲拖走了，罪行是出版《西行漫记》。一个包打听指着《西行漫记》说，"有你的名字，逃不了"。立即把他带走，还把五叔胡霍与陈明也同时逮捕，送进英租界的巡捕房。复社的朋友们立即四处奔走，设法营救。请了一个外国律师用金钱疏通巡捕房，说我父亲是《申报》馆职工，有病在身，神志不清。第二天早晨捕房把他放了。但我五叔胡霍和陈明则给巡捕房拘留了一周，因找不到证据，也放了出来。这以后复社就全部撤离我家，而事实上复社的业务也基本上终止了。

形势越来越危急。一九四〇年七月，汉奸的《中华日报》刊登了汪伪政府的"通缉令"，各方面被通缉的有八十七人，其中新闻界、文化界人士有四十七人，父亲的名字也列在黑名单上。从此，列在黑名单上的同志时有被暗杀和绑架的。为了安全起见，父亲暂时搬进《申报》馆，报馆门口雇了印度武装巡捕日夜看守外，还加铁门，连每层楼道门都装有小铁门，临街窗子都设铁丝网。但是敌人还是千方百计寻找肇事机会。七月中旬一个早上，暴徒用纸包了手榴弹掷在《申报》馆大门口，炸死炸伤了《申报》营业部的工作人员。整个冬天，父亲都住在《申报》馆，在严寒的冬夜，偶尔坐着有篷的人力车回家一次。我们看到他回家，又高兴又提心吊胆，但他却神态自若，毫不紧张。1940年春夏之间，地下党通过冯宾符同志，通知我父亲，要他尽快撤离上海去香港。他秘密回家，作去香港的准备。

在准备去港时，他看到美国作家斯坦培克1939年出版的新著《愤怒的葡萄》。斯坦培克在那时思想进步，用这本小说揭露美国垄断资本家。这书的出版，在美国受到了反动势力的恶毒攻击，在报刊上展开激烈的论战，有些图书馆把它作为禁书。我父亲十分喜爱这部作品，他决心在离沪前译完这部书。当时，复社已迁走，楼下那间不到二十平方米的房子是全家的会客室、吃饭间，是我与姐姐的卧室，也是我父亲的书房。我还记得那时正是盛夏时节，闷热的上海之夜，彻夜难眠，我多少次在半夜醒来，总看见我父亲在台灯下汗流浃背，聚精会神地写着，写着……这部书只剩下最后一章时，他就离开了上海。所以，这本书到一九四一年才出版。

一个漆黑的夜晚，我和姐姐陪父亲坐一辆有篷的小汽车到外滩，送他踏上开往香港的英商轮船。我们不时的瞻前顾后，怕有特务盯梢。直到轮船离开码头，我们才放下心来。但是，当我们看到轮船远远驶去，已看不见父亲身影时，又为父亲的流亡生活黯然泪下，不知什么时候才能重见啊！

怀念二爹和二妈

胡序威 *

我从小崇敬大爹胡愈之和二爹胡仲持。我父亲胡师柳，在同辈的五个兄弟中排行老四。因为他抽鸦片，无固定职业，经常债台高筑，我母亲深受其苦。所以从我开始稍懂事的时候起，母亲就一再教育我："你长大后千万不要学你爹，要学大爹和二爹。"祖母晚年与最小儿子胡学恕生活在一起，费用主要由大爹和二爹负担。三爹胡学愿去世较早，三妈脾气不好，常与祖母吵嘴，祖母就干脆不理她。大爹胡愈之的原配罗雅琴，我们称为好妈，二爹胡仲持的夫人范玉蕴，我们称为二妈，他们都长期居住在上海，平时在家乡只有母亲和

* 胡仲持侄子。曾任中国科学院地理科学与资源研究所研究员，博士生导师，经济地理部主任、《经济地理》主编，中国城市规划学会副理事长兼区域规划与城市经济学术委员会主任，中国区域科学协会副会长等职务。

1960年，胡仲持与夫人
范玉蕴在景山公园

我陪伴祖母一起生活，由我母亲照料祖母的饮食起居，深得祖母的欢心。大爹和二爹除给祖母寄钱外，还经常托人捎来花生油、白糖、饼干、糖果等各种食品，我和母亲就自然地成为实际受惠者。应该说，在我的童年时期，我和母亲的生活在一定程度上受到大爹和二爹的接济。二爹自己家中子女最多，在大爹去法国期间，不仅上虞老家的生活改由他一人负担，而且还设法给大爹汇款资助，其经济负担十分沉重。他只好利用报馆编辑的业余时间，不停地埋头写作，大量翻译各种书稿，靠增加稿费收入来维持这个大家庭的生计。

我的外祖父刘琴樵与祖父胡庆皆是挚友，他曾当过二爹的语文老师，外祖父很欣赏二爹的文笔和才华。在我小时候练习写文言文也曾请外祖父修改指导。他在当面指出文章的某些不足之处后，总是给予一些正面鼓励，但在背后却悄悄地对我母亲说："看来霞飞（我的小名）将来的文笔可比不上他大爹、二爹了。"

二爹对我外祖父也很有感情。记得在抗战爆发后，二爹因为祖母病重匆匆回上虞老家，曾由我陪同他一起去看望我的外祖父。1946年，二爹胡仲持的二女儿德华和三女儿令升寄给我的几批进步书刊中，有一本香港出版的《文艺青年》期刊，登载了二爹写的名为《我的老师》的一篇文章，对我外祖父的为人和施教方式给予很高评价。当我将这篇文章拿给外祖父看时，能够感觉出他当时内心深处的高兴。此后不久，我外祖父因病离开了人世。

1947年春，我给远在新加坡的大爹去信，表达了想去南洋工作的愿望，大爹很快回信同意，要我先自行设法到香港。当时二爹在香港任《南侨日报》特派员，生活还比较稳定，开始筹划让二妈带孩子迁居香港团聚。于是在当年盛夏，我随同二妈和她的儿女序介、序因（又名胡明）一起离开上虞家乡，经上海搭海轮到达香港，住进了坚道20号国际新闻社租用的集体宿舍。住房很挤，二爹将一间大房间用木板隔开，一分为二，内间又小又暗，只能放下一张大床，外间是白天生活和学习的主要场所，晚上我和序介、序因各支起一张行军床睡觉。我为等候大爹从新加坡寄来签证和川资，曾在这里住了二十多天。

二爹和二妈都很热情和慈祥，对我的关怀如同自己亲生子女一样。他们看到我为久等新加坡的音信而有些不耐烦时，就宽慰我："不要着急，这里就是你的家。"

二爹的工作很忙，他的办公室在青年会，每天要阅读大量香港当天出版的报纸，将重要新闻摘译成英语后发电报给南侨日报社（当时从香港向新加坡发电报只能用英文）。当时有一个以陈闲为笔名（我们叫他冯伯伯）的来自广西的文化人当二爹的助手。二爹考虑到我闲着无事会感到无聊，要陈闲帮助我练习语文写作。陈闲曾带我到陆诒主办的新闻补习夜校去听有关报告文学写作的课，还要我也练习写作一篇报告文学。我费了很大的劲，写了一篇以家乡为背景的关于农民逃避国民党军队抓壮丁的报道文章。陈闲看了较满意。二爹看后指出，该文基本内容还可以，但过于追求辞藻，有些地方矫揉造作，不够自然，影响真实感。他说写文章应尽量平实感人，鼓励我今后要多练习写作，使我深受教益。

新加坡签证寄到后，二爹就去找香港《华商报》的负责人饶彰风，通过饶彰风的关系托其侨居马来西亚的堂叔在经香港回南洋途中顺路带我同船去新加坡。尽管他讲潮州话，我讲乡音很重的普通话，彼此都听不懂，但有人照顾我同行，二爹和二妈才稍放心一些。在开船的那一天，二爹亲自

330

送我上船，还送给我一条意大利制造的优质毛毯。我在新加坡两年和回国后的二三十年中一直在使用这条毛毯。现二爹去世已 31 年，二妈也已去世 18 年，我至今还保存着这条毛毯。对我来说，这已成为弥足珍贵的纪念物了。

1949 年 9 月，我从新加坡回国经香港候船时，又曾在坚道 20 号的国新社宿舍住了几天，还特地看了二爹和二妈曾经住过的那个房间，当时他们早已离港北上了。我于中华人民共和国成立的那一天到达北京，二爹已随军南下，参加对《申报》的接管和《解放日报》的创刊工作，在京的亲人只有大爹和序介。后来二爹调回人民日报社工作，三伯伯胡伯恳也调至北京中国青年出版社工作，在京的亲属才逐渐多了起来。

我结婚成家较晚，在我还是单身汉时，几乎每星期六晚上都住到大爹家里，星期天上午则轮着去二爹或三伯伯家看望。总是要在享用了由二妈或新妈巧手烹调的美味午餐后，我才回到工作单位，开始一周新的集体生活。在我结婚后不久，出现了"大跃进"和随之而来的三年困难时期。我的太太黄亦春怀孕和生育我们的第一个孩子时，正处在最困难的时期。她因下放劳动，严重缺乏营养而全身浮肿。幸而她回到大爹家中待产，大爹将有限的营养物省给亦春吃，二妈、新妈也都分别用惊人的高价买来老母鸡和大肘子等专给亦春吃，终于使天羽这个幼小的生命得到母乳的

1963年，胡仲持与外孙胡锤、陆苏、孙行

滋养而健康地生存下来。在这艰难时刻，众人慷慨相助的骨肉深情是我们永远难忘的。

大爹和二爹各有明显不同的性格特点。大爹性格开放，善于开拓创新，广交朋友，组织能力极强。二爹性格内向，不善言辞，在认清方向后听任大爹指挥和组织安排，勤奋耕耘，埋头苦干。新中国成立前，二爹走上革命道路，在政治上深受大爹的影响，而大爹在为祖国和人民的事业中所取得的巨大成就，也包含了二爹给予大力支持所做出的重要贡献。他们二人确是最亲密的兄弟和战友。

新中国成立后，我有较多的机会与大爹交谈，他经常是滔滔不绝地谈形势，谈周围发生的事情，就国内外大事发表各种评论。我每次去看望二爹时，他讲话不多，很少谈政治，一般只聊一些有关工作和学习的具体情况。我感到二爹可能由于早年受过白色恐怖的严重精神损害，在后来政治运动不断的情况下，说话和处事更加谨慎了。他在新闻出版、翻译、写作方面的卓越才能也未能得到充分发挥。二爹在任职人民日报社国际资料室主任期间做了大量有关资料搜集、分类、整理和研究的服务性工作，在调任亚非研究所研究员后，他对印度的历史、地理、政治、经济、宗教、文化、语言等进行了全面系统的刻苦钻研，完成了大量基础性资料的积累。他默默无闻地坚守组织上分配的工作岗位，认真负责，一丝不苟地做出自己的无私奉献，"文化大革命"和病魔的折磨使他较早地离开了我们。

可以多少得到一点安慰的是，在"文化大革命"中受到巨大冲击的我和德华、序同等人，当时还没有被关进牛棚，还被允许参加二爹的追悼会，送他远行。

时值二爹与二妈诞辰 100 周年纪念即将来临之际，引起了我对往事的追忆，特写成此文，以表达我对二爹和二妈的深切怀念。

写于 2000 年，胡仲持百年纪念

毕生埋头苦干，传播进步信息

——忆记者前辈胡仲持

于友[*]

已故报人胡仲持，20 世纪 20 年代开始活跃于上海，他协同兄长胡愈之等先进文化人干了许多启蒙工作，推动了我国民族民主革命。他毕生艰苦奋斗的业绩非常难能可贵。本文笔者 1935 年开始在上海《立报》学艺，曾深受他的著作的影响。1988 年笔者写作《胡愈之传》，进一步了解了有关胡仲持的生平，更深感他是一位劳苦功高的前辈报人。

---

[*] 1938 年参加国际新闻社。曾任《光明日报》国际部主任、编委，《中国日报》副总编辑，民盟中央主办的刊物《群言》杂志主编。

从《新闻报》记者到《译报》主编

胡仲持是浙江上虞人，1900年生，从小受清末民初维新派知识分子父亲胡庆阶的影响，关心国事，立志变革，特别是在兄长胡愈之的带动下，热心报刊工作，早年一起在家里办过手抄的报刊。1921年，他开始到上海《新闻报》工作，负责新闻采访，是我国新闻界最早的外勤记者之一。1922年他转入上海民营企业家创办的《商报》任编辑，报社积极支持当年孙中山先生的革命主张。1927年蒋介石发动"四一二"反革命政变，血腥镇压共产党人和革命群众，当时在商务印书馆工作的胡愈之，在上海闸北目睹游行工人被屠杀的惨状之后，曾立即撰写了给国民党的抗议信，斥责新军阀蒋介石反共的血腥暴行。这封信的抄件交给了任《商报》编辑的胡仲持，第二天《商报》就公开发表出来，引起了对蒋介石广泛的公愤。抗议信的发表是当年革命知识分子面对白色恐怖的一个大无畏的壮举。胡仲持早年就是参与这一壮举的一位新闻战士。

胡愈之1934年为生活书店创办《世界知识》杂志，普及国际知识，宣扬国际主义思想。胡仲持当时已应爱国报业巨子史量才的邀请，参与当年中国最大的报纸《申报》工作，业余时间仍然协助兄长，为《世界知识》撰稿，主持该刊《世界民族生活巡礼》专栏，介绍一些弱小国家的风土人情，有时也翻译一些有关外国文艺动态的报道。他经常使用的笔名为"宜闲"。笔者当时是《世界知识》的一个读者，从而开始关注世界局势，并对翻译工作备感兴趣。

1935年到1936年间，上海成为救亡运动的中心，群众的爱国活动如火如荼，空前高涨。其时胡愈之作为共产党的地下党员，积极参与运动的领导，被知情者称为"救国会的灵魂"。他撰写了许多救国会的重要文件，宣传救国会的政治主张，其中一部分需要通过报纸发表。当时《申报》比较开明，胡仲持作为其主要编辑，往往受胡愈之的委托，将救国会的文件在《申报》上公开发表，影响遍于全国。胡仲持实际上成为救国会宣传部门的重要人员。

1936年西安事变后，蒋介石被迫与中共合作，开始准备抗战。胡愈之在上海创办文摘性刊物《译报》，宣扬中共统一战线主张。胡仲持被委任为《月报》的主编，中共的政治主张第一次公开在上海发表。这份"集报纸之大成"的《月报》只办了七期，因印刷厂在抗战开始时的炮火中被毁，被迫停刊，但影响深远，令人难忘。

"孤岛"时期完成种种机智宣传

抗战开始不久，在上海作战的部队后退，这里的"公共租界"由于仍由英法等国统治，一度被称为"孤岛"，这里的进步人士坚持进行一些抗日救亡的宣传活动。胡氏兄弟和他们的战友干了许多非常出色的出版工作。

这时《大公报》《立报》等主张抗战的报纸已经迁走。胡氏兄弟和恽逸群、梅益、王任叔（巴人）等地下党员创办了《译报》和《译报周刊》《集纳》等刊物，利用洋商招牌和翻译的文字，报道坚持抗日的信息，包括八路军的战况。胡仲持由于精通英语，又熟悉编辑工作，他在出版这些报刊时，起过重要的作用。

1938 年那一年，胡仲持和胡愈之兄弟贡献更加巨大的成就是创办"复社"，出版《西行漫记》《鲁迅全集》。

众所周知，美国记者斯诺的杰作《西行漫记》，第一次系统报道了中国红军和中共在陕北壮大的情况，给当年读者传达了中共正是拯救中国的重要力量、中华民族复兴的希望。胡愈之约了一批翻译工作的好手合作，把这本书在不到两个月便翻译完成并且出版。胡仲持是译者之一。

《西行漫记》一年之内印刷四次。不仅在上海盛销，还畅销于内地和海外。海内外广大的读者都认为这本书是记者创作的"真正具有重要历史和政治意义的著作"，不少青年读者得到了启示，从此追随中共，参与了共产党领导的民族民主革命的斗争。

由于有关中共陕北根据地的报道意义重大，胡仲持还在同年组织一部分译者翻译了斯诺夫人写作的《续西行漫记》，也曾受到读者的热烈欢迎。

在出版《西行漫记》之后，胡愈之还联合鲁迅夫人许广平等编辑和校订20卷600万字的《鲁迅全集》，胡仲持作为复社的主持人曾负责这本巨著的大部分印刷和出版工作。

1939年，租界当局追随英国实行对日本的绥靖政策，开始压制"孤岛"内的革命活动，胡愈之、胡仲持都上了被通缉的名单，复社所在的胡仲持的家两次被搜查，胡仲持两度被捕，经中共地下组织的营救，才获得释放。

1940年，胡仲持工作的《申报》也挨了汪精卫的特务的炸弹，他得到中共地下组织的通知，离开了上海，去了当年还由英国殖民统治的香港。

辗转境外和内地坚持报刊工作

1940年的香港，不同于上海被日本军队包围的"孤岛"，由于英国已经开始参与对法西斯德国的战争，香港当局还容许当地文化人开展进步活动。胡仲持到港后，就参与了由胡愈之创办的通讯社"国际新闻社"和《世界知识》香港版的工作。不久，中共派驻香港代表廖承志和连贯创办了一张晚报《华商报》，胡仲持被任为总编辑，开展抗日民族统一战线的宣传，影响遍及华南和东南亚。

太平洋战争爆发以后，香港沦陷，胡仲持转移到了广西桂林，他成了自由撰稿人，为多家报刊供稿。1944年，日军进犯广西，胡辗转到了广西西部的昭平县，在那里应广西的政要陈劭先的邀请，担任桂系的《广西日报》昭平版的总编辑，一度因积劳患病。这时胡仲持已人到中年，体力衰退，但对艰苦的报纸工作仍然乐此不疲。

1945年夏，日本投降，胡应民主人士李济深的邀请，到广州办过进步的《现代日报》和《现代》半月刊，出版不久都先后被国民党政府查封。此后，胡再度转移到香港，担任胡愈之在新加坡主办的《南侨日报》的驻港记者，同时为当地的报刊写稿。1949年5月末，上海解放，胡一度返回上海，随老报人恽逸群接管上海的国民党新闻机构，并参与筹办《解放日报》，任该报编委，兼该报国际部主任。

1950年2月，他被调到北京，任党中央机关报《人民日报》国际部资料室主任。1951年后，由于他精通外语，被调到外文出版社，任图书编辑部副主任，两年后又被调到中央联络部亚非问题研究所任研究员。此时，这位老报人离开了新闻界，当学者专家了。他在研究所任职九年，1968年因患癌症不治去世，终年68岁。

业余兼顾翻译工作成绩卓著

胡仲持一生主要从事新闻工作，贡献卓著，此外他还翻译过许多外文著作。他精通英文，还学习过日文、法文、俄文，晚年为研究印度，学习过梵文，都曾运用来翻译。他是一位杰出而勤奋的翻译家。

除了本文前面提到的新闻报道作品《西行漫记》和《续西行漫记》之外，这位老报人还独自翻译过下列一些外国名著：德国女革命家蔡特金的《忆列宁》，美国作家斯坦培克的《愤怒的葡萄》，俄国作家陀思妥耶夫斯基的《白痴》，美国女作家赛珍珠的《大地》等。他和别人一起翻译过《尼赫鲁传》，还有零散在报刊上发表的其他翻译作品，合计达几百万字。这些都是他多年间在业余埋头苦干的成果，都曾对无数读者起过启蒙和教育的作用。

2005年是报人胡仲持诞辰105周年，他一生贡献和坚持进步的执着精神，是值得我们新闻界后人深情怀念的。

附录②

341

胡仲持翻译的世界名著

米琴 *

胡仲持（1900—1968）的翻译生涯始于 1920 年，终于 1951 年。他的翻译作品数量多，范围广，包括长篇小说、短篇小说、诗歌、散文、文艺理论、世界文学史、儿童文学、人物传记、科普读物、社会评论等诸方面。改革开放后，随着翻译学在中国的兴起和迅速发展，胡仲持作为"翻译大家"和"翻译高手"[1] 而成为一些翻译学学者的研究对象。研究的重点主要是他翻译的外国文学名著。

大量译介外国文学名著到中国，发生在五四运动之后。胡仲持是那场外国文学翻译高潮中的先行者之一。1921 年 1 月他就开始在《东方杂志》上发表翻译的外国作品。《东方杂志》由商务印书馆于 1904 年 3 月创办，是当时影响最大的

---

* 胡仲持外孙女，本名曹左雅，比较文学博士。曾任教于美国圣地亚哥州立大学。

大型综合性杂志，享有"民国十大善本之一""传世文章最富""澎湃学门，大匠如云""传世名作""盖代名刊""知识巨擘"等盛誉。

胡仲持在 1921 年的一年之内就在《东方杂志》上发表了14 篇外国短篇小说译作。其中 9 篇是俄国文学作品。这也反映了当时的潮流。19 世纪末，"受维新变法运动的影响，中国有识之士从'学西洋之长技'转向引入西方'政事之书'，希冀从中找到医治中国社会顽疾的良药，俄国文学就是在这一大背景下开始进入中国"。[2]民国初期，引进最多的是托尔斯泰的作品，其次是屠格涅夫。

胡仲持翻译的第一篇作品是契诃夫的《一个阔绰的朋友》。他介绍契诃夫（当时译作"乞呵甫"）为俄国近代最大的艺术天才，主要作品是剧本《樱桃园》，而他翻译的这个短篇具有"滑稽风调"。他认为对于很少接触西洋文学潮流的中国读者来说，"滑稽风调"的作品容易引起兴趣。14 篇中的另一篇，英国作家单维尔（Israel Zangwill）的《婚姻掮客》也是幽默作品。

曾有学者"揭示五四时期外国文学翻译的三重追求，即思想启蒙、政治救亡和审美情趣"。当时"文学翻译在承担社会功用的同时，其文学性不再受到忽略，审美情趣也纳入了译者的视野"。[3]胡仲持在选材上就颇重视审美情趣。

胡仲持在选材上的另一特点是偏重描写底层劳动人民的

作品。比如屠格涅夫的著名中篇小说《木木》(当时译作"唔唔"),写一个农奴的悲剧。他爱上的女仆被主人发配给一个酒鬼,而他心爱的狗也在主人的威逼下由他忍痛处死。作品表现出农奴制社会如何缺乏人性和蔑视人权。主人公虽然又聋又哑,但极有爱心,可他的感情遭到主人随意践踏。

另一描写底层社会的译作是陀思妥耶夫斯基的《圣诞节的穷孩子》。这是一个极悲哀的故事。一个六岁孩子,住在冰冷的地下室。母亲生病,好几天昏睡不醒。孩子很饿,就走到漆黑的街上。街上车水马龙,警官走过也没看见处于危险的孩子。他看到大玻璃窗里有圣诞树,小朋友在跳舞,阿姨在分发糕饼。孩子开门进去,人们大叫,扔给他一个铜板,他吓得跑出来。一个大孩子打他,他逃到一个柴堆后面睡着了,做了个梦。梦见在一棵大圣诞树下,好多孩子唱歌跳舞,过来拥抱他,亲吻他。他还看见了他母亲,笑着向他走来。原来这些孩子都是弃儿,后来或者饿死,或者冻死,到了上天,成为小天使。第二天圣诞节,人们在一个院子柴堆后面发现了一个小男孩的尸体。胡仲持译介这篇悲戚的故事,很可能是想引起中国人对自己社会里的穷人产生同情心。

胡仲持选译的库普林的短篇小说《台谋卡耶》,也是鼓励人们行善济贫。台谋卡耶原是江洋大盗,被军队围困受重伤后逃到一个山洞等死。上帝派天使指示他将自己盗来的财宝从埋藏处取出来做善事,接济穷人,为路人服务等;并让他将一根烧煳的木头插在土中，木头发芽之时，就是他被上帝赦免之日。他坚持行善济贫二十年，木头没一点儿变化。一天，一个骑士路过，他殷勤邀请骑士进家休息用膳，那骑士却啐他脸、打他头。台谋卡耶怒火中烧，搬起块大石头砸向骑士。骑士受重伤快死时透露出，他是为了重赏而正要赶去向总督泄密，出卖起义者们的行动计划。骑士认为自己被砸是受到上帝惩罚。然而，台谋卡耶还是万分后悔自己杀了人，没坚守住善行。但就在这时，他看到那根木头发芽了。他知道自己得到了上帝的赦免。

胡仲持在这篇译文的前言中还提到，最近他从美国买到英译本库普林短篇小说集。集子中的五个极短篇的小说中，有三个周作人都已译过，可见库普林的作品在当时还挺受欢迎。原因之一可能就是他作品中"表露出的对小人物和弱者的深切同情"。[4]

当时，搞文学翻译的人中懂俄语者似乎不多，通过英语译本翻译俄国文学作品很普遍。周作人翻译的库普林的短篇小说，也是通过英译本。周作人是"最早的白话翻译者"，也是最早以"信与达"为目标的"直译"提倡者。他的翻译"产生了巨大的社会影响力，影响了很多中国译者"。[5]胡仲持的译文显然也受到周作人的影响。

在1921年里，除了《东方杂志》外，胡仲持还在《妇女杂志》上连载了译作《青鸟》。《青鸟》是比利时戏剧家莫里斯·梅特林克创作的六幕梦幻剧。胡仲持介绍说"称梅德林克为世界第一大文豪也不为过",《青鸟》"使作者的名声传遍全球"。但胡仲持翻译的不是剧本,(剧本已有人译出)而是梅特林克夫人改编的、为方便儿童阅读的小说。《青鸟》通过樵夫家兄妹俩为邻家生病的女孩寻找青鸟的故事,"反映了作者对穷人生活的同情、对现实和未来的憧憬"。[6]兄妹俩在历险中领会到了幸福的真谛。整个故事主题丰富,有多方面象征意义。

这一年,胡仲持参加了文学研究会。由周作人、郑振铎、沈雁冰(茅盾)等人发起的文学研究会成立于1921年1月。其宗旨首先是"研究介绍世界文学",然后才是"整理中国旧文学,创造新文学"。[7]文学研究会总共有170多名成员,是新文学运动中最为重要的一个文学社团。

从1922年至1924年,胡仲持在《东方杂志》上共发表17篇译文,其中10篇是文学作品,而十分之四是意大利作家邓南遮的作品。

胡仲持翻译的第一个邓南遮的短篇是《坎地亚的沉冤》。他在介绍中称邓南遮为意大利的"著名政治家及文学家",并说关于邓南遮的生平和作风,"本杂志多有介绍"。看来,邓南遮在彼时的中国名气不小。胡仲持说明了为何他会翻译邓南遮的《本乡集》中的故事,因为即使是乡间平凡琐事,经由伟大艺术天才的渲染,"便成上好的文艺",而其"观察的敏锐和感情的丰富"让人叹服。

《坎地亚的沉冤》描写一个名叫坎地亚的洗衣妇帮一位夫人准备宴会时，碰巧那夫人发现一把银勺不见了，便大张旗鼓地找了起来。结果在外面的传闻中，从丢一把银勺变作丢了全部银器，还传说是坎地亚偷的，以致所有雇坎地亚洗过衣服的人开始怀疑自己曾丢过的东西都是坎地亚偷的。事情甚至闹到市政老爷传唤坎地亚前去让民选监察员问话的程度。后来夫人找到了银勺，但人们认为是坎地亚偷偷还回去的。坎地亚为了挽回名誉想方设法也无济于事。她被折磨到精神失常，最终沦为乞丐。在患热病临死前，她还在念叨银勺不是她偷的。

二十出头的胡仲持是文学青年，崇拜"艺术天才"，对作家的艺术主张和政治倾向等似乎并不在意。加布里埃尔·邓南遮（Gabriele d'Annunzio，1863—1938）是意大利 20 世纪初唯美派中最有代表性、最有影响的诗人、作家和剧作家。而胡仲持所在的文学研究会的主张之一是"反对唯美派脱离人生的'以文学为纯艺术'的观点"[8] 邓南遮还是政治上颇受争议的人物。他是极端民族主义者和法西斯文化先驱，曾受到墨索里尼的宠爱。长期以来，邓南遮的作品在中国是空白。从 1989 年至 2020 年，他的三部长篇小说，部分诗歌和短篇小说被译介到中国。在《意大利中、短篇小说与喜剧》这个集子中有邓南遮的中、短篇小说 18 篇。其中一篇叫《坎迪娅之死》。译者精通意大利文，小说的题目比胡仲持通过英文本所译的《坎地亚的沉冤》可能更接近原文。然而，"沉冤"不仅点出主题，还颇具文学意味。

1924年，胡仲持还翻译了一部长篇小说——《忧愁夫人》，由上海商务印书馆出版，扉页上印有"文学研究会丛书"字样。"文学研究会丛书"由文学研究会编辑，于1921年至1937年出版，是中国现代出版最早、规模巨大的一套文学丛书。全套丛书共125种，分为翻译和创作两部分。71种翻译作品中有30部小说，包括鲁迅翻译的三部作品。《忧愁夫人》也是这30部译著之一。

在《译序》中，胡仲持介绍了德国戏剧家、小说家苏德尔曼（当时译作"苏台尔曼"）在19世纪末如何享有盛名，以及他作品的特点和风格。胡仲持认为在苏德尔曼的所有长篇小说中，《忧愁夫人》（*Frau Sorge*）是最艺术、最真切的作品，是作者"自己体验的结晶"，是他"年轻时代的奋斗史"。一般人读《忧愁夫人》，都着重于书中的爱情故事。胡仲持则体会到小说的中心思想是主人公保尔的个性发展，而且认为小说对个性的探索十分深刻。

"忧愁夫人"是保尔小时候母亲给他讲的神话故事中的神秘人物。"忧愁夫人"既象征来自外部的厄运，也象征主人公内心的焦虑和担忧。保尔最终摆脱了"忧愁夫人"，达到内心的解放和自由。

保尔从小就极有爱心和利他思想，心地善良仁慈。当地一些庸俗的人则视他为懦夫和蠢材而常常戏弄他。保尔也认为自己是弱者，常常不自信和有自卑心理。然而，在他成长过程中，为了保护两个妹妹和他从小的玩伴——白房子的女孩，他变得越来越强悍，甚至战胜了强横暴力的父亲而成了真正的一家之主。保尔有音乐才能和诗人气质。白房子的女孩认为他会成为大艺术家。可是身为小农场主的父亲让两个大儿子上大学，却偏选择了保尔在农场做苦力。后来，保尔为了支撑起整个家，完全放弃了对音乐的追求，与心爱的女孩也渐行渐远。在他二十岁的时候，一场大火烧毁了他家的一切。父亲认为是曾和自己发生过争执的白房子的男主人在背后指使，而保尔却在法庭上为那位先生进行了辩护。几年后，保尔成功地恢复了家业。他的个性也更成熟，内心更加强大。得知白房子的女孩已与表兄订婚，他不像以前那样会愁肠寸断，而是为她默默祝福。在大火发生八年的纪念日这天，白房子的女孩恰巧要举行婚礼。头一天夜里，保尔发现父亲携带放火的油箱和火柴等朝白房子方向已行进多时。他不知如何向白房子人家报信，急得不得了。急中生智，他点着了自己家的马棚来制止父亲。因为风大，大火烧毁了他家的所有房屋。他为了救牲畜而被烧成重伤。保尔没为巨大损失感到痛心，反而感到"摆脱了心灵的镣铐"。结果，他的惊人放火之举，挽回了他与白房子女孩之间的多年恋情。女孩看到他家起火就不顾一切赶来救助。发现火灾实情后当然更不可能再和表兄举行什么婚礼了。

一个男青年从 20 岁到 28 岁的奋斗和成长过程，对于 24 岁的胡仲持可能也有所启发吧。在接下来的三年里，胡仲持暂时中断了所热爱的文学翻译工作，投入到社会活动。直到 1928 年才又开始有文学译著发表。

1928 年，胡仲持出版了译著《日本小说选》，1929 年又出版了日本著名作家菊池宽的戏剧集《藤十郎之恋》。剧集中的《藤十郎之恋》讲述歌舞伎大明星藤十郎，为了提高演技，需要爱情体验，便挑逗茶屋女主人，当后者动真情时，又弃她而去。女方感受到极大侮辱，选择在藤十郎的排练场上吊自杀。此剧曾被日本导演拍成著名电影。

1929 年，胡仲持的最大成就是翻译了美国著名文学批评家约翰·玛西（John Aiber Macy 1877—1932）于 1925 年出版的巨著《世界文学的故事》（*The Stories of the World literature*），先在《申报》连载，后修订成书，由开明书店于 1931 年出版，题为《世界文学史话》。当时风行全国的《民国日报》在 1931 年 10 月 28 日的"出版消息"中如此介绍此书："美国哈佛大学教授玛西氏所著《世界文学史话》，文笔生动，取材精博，欧美文学界推为文学史书中之善本。现经胡仲持君译成中文，在开明书店出版。全书三十余万言，分四十九章。远溯古代犹太波斯，近至 19 世纪以来欧美各国文学，依时代顺序，做有系统的叙述，当代名家如萧伯纳、高尔基、刘易士、托马斯·曼等亦复一一论及……"此书近三十年来频频再版，如1992年上海书店出版社版本，2016年河南人民出版社版本和2017年上海社会科学院出版社版本。

1931年3月赛珍珠的《大地》在美国出版，立即引起轰动。《大地》是"革命性的小说"，让西方世界对中国人乃至亚洲人有了更多的理解和认同，其在文学史上的独特历史意义，类似阿契贝的小说《瓦解》。[9]1938年赛珍珠获诺贝尔文学奖。获奖的主要原因是"对中国农民生活进行了丰富与真实的史诗般描述"。

《大地》出版后不久就引起胡仲持的注意。他认为要使中国得救，首先要彻底地认识农民。而且《大地》描写了当时中国最严重的几个问题，如水灾、旱荒、兵祸、匪患等。1932年1月1日，《东方杂志》开始连载了宜闲（胡仲持笔名）翻译的《大地》。1933年8月胡仲持的译文结集成书，由上海开明书店出版。这个版本是当时最受欢迎的《大地》中译本，至1949年共发行12版。[10]

学者梁志芳在《赛珍珠与斯诺的中国知音——翻译家胡仲持研究》一文中，详细介绍了胡仲持的《大地》译本，以及他以笔名"宜闲"发表的评论赛珍珠的文章。其他包含研究胡仲持《大地》译本的学术论文有：梁志芳的《文学翻译与民族建构（形象学理论视角下的大地中译研究）》、梁志芳的《亦褒亦贬评"珍珠"——20世纪30年代的三位〈大地〉中译者》、孙丽的《图里翻译规范视域下的〈大地〉》中译本对比研究》、卜乐楠等人的《文化回译视角下赛珍珠〈大地〉译本比较研究》、茹静的《社会文化语境变迁与赛珍珠在中国的译介和接受》等。

1933年2月，在宋庆龄、蔡元培、鲁迅、杨杏佛发起的中国民权保障同盟总会的邀请下，英国著名作家萧伯纳到上海作短暂访问。胡仲持应上海《申报》副刊之一《自由谈》主编黎烈文约稿，翻译萧伯纳中篇小说《黑女求神记》。2月2日，《自由谈》还曾刊出编辑室启事，给这部翻译作品做了一则广告性质的说明："英国大文豪萧伯纳氏，在数日内即可抵沪，本刊为对此名满天下之老文豪表示欢迎起见，除特出专号外，并将萧氏最近所作中篇小说《黑女求神记》，请胡宜闲先生译出，自本月十五日起逐日在本栏发表。按萧氏生平所作，以剧本为多，篇幅较短之小说，则罕见刊行。此篇系萧氏于1932年10月间写成，富于幽默情调及讽刺意味，足以代表最近萧氏之思想，请读者诸君注意为幸。"蔡元培在接待萧伯纳时，还特地告诉后者："你的小说《黑女求神记》正在《申报》连载呢。"[11]

《黑女求神记》原题为 "*The Adventures of the Black Girl in her Search for God*"（黑人女孩寻找上帝历险记）。小说描写一位非洲黑人女孩刚皈依基督教。她对传教士对她的问题给出的前后矛盾的答案感到不满，试图寻找上帝，并与之交谈。女孩竟然遇到了好几个版本的"上帝"。然后她遇到了一位无神论行为主义者和一群知识分子，他们解释说更好的探索在于抽象数学。最后，一位老先生（如伏尔泰）说服她放弃寻找，与一个爱尔兰人建立家庭。小说的宗教主题和种族融合暗示在当时引起极大争议。

胡仲持文学翻译的代表作是斯坦贝克的名著《愤怒的葡萄》（1939），于1941年10月由大时代书局出版。1942年11月和1945年10月分别再版两次。1959至2022年至少再版12次。[12]

《愤怒的葡萄》（*The Grapes of Wrath* 1939）反映流民农民工的悲惨境况，暴露美国社会和经济制度弊病，迫使国会立法资助迁居的农民，因而被选入"改变美国的20本书之一"。小说讲述因沙尘暴而被迫长途跋涉来到加州找工作的成千上万流民，生活在极度贫困中，并遭到辱骂和歧视。这些流民的生活虽然连牲口都不如，可仍保持着对神圣生命和人生价值的信仰。逃荒农民和本地农场主发生冲突，工会组织了反抗。虽然反抗失败，但大家看到团结起来，通过投票争取权益的希望。美国第一夫人埃莉诺·罗斯福对小说大为赞赏，并亲自去探访农工营地的生活条件。这本书帮助促成了国会关于劳动法改革和工资监管的听证会。[13]

胡仲持译本最初在《愤怒的葡萄》这个大标题下加了个

副标题"美国的大地"。一些学者认为是因为胡仲持译过赛珍珠的《大地》之故。其实不然。在胡仲持写的《译序》里，一开始便提到 1940 年《愤怒的葡萄》影片曾在上海和香港上演。在上海电影被译作"怒火之花"，在香港被译作"美国的大地"。1942 年出版的另一个《愤怒的葡萄》中译本就采用了"怒火之花"的标题。估计胡仲持采用"美国的大地"做副标题也是因为电影在先的缘故。

胡仲持在《译序》中称小说作者"委实有着吸引读者的魔力。这一种魔力所在，具体地说来，就是独创的风格，奇妙的想象，以及对社会现实的深刻的观察。"他在介绍了作者及小说大概内容后，又忍不住再次夸奖作者的艺术才能："作者所处理的材料是不合理的社会的丑恶面，可是所成就的艺术品却有着真正的美。用'化腐朽为神奇'这句话来说明作者的写作本领，是十分确当的。"最后，胡仲持还说明了他翻译《愤怒的葡萄》也是为完成大时代书局创始人孙寒冰教授的遗愿。后者在日寇重庆大轰炸中不幸罹难。有学者评论，这表明了译者"沉重的时代责任感和使命感"，要激发读者去"继承先烈未完成的事业，不怕牺牲，勇往直前，为争取抗战的最后胜利继续战斗"。[14]

胡仲持的译本被称为"经典译本"，翻译水平"堪称典范"。[15]有评论者注意到，"胡仲持只比约翰斯坦贝克大两岁，两人同年去世。因为完全处在同一个时代，这让胡老师的译本更显得原汁原味。没有太多华丽的辞藻，更能突显出普通人的单纯快乐，以及大时代背景下的离乱与悲情。那种当下译者体会不到的心有灵犀，得以让此书更显厚重"。[16] 有当代读者评论道："我要夸一下胡仲持的翻译，简直太棒了，信达雅一个都不缺，文字准确又有力量。冲着这个翻译我就想给十颗星！"

一位翻译学学者分析了《愤怒的葡萄》的语言的诗性化在胡仲持译本中的再现。通过英文原文段落与中文译本的对比，这位学者发现，某些段落的翻译"再现原文诗性的描写，文中有画，画中有文"；有些段落，译者"通过翻译这一明显的折射将斯坦贝克的诗学带入中国文学系统的诗学"。这位学者认为，"无论是从体裁上，原型情境上还是功能性上，他的翻译都是对斯坦贝克叙述语言诗性化的再现"。学者最后对胡仲持的翻译给予很高评价："纵览胡仲持的译本，无论是从形式上、体裁上还是语言风格上，都大致忠实于原文，再现了斯坦贝克的小说《愤怒的葡萄》的题目的诗性化、人物口语的诗性化和叙述语言的诗性化特点。"[17] 另一篇题为《前景化与小说翻译研究——以〈愤怒的葡萄〉译本为例》的文章，运用前景化理论研究，剖析胡仲持译本"对小说语言形式和艺术价值的还原程度"。文章提到译本"实现了翻译的功能等值"，以及"译者通过形式复制的方式将原语中的数量前景化得以再现。同时，考虑到汉语重意合的语言特点，作者采用更灵活的转换策略实现意义和形式的'动态模仿'"。[18]

胡仲持似乎对斯坦贝克情有独钟。1942 年，斯坦贝克的中篇小说《月亮下去了》刚出版不久，胡仲持就在 6 月的《读者文摘》（The reader's Digest）上看到连载。他迫不及待地在 10 月就翻译出来，并写了一个《前记》，将小说的内容和中国沦陷区内民众的遭遇、感受和抵抗联系起来。最后他还特意提到斯坦贝克一贯的"深入浅出的独创风格"。胡仲持的译本由开明书店在 1943 年 4 月出版。

1943 年胡仲持翻译了斯坦贝克的短篇小说《约翰熊的耳朵》，载于《时与潮文艺》1943 年第 2 卷第 2 期。1944 年胡仲持翻译了斯坦贝克的成名作，长篇小说《馒头坪》（又译作《煎饼坪》），由桂林出版的《当代文艺》连载。

胡仲持翻译的《约翰熊的耳朵》（*The Ears of Johnny Bear*, *1937*）颇受翻译学学者的青睐。一篇题为《从〈约翰熊的耳朵〉看胡仲持的文学翻译风格》的学术论文，称胡仲持的"翻译风格淳朴自然，有效地发挥了译者主体性和能动性，既能动模仿，又适度创造，恰当地采取调整翻译策略，动态忠实地传达原文风格，将译者自我风格和作者风格'和谐统一'，达到了刘重德所言的'切合原文风格'"。[19]

此后，胡仲持还翻译了多篇美国作家萨洛扬的短篇小说，以及美国诗人桑特堡的诗等。

1948 年，为了纪念鲁迅先生逝世 12 周年，胡仲持发表了一篇文章《论鲁迅的翻译》，极详细地总结了鲁迅的翻译理论和实践。文章还特别提到，"鲁迅一生贡献于文学劳作的精力可以说有一半是放在翻译介绍方面的"。足见胡仲持对文学翻译的重视。然而，胡仲持此后再没翻译过任何文学作品。[20]

1959 年，胡仲持翻译的《愤怒的葡萄》得以由人民文学出版社再版，[21] 但是他当年写的《译序》从此就在读者的视野中消失了。那个把艺术标准放在第一位的《译序》已显得不合时宜。胡仲持在书后加了个《后记》，狠批美国垄断资本和那些攻击小说的反动势力，但提到罗斯福新政对小说起到了政治保护的作用。1982 年以后又开始出现的胡仲持译本，则都采用的是另一位资深学者所写的《译本序》。其中免不了出现"左翼文学"、揭露"资本主义社会制度"及"把联邦政府收容所理想化"等这类评语。这个"序"不再提什么垄断资本，但也没提罗斯福新政对小说的保护。

胡仲持的三十年翻译生涯，成绩斐然。其文学翻译的过早中断，则令人遗憾。

【注】

[1] 详见梁志芳《赛珍珠与斯诺的中国知音——翻译家胡仲持研究》，《山东外语教学》2012 年第 2 期；程家惠，袁斌业，《从〈约翰熊的耳朵〉看胡仲持的文学翻译风格》，《钦州学院学报》2013 年 3 月。

[2]　高荣国:《晚清民初时期托尔斯泰作品的译介路径、原因及其误读》,《外国文学研究》2017 年 10 月 17 日。

[3]　任淑坤:《五四时期外国文学翻译研究》,人民文学出版社 2009 年版。

[4]　库普林,А.и. 俄国作家。

[5]　《止庵谈周作人译文全集:唯暮年所译识者当知之》,中国新闻网 2012 年 5 月 22 日。

[6]　邹莉:《近在咫尺的幸福——〈青鸟〉的象征性及其现实意义》,《剑南文学》2011 年 11 期。

[7][8]文学研究会系 1921 年 1 月由郑振铎、沈雁冰等人发起成立的进步文学团体,也是我国现代成立最早的新文化团体。

[9]　可参考笔者的《赛珍珠的〈大地〉和鲁迅的评语——兼与斯波林商榷》,财新网 2023 年 4 月 17 日。

[10]　梁志芳:《赛珍珠与斯诺的中国知音——翻译家胡仲持研究》,《山东外语教学》2012 年第 2 期(总第 147 期)。

[11]　顾忆青:《翻译史视野中的报纸副刊——以 1933 年〈申报·自由谈〉"萧伯纳专号"为个案》,《外语与文化研究》(第 14 辑),上海外语教育出版社,2015。

[12]　目前能查到的有:人民文学出版社 1959 年版,北京外国文学出版社 1982 年版,中国少年儿童出版社 1987 年(改编)版,上海译文出版社 2003 年版、2004 年版、2007 年版和 2018 年版,太白文艺出版社 2019 年版,江苏人民出版社 2020 年版,浙江人民出版社 2021 年版,人民文学出版社 2022 年版,商务印书馆 2022 年版。

[13]　参看笔者《〈愤怒的葡萄〉揭露美国黑暗面》,财新网 2022 年 7 月 5 日。

[14]　张珂:《20 世纪 40 年代斯坦贝克小说在中国译介述评》,《楚雄师范学院学报》2007 年 7 月。
　　熊辉,《抗战大后方翻译文学史论》,上海交通大学出版社 2018 年 1 月 1 日。

[15]《补记〈愤怒的葡萄〉读后感》,2022 年 1 月 9 日。

[16] 酷丸:《影响美国历史进程的愤怒之书——〈愤怒的葡萄〉》,贵州网 2019 年 04 月 19 日。

[17] 邵云:《浅谈〈愤怒的葡萄〉诗性化语言在翻译中的再现——以胡仲持的译本为例》,四川西部文献编译研究中心,《外语教育与翻译发展创新研究》(第七卷),四川师范大学电子出版社。

[18] 韩启群:《前景化与小说翻译研究——以〈愤怒的葡萄〉译本为例》,《名作欣赏》2—19,12 期。

[19] 程家惠、袁斌业:《从〈约翰熊的耳朵〉看胡仲持的文学翻译风格》,《钦州学院学报》2013 年 3 月。

[20] 《新文化丛刊》第二种《保卫文化》,1948 年;《翻译通报》1950 年。

[21] 1959 年,人民文学出版社又重新出版了胡仲持翻译、张友松校对的译本;1982 年,北京外国文学出版社将该译本选入《二十世纪外国文学丛书》。

胡仲持主要译著

《忧愁夫人》[德]苏台尔曼 商务印书馆 /1924

《结婚的爱》[英]司托泼 生活书店 /1925

《世界性风俗谈》[英]艾利思 上海光华书局 /1926

《藤十郎之恋》[日]菊池宽 上海现代书局 /1929

《西藏故事集》[美]希尔登 开明书店 /1930

《世界文学史话》[美]约翰·玛西 开明书店 /1931

《大地》[美]赛珍珠 开明书店 /1933

《南极探险记》[美]裴特 开明书店 /1948

《世界短篇杰作选》[丹]安徒生 等 上海文艺局 /1937

《英文文法通论》[丹]杰斯普生 珠林出版社 /1939

《忆列宁》[德]蔡特金 珠林出版社 /1939

《列强军力论》[德]马克斯·威纳尔 生活书店 /1939（与梅益、冯宾符等合译）

《西行漫记》[美]爱特伽·斯诺 复社 /1938（与冯宾符、梅益等合译）

《续西行漫记》[美]韦尔斯 复社 /1939 （与冯宾符、梅益等合译）

《尼赫鲁自传》[印]尼赫鲁著 上海青协会书局 /1939（与冯宾符、梅益等合译）

《愤怒的葡萄》[美]斯坦贝克 重庆大时代书局 /1941

《森林里的悲喜剧》[英]萨尔丹 广西时代书局 /1942

《秋夜》[苏]高尔基 桂林文苑出版社 /1942

《文人岛》[法]莫洛怀 珠林出版社 /1942

《中国见闻杂记》胡仲持注释 开明书店 /1943

《一个人需要多少土地》[俄]托尔斯泰 科学书店 /1943

《月亮下去了》[美]斯坦培克 开明书店 /1943

《约翰熊的耳朵》[美]斯坦贝克 桂林文化出版社 /1944

《俄罗斯母亲》[美]兴斯笃 福建联合编译社 /1945（与高滔合译）

《文艺辞典》胡仲持主编 上海华华书店 /1946

《文艺鉴赏论》[英]普列查特 香港文化供应社 /1946

《我叫阿拉姆》[美]萨罗扬 香港咫图书屋 /1947

《新数学大纲》[英]赖亥斯 华美图书公司 /1947

《新地理学大纲》[英]斯丹 华美图书公司 /1947

《人类之家》[英]哈定罕 开明书店 /1947

《白痴》[俄]陀思妥耶夫斯基 文光书店 /1948（与高滔合译）

《女性和童话》[德]歌德 智源书局 /1948

《英国和英帝国危机》[英]杜德 世界知识出版社 /1954（与蒲寿昌、艾纳合译）

《论自然》[美]爱默逊 商务印书馆（初版时间待考）

胡仲持主要著作

《关于报纸的基本知识》 生活书店 /1937

《我的旅人》 桂林育文出版社 /1942

《国际新闻辞典》 桂林乐群书店 /1943

《三十二国风土记》 开明书店 /1946

《世界大都市》 生活·读书·新知三联书店 /1949

《世界文学小史》 生活·读书·新知三联书店 /1949

《抗美援朝运动史话》 中国青年出版社 /1956

《论新闻自由》 中国青年出版社 /1958

跋

胡舒立[*]

外公胡仲持病故于 1968 年 3 月 25 日。

那年我 15 岁，在北京 101 中学读初中，参加所谓的"复课闹革命"。得知噩耗，骑上自行车赶到齐家园外公家时，已经是几周之后。人去室空，满地堆着书。外婆要退了公房，搬到姨母家同住，她等着我来，挑我需要的书带走。我抱回一套苏联科学院编纂的《世界通史》，厚厚十大本，精装版，墨绿书脊，淡绿色封面，现在还在我书架上。

对我来说，外公似乎是悄悄走的，因为走前走后我都不在场。记得头一年春天，他的左鼻腔发现了恶性肿瘤，我去探望时，他已做过几次放疗，半边脸焦黑，见了我，还是笑吟吟地聊天。现在想，那是"文化大革命"风暴正烈之时，治疗不可能及时，医疗技术也不够先进，病情恶化很快，从发病到故去不足一年。

那时，我的母亲和两位姨母都担任基层领导工作，也处

---

* 胡仲持外孙女。曾任《财经》杂志主编，现任财新传媒社长。

在"文化大革命"的煎熬之中。她们如何承受丧父之痛？母亲 1977 年 4 月患肝癌去世了，和我谈得少。姨母们迎来了天翻地覆的改革开放。大姨胡序同告诉我她当时的感受："他去世时我没有流泪，我为脆弱的父亲能够逃避浩劫而高兴，他的病也预见到迟早会有这一天。后来在北京火葬场看到父亲睡在地面担架上的遗体，我才忍不住痛哭失声。"

如今我也年长，已经多次经历告别至亲的痛苦。亲人离去固然很难过，但他们终于脱离生的苦难，是我内心的安慰。而那时的外公，则是告别肉体和精神的双重之痛。姨母曾说，外公患病后"并不恐惧，特别能忍受痛苦"，"从不叫苦"。她说外公的"脆弱"，乃指当时社会的情形对他精神世界的冲击。外公是普通人，在亚非研究所任研究员，并未受到冲击，但动荡对所有人都是浩劫，何况他引为骄傲的三个女儿都在承受命运的剧烈颠簸。

1980 年代开始思想解放，出版界很活跃。许多人联系姨母，想为外公作传，也有些纪念文章发表。可是，姨母舅舅们都忙自己的事，后来才有空写点回忆文字。直到外公去世百年时，才有时间精力整理了一本纪念集《永久的怀念》。

从这些回忆文章中，我才知道外公的经历很不简单。他是有过近 40 年职业经历的专业新闻编辑，仅在中国历史最悠久、最有影响的《申报》就干过 12 年，有"《申报》四进士"之称。他还是有成就的翻译家、作家和出版人，翻译过赛珍珠的《大地》和斯坦贝克的《愤怒的葡萄》，两位作者后来都得了诺贝尔文学奖，可证外公选材眼光不俗。他又是《西行漫记》的总校订和《续西行漫记》的第一译者。

最近，从表弟陆苏整理的外公创作与译作编目中，我又了解到，外公的著作达45部，文章上千篇。特别是译著，有些至今仍然再版。表弟到现在还留存着外公的日记和自传，后者由他50年代初撰写，存于档案。

外公与大外公胡愈之极为亲近，20世纪20年代在上海有"胡氏双璧"之称。他们30年代后期同住在上海巨鹿路安乐村，在家创立出版机构"复社"，出版了《西行漫记》《续西行漫记》以及世上第一套《鲁迅全集》，可谓出版史上的佳话。我的大姨、二姨和母亲三姐妹，十五六岁就从这里走出来参加了革命。

大外公1933年加入中国共产党，是"秘密党员"，此后走上职业革命之路。外公则主要是职业新闻人和翻译家，是追随共产党的进步人士。1942年，他在东江纵队大救援中撤离香港，留住桂林，在那里参加了刚成立的中国民主政团同盟。1952年，他加入中国共产党。

2000年，二姨胡德华整理对外公的回忆材料时，写信给大姨胡序同，信上说，"爹爹这么好的一个人，总会有人为他出书的"。胡德华是新中国少儿出版事业的拓荒人之一，在出版界很有影响。写信时，她已经75岁，言辞中满是遗憾。

我想趁着还有些精力来实现前辈的愿望，让我们这一辈不再遗憾，也藉此来理解与我关联度很大的那些历史人物。

先从表弟那里拿来了所有资料，再从所有亲友中征集存稿。表姐胡海鸽到上虞图书馆复印了已经捐赠的一大批原始文稿，还在当地结识了对上虞史极有兴趣的青年陈才，并得其相助。我们搜集了胡仲持的全部译著和著作，找到了399篇文章剪报（含复印件）。友人张冠生以独立眼光审阅编辑，编辑徐晓组织出书，有了这本《胡仲持文存》。

与此同时，基于手中关于胡愈之、胡仲持的大量原始历史资料，以及近年来对于他们经历的那个时代的研究成果，也基于大量访谈，我计划写一本关于兄弟俩人生故事的书，拟题名《胡氏伯仲》。计划中的这本书，有一件副产品已经问世——2023年11月出版的《穿越在历史边缘——重走前辈苏门答腊流亡路》，是我重访大外公胡愈之印尼逃亡之路的日记。

小时候，我每两周去外公外婆家探望，表兄弟姐妹十来个孩子聚在一起戏耍。我总是拿一个板凳，在书架前翻书读书，有时回身训斥顽皮的表弟妹们，做"大人状"。外公坐在写字台后，便默默地笑。

有一天他突然说到我，"这孩子有才子作风"，神情有些严肃。我回家把话传给妈妈，她又气又急说，"你想想嘛，才子佳人呀，肯定不好。"那是"文化大革命"的前夜，"才子佳人"就是报刊檄文的靶子。

我至今不懂外公这话的含义。但我想，外公对儿时的我，是很在意的。

是为跋。

2024 年 4 月 30 日

　　早先读胡愈之先生《我的回忆》，知他有"二弟仲持"，也知胡氏伯仲组织出版《西行漫记》《鲁迅全集》的非凡事功，却从来不知胡仲持先生勤于著述，长于翻译，专精语言文字，兼写政论、时评，旁涉异国山川风物……其著述、译著的丰厚遗存，直到最近选编《胡仲持文存》，才多少有所领教。

　　文章复印件堆叠盈尺，还有十来本民国版旧书。百年中国文化变迁，文史资料浩如烟海，这些独属于胡先生的文字，聚在一起，都成史料。他当年一字字、一篇篇写出来、译出来，真不容易。过去的人敬惜字纸，是敬重写字的人和著述之事。

　　复印的旧文，大多数来自民国报刊。竖排，繁体字，不少字迹模糊，时有墨团。须辨认，待录入。录入须细致阅读，愿以这种方式向胡先生行注目礼。

　　录到十万字上下，心情有变化，从高山仰止到觉得熟

---

* 民盟第十一届中央委员，费孝通先生助手。曾主持民盟中央宣传部、参政议政部工作。

悉、亲切。胡先生是民盟早期成员。记得费孝通先生说过，当年加入民盟，是"重然诺，轻生死"，"言从不疑，握手成誓"。那时环境艰危，誓言不立文字，无须宣告，握在手上，记在心里。由此聚起一代知识分子，怀天下，守道义，为国为民，埋头苦干，不求人知。他们共有人文精神基本特质，又用各自知识专长为民众和社会服务。胡先生的本行，是新闻、写作、翻译和出版。

胡先生著述数百万字，先选出十多万来，取舍很费思量。好在有徐晓女士参与和指导，我们共同确定了方案和框架。既作选集，主要原则应是力求较全面反映胡先生多领域写和译著成就。本书分设不同板块，便是为此。对其译著成就，舍原著，取译序和后记，借有限篇幅体现其译事的开阔。对作者当年习用的表述方式和语言，包括译名用字，均作保留，以存史料原貌。选录的作者自传和附录的亲友回忆等文章，是希望有助于读者对作者生平多些了解，以利于对他的著述加深理解。

胡先生的文字，记录了他经历的一些重大文化事件。因是亲历，且在核心位置，他的记录提供了当年历史细节。翻译出版《西行漫记》，是"把英文版新书拆开，一人一篇"，尽快译出。出版《鲁迅全集》，是"用鲁迅先生生前手订的《三十年集》编目做骨子"。关于设在胡宅的出版机构复社，以往叙述中，多是说为出版《西行漫记》和《鲁迅全集》而设，包括胡愈之回忆录（乃至本书所收的家人回忆文章）也没有更多信息。胡仲持先生留下记载，说许广平、陈鹤琴、郑振铎、胡愈之等人"早就用小资本组织了一个'复社',出了几本书,赚了些钱,刊行《鲁迅全集》的资金,主要是靠发行预约筹集的,同时也动用'复社'的资金"。这类独家新见史料,对还原重大历史事件具有特殊价值。

胡仲持先生是民盟前辈之一。从民盟历史研究看,这本书有机会在群言出版社出版,是盟史资料搜集整理的新收获。作为后辈,有幸参与选编事务,阅读、录入史料的过程,是向前辈致敬和学习的时光。逐字逐句,读其文,思其言,观其行,念其功,沉浸其中,时有感慨。名著《愤怒的葡萄》,迄今仍用胡先生的译本。古人如此,来者怎样?

从胡仲持想到胡愈之,从胡氏伯仲想到沈钧儒、章伯钧、储安平,续想到张澜、鲜英、梁漱溟、黄炎培、张君劢、左舜生、曾昭抡、潘光旦、冯友兰、张东荪……对"天才为何成群地来",应有所领悟。对他们为何又成群地走,也该多些思索。

想起胡先生的朋友对他的评价:真是一个好人啊!对人好,好得说不出话来。逝者如斯,趁他们还没走得太远,留下背影,感染我辈,传给后人。

感谢胡舒立、徐晓两位朋友信任和委托。选编过程中,徐晓付出心血不比我少,当比我多,她执意把写后记的机会留给我,也留给我感谢二字无法表达的谢忱。

2024 年 3 月 14 日
于博雅西园

出版后记

《胡仲持文存》整理和收录了胡仲持二十世纪三十年代到五十年代间发表过的珍贵史料，真实记录和生动展现了这位著名翻译家、新闻报人的心路历程和文化贡献，对还原重大历史事件具有特殊价值，是搜集整理民盟历史文献的重大收获。

我们在编辑过程中，对作者当年习用的表述方式和语言，均作保留，以存史料原貌。对内文体例进行如下调整和规范：

1. 本书根据内容，将其作品分为四个部分，即文学、语文、评论、纪事。

2. 将作品中的繁体字一律按现行简体字规范转化为简体字，方便读者阅读。

3. 在保持原文体例、风格不变的基础上，对标题的使用进行了规范。

4. 为尽可能保留作品原貌，文中通假字未做变动。例如，"澈"通"彻"，"底"通"的"等。

5. 为尽可能保留作品原貌，文中译名用字未做变动。例如苏台尔曼、摆仑、佛琴尼亚洲等。

6. 由于年代久远，有些资料的清晰度及完整性不是很好，在编入本书时编者做了适当修改。

由于时间仓促、工作繁重，在编校过程中难免出现疏漏之处，敬请读者批评指正。